빈곤가족과 일하기

빈곤가족과 일하기

Working with Families of the Poor

| Patricia Minuchin · Jorge Colapinto · Salvador Minuchin 지음 |
| 김현수 · 박혜영 · 김선옥 옮김 |

나눔의집

"빈곤가족과 일하기"에 대한 한국어판 서문

한국의 동료들에게 인사를 드리게 되어 대단히 기쁩니다.

모든 나라와 문화는 그들만의 가족구조가 있고 또 필요로 하는 서비스를 조직하는 방법이 다르다는 것을 우리는 잘 알고 있습니다.

하지만 또한 우리는 특별한 상황을 능가하는 보편적 현실이 있다는 것과, 건설적인 생각과 과정은 문화적 차이를 극복하는데 유용한 도구임을 알고 있습니다.

이 책을 통하여 우리는 위기에 처한 빈곤가족과 일하는 방법, 그리고 효과적인 가족 서비스를 조직하기 위한 제안을 드리고자 합니다.

이 책의 사례들은 우리 문화에 특정한 것이지만 다루어지는 주제는 일반적인 것들이라고 할 수 있습니다. 각각의 사례들은 그들의 일반적인 병리보다 가족들의 강점을 강조하고 원조체계의 조직과 정책에 대한 관심을 강조하며 장애를 감소시킬 수 있는 방법을 지속적으로 추구할 수 있는 태도를 강조합니다.

우리의 이러한 생각이 한국의 지역사회 현실에 적용되기를 희망하며, 이 책이 한국의 전문가들에게 유용하게 이용되기를 희망합니다.

2001년 4월

Patricia Minuchin

Jorge Colapinto

Salvador Minuchin

역자서문

우리는 가족과 영성에서 새로운 희망을 찾는다.

빈곤의 문제가 생소해지기 시작한지가 언제부터인지 모르겠다. 그러다가 IMF 이후 우리는 새롭게 빈곤의 문제를 대하기 시작했다. 빈곤퇴치를 위한 계몽운동과 관료적 사회복지, 또 빈민운동, 실천적 사회복지, 빈민사역과 선교 등 그 각 경향들이 빈곤의 문제를 접근하기 위한 새로운 시도를 추진하고 있는 것 같다. 그리고 정부의 많은 돈을 빌어 그들을 도울 수 있기도 하고 적립된 후원금을 통해 돕기도 하는 것 같다. 나는 빈곤층이 어떻게 자활할 수 있는지에 대해 아직 잘 모른다. 지금 막 다시 과거의 계층, 계급적 정치논리가 아닌 다른 차원에서 특히 임상적 차원의 영역에서 그 중 한 부분을 시도해 보고자 한다.

많은 사회적 문제가 있고 고통이 있고 번민이 있지만 무엇이 이 빈곤의 문제를 큰 상처가 되지 않게 할 수 있는지 아직 깊이있는 이해는 없다. 그러던 중 언젠가부터 두 가지의 길목을 드나들기 시작했다. 하나는 가족이라는 것이며 다른 하나는 영성이라는 것이다. 임상을 하면서 만난 많은 어머니들, 아주머니들, 청소년들, 아이들, 그리고 아버지, 아저씨들이 가족의 상처를 호소했다. 가족이라는 과거의 유령들이 그들의 마음 속을 활보하며 괴롭혔고, 마치 영원히 지워지지 않을 상처처럼 보였다. 그리고 그 상처는 많은 사람들에게서 대를 이어 내려가고 있다는 생각이 들었다. 모두 아름다운 사람인데 그 상처를 해결하지 못해 피해자에서 가해자로 전환되는 것을 보면서 더 마음이 아팠다. 특히 내가 만났던 한 소녀 환자가 가장 아파하는 피해자에서 가장 가혹한 가해자가 되었을 때는 더 마음이 아프고 울음이 나오기도 했다. 가족이 가장 중요하고 큰 영향을 미치며 또 큰 힘이고 미래의 전망이기도 하다는 생각이 든다. 지금 우리 시대의 가족들이 어떤가 하는 것은 우리 미래의 운명을 보여준다고 생각한다. 가족이 힘이라고 강조하고 싶다는 생각이 굴뚝처럼 든다.

다음으로 영성에 관한 이야기이다. 참으로 힘들고 구제될 수 없고 버림받았고 혼자이기만 하다고 하는 사람들을 젊은 치료자로서 도와줄 무력함을 느끼고 또 느꼈다. 또 그들이 Aponte의 말처럼 영혼을 상실한 상태에 처해있는 것을 여러 차례 발견하였다. 빈곤하고 고립되어 있고 힘들어도 무언가를 지향하고 돌보아줄 '품' 이 어디엔가 있다라는 믿음은 사람을 나락으로 떨어뜨리지는 않았던 것 같다. 하지만 어느샌가 그런 무엇이 없다라는 생각에 접어들어 사람이 변화하였을 때 도와줄 작은 틈도 보이지 않았다. 영성 또한 무엇인지 정확히 잘 알지는 못한다. 하지만 내 영성에의 갈구는 단지 임상적 실기의 게으른 연마로부터 둘레대는 핑계로 생각되어지지는 않는다.

이 책은 사실 엄예선 선생님의 소개로 급히 구하여 읽게 되었다. 평소 Minuchin 선생님에 대한 존경도 한 몫을 했다. 지금의 우리 현장에 너무나 소중한 책이라는 생각이 들었다. 그래서 번역자도 주로 현장 실무자로 했으면 하는 생각이 들어 몇 분에게 부탁을 드렸었다. 이 부탁을 흔쾌히 들어주시고 좋은 번역을 해주신 공역자 박혜영 선생님(5장, 6장, 8장)과 김선옥 선생님(7장, 9장)께도 깊은 존경과 감사를 드린다. 모두들 바쁘신 중에서도 번역을 하시느라 많은 어려움이 있었다고 생각이 된다. 아울러 책 서문을 보내주면서 한국의 문화적 특성에 맞게 하라는 메시지를 준 미국의 원저자들에게도 감사를 드린다. 또한 〈빵과 영혼 가족 상담센터〉의 배영미, 이은재 두 사회복지사님이 도움을 주신 것에 대해서도 감사를 드리며 우리 집식구인 김기해와 김세영에게도 감사를 드린다. 물론 굉장히 좋은 책을 나와 같은 젊은 실무자에게 번역, 출간하도록 허락하신 나눔의 집 출판사 류보열 사장님, 구길원 차장님에게도 감사를 드린다. 조급히 출간을 준비하게 됨으로 인하여 곳곳이 오역과 조잡한 문장으로 이루어졌다는 것을 인정하며, 송구스럽게 생각한다. 하지만 우리가 이 책에 제시된 빈곤가족을 위한 가족중심, 체계지향적 실천을 접하는 것 자체를 통해 우리들의 실천이 새로운 시야를 가질 것에 대해서는 자신감을 가질 수 있다는 생각이 든다. 마지막으로 빈곤 가족을 위해 구부러지고 오르막길인 동네를 수십 차례 방문하고, 그들과 함께 하고 또 새로이 공부하는 많은 현장 실무자들에게 감사를 드리고 싶다.

2001. 4.

봉천동 가족상담센터 〈빵과 영혼〉에서
김현수

차 례

제1부
사고와 실천의 기초

빈곤 가족을 위한 서비스는 이용가능한 다양한 서비스가 있고, 준비가 잘 되어 있는 것처럼 보인다. 그러나 이런 서비스들은 자주 무용화되기도 한다. 왜냐하면 서비스들이 종종 분절되고 조정되지 않아서 기대했던 것보다 효과가 없기 때문이다. 또 각각의 개입이 개인과 개인의 문제에만 초점을 맞추기 때문에 가족과 지역사회 안에서 치유가능성을 다루지 못하고 있기 때문이기도 하다.

이 책에서 우리는 보다 효과적이고 통합된 서비스를 제공하기 위한 새로운 사고방식과 실천방식을 알리고자 한다. 그러기 위한 접근방법의 가장 기본적인 두 가지 원리가 있다. 첫째는 가족에 초점을 맞춘다는 것(family-centered)이며 둘째는 개입방법에서의 체계지향적(systemic) 접근이다.

제1부에서 우리는 체계(system)에 대한 개념을 기술하고 가족에 대한 우리의 관점을 기술한다. 또 이런 골격 내에서 실천하기 위한 기술과 과정에 대해

서도 토론한다. 제2부에서 우리는 위탁가정, 약물의존, 아동을 위한 쉼터와 정신과 병동의 영역에서 가족 중심적이고 가정에 기반한 서비스들을 탐구하면서 접근방법을 개념화할 것이다.

각 원리와 기술, 적용 등에 대해 서술하기 전에 우리는 빈곤 가족의 문제들이 개개인의 인생에 어떻게 작용하는지를 알아야만 한다. 그래서 우리는 하나의 서론으로서 특별한 상황의 사람들에 대한 사례를 기술하고, 그들이 직면한 문제와 사회복지 서비스 제공자의 개입에 대해서 기술하고자 한다. 소개할 앤지(Angie)와 그 가족의 사례는 다른 사례들과 마찬가지로 독특한 문제가 있지만 빈곤 가족의 전형적인 문제를 지니고 있다. 이 가족의 문제는 다중적 위기가족 (multicrisis poor family)의 복잡한 현실을 보여주고 있다. 뿐만 아니라 가족들이 받는 서비스의 도움뿐 아니라 혼란스러움과 이에 대한 가족들의 반응까지도 보여주고 있다. 앤지와 그녀의 가족 이야기로 우리는 이 책을 시작한다. 그녀와 그녀의 아이들, 그녀의 가족이 호소하는 욕구에 대한 개입들은 우리에게 많은 생각할 거리들을 제공할 것이다.

제1장 서론
앤지의 가족과 지역사회의 원조자들

앤지와 가족

이 사례의 중심은 앤지이지만 그녀는 혼자가 아니다. 그녀의 세계에는 동료, 두 어린 아이의 아버지, 각각 다른 곳에서 살아가는 세 자녀, 아이들이 살아가고 있는 위탁가정, 앤지의 부모, 아줌마와 삼촌들이 있다. 앤지의 연결망(network)을 기술하고자 할 때 상당한 복잡성을 보인다. 이는 빈곤, 약물, 어려운 생활환경, 건강문제 등의 심각한 현실 때문만은 아니다. 그 현실이 보다 잘 전달되기 위해서는 그녀와 관련된 전문적인 도움제공자들의 명단과 기관들의 명부를 보는 것이 낫다. 앤지와 그녀의 가족은 법원, 병원, 쉼터, 주거시설, 약물치료센터, 재활클리닉, 낮보호시설, 위탁가정 사무소 등과 관련이 있고 그들은 변호사, 형사, 보호관찰관, 의사, 사회복지사, 약물상담가, 위탁가정 스탭, 그리고 다른 치료자들과 접촉을 한다. 그들과 관련된 다양한 조력자들은 그들의 역할에 대해 매우 진지하게 여기고 있고, 앤지의 문제가 잘 해결되길 기대하고 있었다. 하지만 불가피하게 조력자들과 가족들은 자주 부딪

쳤으며, 종종 어떻게 해야 모든 작업이 함께 맞물려서 도움이 될 수 있도록 할 수 있는지 불명확하게 보였다.

앤지는 20대 초반의 어려움이 많은 여성이었다. 혼란스런 아동기를 보냈으며 가족력을 볼 때 상세한 내력을 알지 못하고서는 그녀의 과거를 재구성하기 힘든 다중적 위기 가족 중 하나였다. 그녀는 위탁가정에서 자라났는데 간혹 학대를 받기도 했으며 한 번 이상의 성폭행 경험을 지니고 있었다. 와해된 대가족의 일원으로 그녀는 종종 방임되었고 때로는 가족의 다른 성원을 돌보아야만 할 때도 있었다. 세월이 흐르면서 그녀는 쉼터에 살기도 하였고 약물에 중독되어 약물치료 프로그램에 참여하기도 하였다. 그녀는 남자들과 자주 만났다 헤어지곤 하였으며 그녀가 낳은 아이들은 위탁가정에서 자라고 있었는데 그녀에게로 돌아오기 위한 많은 시도를 하고 있는 중이었다. 그녀는 자신의 이야기를 많은 기관, 치료자들과 나누고 있었는데 그 중에는 그녀가 신뢰할 만한 사람도 있었고 그렇지 못한 사람들도 있었다. 사람들에 따라 앤지는 불확실하고 우울하고 무책임하게 보이기도 하며 고집이 있고 현실적이며 충분히 회복가능한 사람으로 평가될 때도 있었다. 사실 그녀는 이런 면을 모두 가지고 있다. 그렇다면 우리는 어떻게 앤지를 이해해야 하며 어떻게 하면 그녀를 적정한 수준에서 도움을 줄 수 있을까?

강에 빠져 거꾸로 선 상황과 이 참혹한 광경을 보는 두 관찰자에 대한 옛 이야기가 있다. 한 사람은 그 강을 따라 내려가면서 사람을 구하려 했고, 다른 이는 잠깐 생각한 후에 강을 거슬러 올라가 그들이 처음에 어떻게 강에 빠지게 되었는지를 알려고 했다. 이 이야기의 교훈은 명백하다. 장기적인 관점에서 예방이 보완(repair)보다 훨씬 효과적이라는 것이다. 이는 틀림없는 사실이고 우리가 명백한 과거로 돌아갈 수만 있다면, 많은 경우 도움을 받을 수 있을 것이다. 이 이야기는 앤지와 그녀와 유사한 상황에 있는 사람들에 관해 많은 것을 생각할 수 있는 유용한 길을 제공한다. 그녀의 사례에서 강 상류의 상황은 복잡하고 몇 가지 의문을 제기한다. 앤지와 같은 이들이 스스로 물에 뛰어든 것일까?(약물중독, 무책임함, 심리적 장애) 아니면 물에 빠지도록 떠밀어진 것인가?(가난, 미비한 교육, 다중적 외상) 아마도 둘 다이겠지만, 도움이 될 수 있는 근원적인 개입은 모든 요소들과 그 요소들이 복잡하게 상호작용하는 것에 대한 이해를 필요로 한다.

강을 따라 내려가며 사람들을 구하려고 강가에 선 조력자들에게는 또 다른 중요한 의문이 있다. 각각의 사람이 물 속에서 개별적으로 빠져나오려고 애쓰는 것인가 아니면 이들은 서로 연결되어 있는 것인가? 앤지와 함께 떠내려가는 다른 사람들은 누구인가? 구조자들은 이런 분리된 사람들과 문제들 사이에서 그들의 연결된 문제를 어떻게 다루어야 하는가? 그들의 연결된 현실과 그들과 함께 일하고 그들을 알아야 할 필요가 바로 이 책의 핵심적 주제이다.

앤지와 연결되어 함께 살아가는 사람들을 살펴보자. 결혼식을 올리지 않고 온 가족이 동거하지 않는다 해도 그 중심에는 가장 기본이 되는 핵가족이 있다. 앤지의 가족은 부모로서의 앤지와 할렌(Harlan)이 있고, 자녀로서는 세 살 반된 조셀린(Jocelyn)과 두살 된 게일(Gail)이 있다. 할렌은 이 두 아이의 아버지이며 비록 앤지와 할렌의 사이가 언제 헤어질지 모르는 사이이지만 그들은 서로를 부부로 여긴다.

할렌은 만성 질환으로 고생을 하고 있지만 장애를 잘 관리를 하고 있다. 그는 안전한 거주지가 없고 구걸하다시피 해서 생활을 꾸려 나간다. 그가 하는 말은 모호하고 비현실적일 때가 종종 있다. 하지만 그 내용들은 가족이라는 의미를 주는 말들이다. 그가 원하는 것은 아이들이 앤지와 함께 지내는 것이며 특히 그는 자신과 똑같은 병을 유전받은 조셀린에게 지대한 관심을 갖고 있다. 그는 조셀린이 자신의 병을 극복하도록 도울 수 있다고 느낀다.

조셀린은 2년 동안 위탁가정에 있었다. 걸을 수 없고 성장에 제한이 있다.

그녀 또래의 다른 아이에 비해 말이 느리고 지능도 낮다. 그러나 그 아이는 혼자 잘 놀기도 하고 친근감이 있으며 또 반응을 잘 한다. 조셀린은 물리치료와 재활치료를 정기적으로 받고 있으며, 장애아동을 위한 낮보호시설에 참석하고 있다. 위탁가정의 어머니인 베라(Vera)는 그 아이를 위해 특별한 훈련을 받았다. 조셀린과 위탁가정은 서로가 잘 적응하고 있다. 그러나 2년 전 둘째 딸을 낳기 전까지 앤지는 조셀린과 함께 살았기 때문에 둘 사이에는 지속적인 유대(bond)가 있다.

게일은 조셀린과 다르게 유전질환을 물려받지 않았다. 하지만 게일의 생활이 순탄한 것은 아니다. 게일이 태어나던 당시에 앤지가 약물중독 상태에 있었기 때문에 게일은 낳은 지 얼마 안되어 위탁가정에 보내졌다. 이 위탁가정에서 유대가 강했고 앤지는 게일과 연결될만한 기회를 갖지 못했다. 하지만 그녀와 할렌 모두는 게일이 자신들과 살기를 원하고 있다. 게일은 어둡고 경계심이 많기보다 예쁘고 깊은 눈을 가진 조용한 아이이다. 이들은 각자 따로 살고 있지만 상호연결 되어 있다.

앤지의 부모들은 다섯살 난 그녀의 첫 아이를 유아기 때부터 돌보고 있다. 앞으로의 일들이 어떻게 진행되어야 하는지 또 가족의 구성이 유지되어야 하는지 혹은 변화되어야만 하는지 명백한 답은 없다. 하지만 앤지를 급류에서 꺼내오기 위하여 그들이 연결되어 있다고 느끼는 것에 대해 이해할 필요가 있고, 이러한 그들의 관계는 충분히 고려되어야만 한다.

지역사회의 조력

지역사회의 조력자들은 앤지와 그 가족들이 더 큰 어려움을 막고 예방하기 위하여 서비스를 주기 위한 많은 노력을 했다. 틀림없이 최악의 재난은 일어나지 않았다. 시(市)에서는 쉼터를 제공했고, 조셀린과 할렌은 의료지원을 받고, 아이들은 위탁보호를 받고 있으며 앤지는 약물치료 프로그램에 참여하고 있다. 상담은 다른 장소에서 다양하게 제공되고 있다.

그러나 이러한 개입은 복잡한 결과물들을 낳는다. 향후의 가족체계는 앤지의 반응에 달려 있고, 가족들은 분리가 강화되고 재결합이 어려운 그런 절차에 의해 분절되기도 한다. 우리가 이러한 상황에서 도움을 주고자한다면 좋은 의도와 긍정적인 효과뿐 아니라 전통적 형태의 개입이 동반하는 체계적 문제에 대한 이해가 필요할 수 있다.

우리는 제공해야 할 서비스의 네 가지 영역에 관해 고려할 수 있고, 문제를 제기할 수 있다. 전문적 지원, 주거문제, 위탁보호, 약물재활이 그 네 가지 영역이다. 이런 영역과 다른 영역의 문제들은 이 책 전체에 걸쳐 나타날 것이며, 어느 부분에서는 더욱 상세히 다룰 것이다. 이 한 가족과 관련하여 초기에 경험하고 작용하는 여러 개입을 살펴보는 것은 도움이 될 것이다. 간략히 되살펴보는 네 가지 영역이 전체 스펙트럼을 대신하지 않는다. 그러나 원조체계의 장점만큼이나 약점을 알 수 있도록 할 것이다.

전문적 지원

앤지의 생활에 관여하고 있는 사회복지사의 수는 놀랄만하다. 일부의 사람들은 도움을 주는 것이 좋다고 하기도 했고, 또 다른 사람들은 한 사례에 많은 돈과 시간을 퍼붓는 것이 쓸모 없는 일이라고도 했다. 그러나 중요한 점은 각 사회복지사들의 참여의 정도가 조정되지 않았다는 것이다. 앤지와 대화를 나누면서 사회복지사들은 동일한 이유로 사라져갔고, 또 서로의 노력이 중복되기도 하였다. 앤지는 익명으로 된 파일에 숫자로 기억되기도 하고 그녀의 파일이 한 사회복지사로부터 다른 이에게 전해지는 과정에서 생겨나는 반복되는 질문에 기분을 여러 번 상하기도 했다. 그녀는 "이런 사람들에게 나에 관해 이야기하는 것에 질려 버렸다"고 말한 적도 있다.

그녀가 말하기를 한 기관에서 직원의 교체 때문에 자기의 문제를 6명의 다른 사람들과 다루어야 할 때도 있었다고 했다. 불가피하게 앤지는 체계가 작용하는 방법을 배웠다. 그리고 "우리(수혜자)를 지지하는 것과 체계와 그들(원조자들)을 지지하는 것이 따로 있다는 것"을 알게 되었다고 했다. 사회복지사들은 그녀를 어려움이 많은 특별한 여성으로만 파악했다. 여성쉼터의 사회복지사들이 여성의 의견을 묻기 위한 모임을 열곤 했었지만, 앤지는 그들이 주로 자신들이 원하는 방식으로 지시하는 경향이 많다고 했다. 스탭들은 특정한 규칙 내에서 일을 해야만 하고, 그렇지 않으면 그들이 할 수 있을 때에만 모임의 의견을 청취함으로 인해 앤지의 문제에 대한 특별한 인식은 별로 없었다. 동시에 어떤 이는 그녀의 좌절감을 이해할 수 있고, 그 체계가 비효율적이고, 혼란스럽다는 그녀의 인상을 이해할 수 있었다. 그녀는 모나(Mona)를 제외한 다른 사회복지사들을 믿을 수가 없다고 주장했다. 모나는 현재 그녀의 상담자이며 경험이 많고, 재능이 많은 사회복지사였다. 모나는 사려 깊은 관찰자로서 존중과 관심 둘 다를 줄 수 있었는데, 그녀가 공감적이고 숙달된 조정자이기 때문에 존중해 줄 수 있고, 앤지의 실제적인 생활부분에 관여하기 때문에 관심을 줄 수 있었다. 이런 체계와 사회복지사들에 대한 앤지의 의존은 시간이 지나면서 깊어져가기도 하였지만 그녀에게 분노와 답답함을 느끼게 하였다.

주거

약물중독자와 노숙자들 중에는 앤지와 같은 여성이 많은 비율을 차지하고 있는데 이들의 자녀는 그들로부터 떼어내져서 보호를 받을 수 있는 곳으로 보내진다. 모나와 앤지 그들 모두는 〈Catch-22〉 정책에 의해 거주, 법률, 위탁보호 체계가 확립되었졌다고 알고 있다. 그 정책에 의하면 아이를 데리고 있지 않으면 집을 주지 않고, 집을 얻기 전에는 아이를 데려올 수 없다. 그래도 앤지는 비교적 운이 좋은 편이다. 여성쉼터의 독실에 살고 있는데 아이들과 지낼 수는 없는 곳이다. 그녀는 여성 옹호 집단과 접촉을 하여 그 집단의 거주 시설로 옮기게 되었다. 이 시설에서 여성들은 서로가 생활공간을 공유하고 아이들이 그들을 방문하러 올 수가 있다. 만일 아이들이 돌아오게 된다면 가족 아파트와 아이들을 위한 낮보호시설, 어머니를 위한 지속적인 상담이 제공된다. 새로운 주거시설은 앤지 문제의 일부를 해결하지만 또 새로운 문제를 만들어 낸다. 예를 들어 그 정책은 남자 동료 혹은 아버지에 대한 제공은 없다. 새로운 주거시설을 제공하는 기관에서는 아버지가 없다고 여기거나 환영하지 않는다. 앤지에게 그 정책은 할렌과의 재결합을 방해하는 것이며 그 가족의 아파트라는 것을 의미하지 않는 것이다.

위탁보호

위탁보호체계가 이 가족들을 완전히 실패하게 한 것처럼 여긴다면 이는 왜곡된 것이다. 아이들은 보호를 받아야 하며 조셀린은 그녀의 신체상태로 인하여 특별한 서비스를 받아야 한다. 그럼에도 불구하고 각기 나뉘어진 서비스는 가족 구성원을 서로로부터 멀어지게 한다. 조셀린과 게일은 다른 양육기관에서 보호를 받고, 동일한 위탁 가정내에 살고 있지 않다. 각 기관들은 지리적으로 서로 떨어져 있으며 접촉이 없고, 가족들의 방문과정에서 중복되는 문제들이 있다. 앤지는 보호시설의 방문 상황을 다음과 같이 이야기하였다. "창고같고……, 쓰레기와 짐더미로 어지러진 공간이고……, 장난감은 낡았으며 그래서 나는 마루에서 놀게 할 수 없었어요." 누구의 잘못이라기보다도 보호시설에서 가족접촉은 우선 순위가 낮은 사업이다. 부모들의 방문 스케줄을 지속적으로 유지하기란 어려운 일이다. 그것은 나중에 후견 문제에 대한 법적 참고에 있어서만 관심 있게 다루어진다.

비록 방문이 계속되고 가족 재결합 계획이 진전되어 가는 경우도 있지만 수년 동안 서로 떨어져 지내면서 위탁가정과 더 많은 접촉을 한 경우, 그런 재결합이 얼마나 복잡하고 어려운지를 거의 이해하지 못하는 경우가 많다. 또한 가족 재결합을 성공적으로 하기 위해 필요한 요소들이 무엇인지 알고 있지 못하는 경우도 많다. 앤지는 자신이 의무적으로 참석했던 부모교육의 한계를 분명히 알고 있었다. 그녀가 자녀를 교육시키는 방법이나 자녀가 그녀와 떨어져 있을 때 아이들이 무슨 게임을 하고 지내는지 알아야 한다는 내용이 무슨 도움이 되겠는가? 앤지는 자녀에 대한 사랑이 있고, 만나기를 원하고 있으며 또 자녀에 대한 바람직한 생각들을 갖고 있었다. 다만 그녀는 자녀와 함께 있을 때 일어나는 여러 문제에 대한 부모로서의 양육기술은 거의 갖추고 있지 못했다. 특히 자녀 중 한 명이 심각한 장애를 갖고 있기 때문에 그 아이를 돌볼 때 다른 아이는 거의 방치해놓고 지내곤 하였다. 앤지는 자녀와 함께 지내고 싶다는 강한 열망을 갖고 있기도 하였지만 한편으로 자신이 잘 해낼 수 있는지 우려를 갖고 있기도 하였다. 이러한 그녀의 양가감정은 충분히 이해할만한 것이다.

아버지로서 할렌의 역할을 만드는 것, 앤지와 할렌이 공동양육하기 위해 실행 가능한 대안을 찾아가는 과정에서의 어려움, 그리고 자녀에게 가장 중요한 이 가족과 위탁가족과의 관계들을 포함하여 다른 문제들에 대해서는 위탁보호기관은 전혀 언급하지 않는 경우가 많다. 제2부에서는 서로 다른 구조와 절차에 의해 이런 가족의 문제에 효과적일 수 있는, 제도적이며 가족-지향적인 위탁보호 접근방식에 대해 이야기할 것이다.

약물의존 재활치료

어린 자녀를 둔 여성들의 약물 의존 문제는 제2부의 한 장을 통해 다루는 주제이다. 여기에서 이를 언급하는 이유는 앤지의 문제에 중요한 요소이고, 또 중독 문제는 다른 방법의 개입으로서 다른 차원에서 중요한 영향을 미치는 문제이기 때문이며, 앤지 자신이 선택에 있어 양가감정을 갖는 문제이기 때문이다.

앤지는 자녀를 되돌아오게 하기 위한 필수 과정의 일부분으로 약물치료 주거센터에서 시간을 보내야 했다. 이는 그녀 스스로 마약을 끊겠다는 노력의 하나이다. 그녀는 프로그램들이 자신을 대면하고, 자신의 삶을 이해하며, 나쁜 습관을 억제할 수 있도록 도와주었다고 말했다. 그러나 이런 이점에도 불구하고 그녀는 자신에게 부과된 시간이 끝나기 훨씬 전에 중도에 그만두었다. 그녀는 "그곳에 머무르고 있으면 내가 할렌 없이, 아이들 없이, 나만을 돌보는 것을 배우겠죠. 그렇지만 제 관심은 그와 아이들에게 향해 있어요. 그곳에서는 저 개인만을 다루기 밖에 못하죠"라고 이유를 말했다.

앤지의 견해에서 보면 그 프로그램은 그녀의 개인적 문제를 알아 나갈 수 있도록 하지만, 그녀의 가족관계를 위험에 빠뜨리기도 하는 것이었다. 이는 그녀에게 커다란 딜레마가 되었다. 그러나 그 혼란이 단지 그녀 내면에서 일어나는 문제만은 아니었다. 실제로 그녀의 생활 안에는 동시적으로 개입되어야할 다른 많은 문제들이 있었다. 약물의존 치료 상담가와 위탁보호 사회복지사가 만나는 회합에서 두 단체는 각각 다른 우선 순위가 있었고 다른 메시지를 전한다는 것이 분명했다. 위탁보호기관은 가족관계에 관심을 갖고 있었고, 사회복지사들은 앤지와 조셀린, 게일과의 접촉을 조정하도록 시도했다. 약물의존 치료프로그램은 앤지 개인에게 초점을 맞추어 그녀가 자신과 자신의 과거를 이해하도록 하고 스스로에게 정직해지며, 한 개인으로 강해져야한다는 것을 강조했다.

위탁보호기관에 의해 이루어진 자녀들의 방문이 앤지를 혼란스럽게 했을 때 약물의존 치료프로그램의 스탭은 방문을 연기하도록 권하였다. 그 시점에서 앤지는 모순에 직면하게 되었고 아이들을 지속적으로 접촉해야 하는가에 관한 선택을 해야하는 처지에 놓이게 되었다. 그녀 자신의 현재 상태를 고려해 볼 때, 많은 모순이 있는 개입들 사이에 빠지게 되었고 결국 그녀는 약물의존 치료프로그램에 남는 것으로 정리를 했다. 불확실한 미래에 대한 불편한 마음으로 약물을 끊기 위한 치료에 남기로 한 것이다.

앤지와 그녀 가족의 이야기를 이 정도에서 불확실하게 마무리한다. 우리는 이 이야기를 통하여 원조체계에 의해 도움을 받는 사람들의 이미지를 보여주려고 했고, 서비스 전달 과정에서 생겨나는 이슈들의 중요한 면들을 전달하려고 했다. 이제 우리는 이 책의 나머지 부분을 통해 앤지와 그녀의 가족과 같은 사람들이 도움을 받고자 할 때 상황이 어떻게 다르게 전개되는지, 각각의 경우 어떻게 도움을 제공할 것인지에 대해 여러분에게 전달하고자 한다.

제2장 이론적 토대(Framework)
체계지향성과 가족중심적 접근

이 책은 다중위기 빈곤가족과의 작업에 관한 것이며 그들의 욕구에 봉사하는 기관들에 관한 것이다. 우리는 이 책을 한 사례로부터 시작하였다. 앤지와 그 가족에 대한 서비스는 다양한 독립적 체계를 통하여 초점화 되었다. 앤지와 할렌, 조셀린, 게일은 모두 한 가족의 성원이라는 사실이 서비스를 전달하거나 고안하는 과정에서 큰 영향을 미치지 못했다. 이런 서비스의 분절은 예외적이라기보다 오히려 통상적이라고 할 수 있다. 그리고 가족들에게는 비효율적이고, 힘들게 하는 것이었다. 다중위기 빈곤가족과 작업을 하는 다른 방식을 소개함에 있어서 우리는 보다 통합적(integrated)이고, 체계적(systemic)이며 지지적인(supportive) 접근을 강조한다. 이런 접근의 실천적 적용은 이후 각 장에서 소개될 것이다. 먼저 우리는 일반적인 이론의 골격을 소개하는 것으로 시작하는데 체계이론의 기본 요소를 소개하고 그리고 나서 우리가 지닌 가족에 대한 개념, 특히 다중위기 빈곤가족과 관련된 개념을 기술할 것이다.

체계지향성

체계(systems)를 생각한다는 의미는 무엇인가? 광범위하게 생각하는 것인가? 사회복지적 기관들과 연관하여 생각하는 것인가? 가족과의 관계에 대하여 생각하는 것인가?

우리 모두는 체계에 관하여 알고 있다. 우리는 대화 중에서 이 용어를 사용하기도 하고, 또 이 용어에 특별한 의미를 부여하기도 한다. 우리는 사회체계, 신경계, 태양계에 관해 이야기한다. 체계라는 용어는 너무 친숙해서 그 의미에 대하여 생각할 필요를 못 느끼기도 한다. 체계는 명백히 연결성(connectedness)을 다루는 것이다. 당신의 손에 꽃 한 송이가 쥐어졌을 때 그 꽃이 우주와 연결되어 있다는 것을 발견하는 시적인 개념이기도 하다. 그렇다. 체계적 관점이란 연결을 다루는 것이다. 그러나 특별한 방법으로 다루는 것이다. 각 부분들이 연관되어 있는 특별한 방식에 초점을 맞추고, 그럼으로 예측 가능한 요소들을 지닌다. 우주가 하나의 체계이기 때문에 과학자들은 달이 태양과 지구 사이에서 월식을 일으키는 순간을 예측할 수 있다. 그리고 그들은 지구와 사람들에게 일어날 결과를 기술하기도 한다. 체계의 각 부분은 서로에게 영향을 미치고, 이 영향들이 반복되며, 연구와 예측가능성에 흥미를 느끼게 한다는 것이 체계에 대한 우리의 이해이다.

다른 종류의 체계들은 각기 특별한 모양을 갖고 있고, 어떠한 체계이든 간에 반복되는 패턴에 의하여 조직되고, 특징지어진다. 태양계, 사회복지체계뿐 아니라 한 가족에서도 그 기능이 우연적으로 발생하지 않는다. 태양은 내일 또 뜰 것이며 복지체계는 의존적인 아이들을 지원하기 위하여 특별한 절차를 진행시킬 것이다. 마치 한 가족이 그 자신만의 조직화되고 예측 가능한 패턴을 따르듯이.

여기서 우리는 모순을 고려하기 위하여 잠시 다른 관점에서 바라볼 필요가 있다. 살아있는 유기체 사이의 연결은 보편적 진리로 이해된다. 생태학자들이 늑대와 사슴이 생태학적 균형을 이루며 상호 연결되어 있다고 말할 때 우리는 이를 수용한다. 너무 많은 사슴이 죽었다면 늑대들이 그 비율이 원상복귀 될 때까지 굶주릴 것을 이해한다.

시스템이 작동하는 법에 대한 이해에도 불구하고 우리는 국가의 존재상태가 단독으로 작용하고 승리한 것처럼 축하한다. 영웅들과 희생자들이 그들의 환경과 다른 사람들로부터 연결되지 않은 상태처럼 기술된다. 이런 협소한 시각은 연결성에 대한 이해를 무시한다. 그것은 다음과 같은 예로 설명할 수 있다. 앤지의 약물 상담가는 앤지의 중요한 문제에서 가족에 대한 관심을 인식하지 않은 채로 그녀 자신만의 치료에 전념하라고 주장하는 것이다. 체계적 사고가 사람들에게 적용되는 방법을 이해한다면 우리는 연결에 관한 사고와 반복되는 패턴에 관하여 항상 명심해야만 한다. 또한 우리는 어떤 시스템에서 발견되는 또 다른 양상에 주의를 기울일 필요가 있다. 그것은 하위체계(subsystem)의 존재인데 그들 각각은 서로에게 영향을 미친다. 모든 체계가 안정(stability)과 변화(changes)를 통하여 나아간다는 사실에 주의를 기울일 필요가 있다. 이러한 사고는 가족이 어떻게 기능하는가를 이해하는데 중요하다. 이런 생각들이 가족생활에 영향을 미치는 조금 더 큰 사회체계에도 적용된다. 예를 들어 병원과 사회복지 기관들이다.

한 병원의 외과, 외래, 사회사업과는 병원이라는 큰 기관의 하위체계라고 하는 것은 명백하다. 각각은 특별한 기능이 있고, 다른 부서와 연관되어 있으며 병원 정책과 절차에 의하여 그 기능이 조절된다. 각 부분들이 상호작용하는 복잡하고 순환적인 방법은 덜 명확해 보일 수 있다. 사회복지사의 접근은 "환자 X는 신장에 문제가 있다" 라는 외과 의사적 사고에 비해 더 넓다. 외과 의사는 사회복지사에게 응급상황에 관해 가르친다. 정책은 위에서 아래로 내려가는 경향이 있다. 이는 각 부분이 행정가들에게 중요시되는 생각들을 통해 병원 정책에 영향을 미칠 수 있다는 사실에 별로 주의를 기울이지 않는다.

물론 상호성(mutuality)은 반드시 평등(equality)을 의미하는 것이 아니다. 병원의 총괄적 정책에 대한 병원 하위체계들의 영향은 체계의 유연성 (flexibility)에 달려있다. 어떤 구조 안에서 서로 다른 권력은 평등하지 않을 수 있다. 대부분의 상황에서 사회사업과는 외과에 비해 영향이 적다. 가족 맥락, 특히 기관으로부터의 도움에 의지하는 빈곤한 가족들에 관해 생각한 다면 문제는 여기서 다시 발생한다. 그런 가족들은 그들에게 봉사하는 체계 의 패턴에 영향을 거의 줄 수 없다. 건설적(constructive) 개입은 이 불균형을 개선하고자 하는 시도의 문제이다.

그러나 어떠한 체계도 정적으로 존재하지는 않는다. 체계는 안정과 변화 의 사이클을 통해서 나아간다. 안정기동안 체계는 익숙한 패턴으로 작용하 고 대부분의 구성원들이 그 반복에 적응되어 있다. 병원은 새로운 환자들이 입원 절차의 개혁을 필요로 함을 느끼지 않는다. 가족들은 매일 잠자리에 대 한 새로운 규칙을 확립할 필요를 느끼지 않는다. 그러나 살아있는 창조물에 관여된 모든 체계는 개방(open-ended)되어 있다. 새로운 사건이 주기적으로 일어나고 그 결과 안정된 패턴에 소용돌이가 일어난다. 예를 들어 병원은 상 호 합병되기도 하고, HMO(건강유지조직)로 운영되기도 한다. 이렇게 되면 현재의 절차들이 변화될 수밖에 없다. 병원이 예전 상황하에서 안정되게 기 능했다 할지라도 병원의 구조와 절차는 재조직되어야 한다. 병원 스텝들은 혼란스런 이행기(transitional period)를 거쳐야하고 과거에 가치를 평가받던 패턴도 그 과정을 다시 탐색해야하며 새로운 현실에 적응하도록 해야한다.

병원과 마찬가지로 사회복지기관도 하나의 조직된 체계이며 그 현실은 항 상 복잡하다. 사회복지기관들은 일반적으로 보다 큰 사회적, 정치적 구조에 뿌리를 두고 있으며 내적인 하위체계로 세분화된다. 동시에 많은 비슷한 가 족들에게 봉사하는 기관들과 공존한다. 예를 들어 입양기관은 법적인 요구를 결정짓는 사회적, 정치적 맥락 하에 있으며 종족간 입양에 대한 공식적인 혹은 비공식적인 정책에 영향을 받고, 또 부모가 되기 위한 동성애 가족에 대한 태도에도 영향을 미치고, 방임(neglect)의 경우에 부모의 권리를 포기시키는 시기에도 영향을 미친다. 이런 복합적 요소들은 입양할 수 있는 아이들에 대한 수를 증가시키기도 하고 감소시키기도 한다.

기관 내에서 일은 각 부서로 나뉘어진다. 특정 부서는 다른 기능을 담당한다. 예를 들어 잠재적인 수양 부모들을 평가하고 준비시키는 일, 법적인 문제를 다루는 일, 추후 관리를 통해 거주를 모니터 하는 일 등. 각각의 부서는 고유한 절차가 있고, 각기 다른 부서는 상호간에 조정되어야 하며 특히 동일한 가족과 작업을 하는 기관들과는 조정되어야만 한다. 논리적으로 가족을 선택하는 부서와 거주를 관리하는 부서간의 의사소통은 적극적이어야 한다. 입양기관은 특정 사례에 책임을 갖고 지속적인 의사소통을 해야만 한다. 가령 주거가 결정되기 이전의 2년 정도를 주거보호센터로, 혹은 아이가 양육될 곳의 지역에서 하는 특별한 프로그램으로 보내질 것인지가 결정되어야 한다. 연결성은 단순한 서류작업 이상의 것으로 특히 입양과 같은 어려운 이행기를 계획할 때는 더 강조되어야 한다.

상호 다른 하위체계와 기관들간의 작업을 통합하는 것은 시간이 많이 들며, 조정이 어려운 상황에서의 부정적인 효과를 다루기란 어려운 일이다. 기관의 하위체계들 사이에서 사람을 내쫓는 현상(turf)은 다른 기관들 사이에서 의사소통이 실패하는 것같이 조직을 갉아먹는 부정적 효과를 나타낸다. 훈련(training)은 변화를 이끌기 위해 유용하고 필요한 방법이지만, 긍정적인 변화는 복잡한 체계의 한 부분을 훈련하는 것으로 일어나지 않는다. 예를 들어 현장 일선의 사회복지사들이 새로운 사고와 기술을 개발하기 위해서는 그들의 수퍼바이저들이 얼마나 그들을 지지하느냐에 달려 있다고 본다. 또한 기관의 정책도 중요한 영향을 미친다.

체계지향적 관점은 학문적인 사치가 아니다. 필요한 도구일 뿐이다. 가족을 포함한 연결망 내에서 상호간 힘의 교류를 이해하는 것은 협동 작업을 하는데 중요한 주춧돌이며, 목적에 맞게 개입을 조절하는데 필수적인 것이다. 전문가들이 그들의 연결을 수용하고 그들의 차이를 다루는 대안적 방식을 발견한다면 그들은 체계의 효율성을 증가시켜 내담자들에게 더 좋은 서비스를 제공할 수 있을 것이다.

우리는 이제 보다 자세히 내담자인 가족에 관해 알아보고 가족이라는 체계에 대해 이야기를 해보기로 한다.

가 족

가족은 구조, 패턴, 안정성과 변화를 지향하는 속성을 가진 특별한 체계이다. 그것은 또한 그 구성원들이 직접적으로 교류하고 정서적으로 결속되어 있고, 역사를 나누는 작은 인간 사회이다. 우리는 사회복지 기관에 의해서 서비스되는 가족을 특별하게 이해할 필요가 있다. 우리는 가족을 우선적으로 체계와 작은 사회로 간주한다. 이제 보다 일반적인 논의로서 가족을 이해해 보고자 할 것이다.

체계로서의 가족

패 턴(Pattern)

가족을 구조적인 관점으로 보고자 할 때 이는 가족들을 그려 넣은 그림으로 이해하면 된다. 가족의 구조적 기능 중에서 되풀이되고 예견 가능한 상호작용 패턴에 대해서 지금부터 언급하고자 한다. 패턴은 가족의 일원으로 받아들이는 것, 긴장, 그리고 인간사회에서 중요한 위계를 반영하며, 행동과 관계에 영향을 준다.

대개의 가족에게는 정서적 친밀함과 상호지지적 관계를 추구하는 동맹(alliances)의 다양한 패턴들이 형성된다. 제리(Jerry)와 브라운(Brown)은 20년 이상 결혼생활을 해왔다. 그들은 가족과 함께 여가를 즐기며 지내고, 문제가 있을 때도 안정적인 동맹관계(alliances)를 이룬다. 그들의 이러한 동맹관계가 불명확해지는 때도 있다. 예를 들면 할머니와 제니(Jenny)는 특별히 결합되어 있다. 그들은 많은 시간을 함께 보내며 조모는 제니를 확실히 믿고, 둘 모두 서로를 좋은 사이로 여기고 있다.

때로 동맹관계는 다른 양식을 취한다. 그들은 한 가족구성원에게 반대함으로써 다른 가족 구성원들과 편을 나누게 되는데 이를 우리는 제휴(coalition)한 것이라고 묘사한다. 이들 제휴는 일시적이고 약화된 것이다. 예를 들어 한 가족에서 어머니가 별로 좋아하지 않는 아줌마 아저씨와 주말을 보내자고 제안할 때마다 청소년들은 어머니와 맞선다. 다른 가족들의 경우, 제휴가 안정적이긴 하지만 좋은 감정을 나타내지 않을 때도 있다. 그 예로서 서로는 가깝지 않은 여자형제 사이이지만 계부를 반대하는 방법 앞에서는 동맹관계에 있는 그런 예이다.

힘의 위계(hierarchy)를 유지하려는 패턴은 모든 가족에서 나타난다. 그들은 가족성원의 행동을 조절하고 의사결정을 만들기 위한 방법으로 위계를 정의한다. 권위의 패턴은 가족 조직에 특히 중요한 양상이다. 이들 패턴은 가족간의 조화와 갈등 모두를 일으키는 것으로 가족성원들이 성장하고 변화함에 따라 도전 받는 주제이다. 명확하고 융통성 있는 권위 패턴은 기능을 잘한다. 제리와 브라운은 함께 지내면서 여러 과정을 겪어 왔다. 그들은 특별한 영역에서의 권위를 서로에게 주었으며 중요한 결정이 필요할 때는 아이들을 고려하였고, 아이들이 청소년기에 접어듦에 따라 아이들의 힘과 자율성을 인정해 주었다. 그러나 다른 가족들은 그들의 차이를 해결하기 위한 기술이 적고, 결정에 이르는 기능적인 패턴이 제대로 수행되지 못한다. 가족들은 그들의 논의가 승부에 집중해 있고 가족갈등을 증가시키는 패턴을 변화시키지 못하기 때문에 치료받으러 오곤 한다. 권위 문제는 엄격함의 문제만은 아니다. 지나친 통제는 부적당한 산물로서 강력한 방식이라기보다는 궤도에서 이탈한 방법이다. 예를 들면 삼세대 가족에서 어린 아이를 가진 편부모 가족은 조모와 함께 있을 때 어머니의 권위가 약해질 수 있고, 삼촌이나 다른 자매와 함께 있을 때와 같이 누구와 함께 있느냐에 따라 달라질 수 있다. 불명확하고 모순된 메시지들은 아이들을 혼란스럽게 하고 그들이 수용할 수 있는 행동을 이해하지 못하게 한다.

어떤 패턴들은 윤리적인 것에 기원한다. 라틴 지역사회에 있는 가족들은 북유럽 사람들보다 그들의 어린 아이들을 껴안는 것, 감정을 표현하는 것, 반대의사를 말하는 것 등에 아주 다른 패턴을 가지고 있다. 그러나 대개의 가족 패턴은 가족들 안에서 특별하다. 예를 들면 어떤 엄마는 아이를 고모로부터 보호하고자 하며, 남자친구와 갈등상황에 있을 때 그녀의 12살 된 아들에게 화를 낸다. 설사 그 내용이 다르게 보일지라도 그녀의 행동은 예측가능하다. 고모가 아이를 때리거나 위험한 게임을 하게 하거나 또는 공원에서 난장판으로 노는 것과 상관없이 그녀는 아이를 보호하려고 할 것이다. 그리고 설사 그녀가 새로운 관계를 가지고자 할지라도 아이가 그녀의 남자친구와 싸울 때 그녀는 자신의 합리화를 위해 아이에게 화를 낼 것이다.

조직화된 패턴은 조건 없는 규칙의 구체적인 표현이다. 왜냐하면 규칙은 기대와 제한을 정의하기 때문에 가족 성원들이 허락하는 것과 허락하지 않는 것을 알고 있다. 편부모 가정의 장녀 니나(Nina)는 그녀의 어머니가 외출했을 때 아이들에게 자신이 책임이 있다는 것을 알고 있다. 하지만 이것이 아이들을 때리거나 놀래키도록 허락 받았다는 것은 아니다. 그녀의 이런 패턴들은 한계가 있다. 왜냐하면 패턴은 습관적인 것이기 때문이다. 그들은 변화를 달가워하지 않고 가족 성원간의 폭 넓은 패턴의 레파토리를 갖고자 하지 않는다. 만약 아이 돌보는 것이 니나의 사회생활을 제한하고 불쾌함을 쌓이게 한다면 그것은 더 이상 유용하지 않은 패턴으로 가족이 그 패턴을 깰 때가 된 것이다. 그들은 열세살 된 남자형제의 잠재력을 건드리거나 어머니의 일하는 시간을 바꿀 수 있거나 이웃에 사는 가족과 상호 협상할 수 있다.

하위체계 (Subsystems)

가족은 다른 복잡한 체계처럼 가족 내에 많은 하위체계가 있다. 연령과 성은 가족하위체계를 만든다. 성인은 그들을 아이들과 다르게 구분 짓는 기능과 관계를 가진다. 청소년들은 그들의 특별한 관심을 가진 집단을 형성한다. 남자들은 하나의 단위이고, 여자들 또한 단위이다. 그리고 혼합된 가정 안에는 '그의' '그녀의' '그들의' 하위집단들이 있다. 말해지거나 말해지지 않는 규칙들이 이 단위들을 지배한다: 어린 아이들은 침실 문이 닫혀 있을 때는 청소년을 방해하지 않는다; 아이들은 불공정한 상황에서만 어른들에게 고자질을 한다; 어머니의 아이들은 특별한 초대 없이 계부와 그의 아이들과 함께 하는 토요일의 외출을 기대하지 않을 것이다; 그리고 조부는 그나 그녀의 형제들과 문제 있는 아이들을 옹호할 수 있으나 부모가 훈련시키고 있을 때는 그렇게 하지 않는다.

경계선(boundaries)의 개념은 가족을 전체로 볼 때 하위체계간에 매우 중요하다. 경계선은 바람처럼 눈에 보이지는 않지만 우리는 경계선의 움직임 때문에 경계선이 존재함을 알고 있다. 앞의 모든 예들은 경계선이 침투성이 있는 것만큼이나 교차할 수 없는 선을 나타내는 것을 언급하고 있다. 경계선의 침투성은 접근성과 사생활에의 접근도를 나타낸다.

하위체계 경계선의 견고함은 가족의 독특한 양식과 함께 다양하다. 스미스(Smith)씨의 가정에서 추수감사절의 저녁식사에는 많은 사람들과 엄청난 소음을 만들어 내는 삼 세대가 함께 하게 된다. 그러한 배치는 배리(Barry)에게 아무런 느낌을 주지 않는데, 그녀는 아이들을 각자 분리된 식탁에 앉히고 아이들이 버릇없이 굴 때 조용히 하라고 한다.

가족에게는 생활주기 이상의 발달상 적절한 변화가 있을 것이다. 어른들과 아이들간의 경계선은 필수적으로 아동들이 청소년기로 들어감에 따라 더욱 견고해질 것이다. 다섯 살 아이가 그의 동생을 화나게 놀린다면 부모는 거기에 개입할 것이다. 아이가 청소년이 되었을 때 그들은 자신이 해결할 것으로 기대하며, 그들에게 제공되는 각 사생활로 그들의 각 경계선을 그리게 되는 것이다. 부모세대가 나이 들어감에 따라 경계선은 노인의 욕구를 반영한다. 그들의 건강과 복지 상태에 따라 그들의 손자가 증가되면서 경계선은 다시 변한다.

가족패턴이 잘 기능하지 않을 때, 각 하위체계가 구별되어 보이는 것은 유용하다. 예로 아이들을 만나는 것은 위로부터 아래로의 수직적 관계보다는 아래로부터 위로의 가족교차와 위계를 보여준다. 이는 또한 가족 성원의 행동 레파토리에 영향을 주고, 그들의 부분은 각 하위체계에서 다르게 기능한다. 예로 열두살 된 마리오(Mario)는 그가 아버지 주위에 있을 때는 조용히 있지만 그의 형제들과 있을 때는 창조적이고 공정한 지도자가 될 수 있다. 그 관찰은 가족이 그들의 기능화를 발달시키고 그들의 독특한 욕구를 포함하는 양상을 발달시키도록 도울 수 있는 근거를 제공한다.

개인 (The Individual)

개인은 가족체계에 존재하는 가장 작은 단위로 분리된 존재이면서 전체의 한 부분이다. 체계적 관점에서 각 개인은 가족 패턴의 형성에 기여한다. 그러나 이는 또 개별 인성과 행동이 가족의 기대와 승인 속에 형성된다는 증거이다.

이런 시각은 단순히 이야기하는 것보다 더욱 혁명적이다. 그것은 개인에 초점을 두는데 익숙한 사회복지기관들과 이론 모두에 대한 도전이 된다. 우리는 이 책을 통해 개인에 초점을 맞춘 개인력, 역동, 치료가 불충분하다는 것을 강조하며, 가족의 맥락 안에서 또 더욱 확대된 연결망 안에서 일하는 것이 필수적이라는 점을 강조한다.

만일 우리가 체계의 부분으로서 가족을 생각한다면 우리는 자기 이미지가 어떻게 형성되고, 어떻게 행동이 지배되는지에 대한 다른 시각을 가져야 한다. 가족은 그들 성원을 그들 성원간의 관계의 질과 다른 성원들의 역할에 부분적으로 관련된다고 정의한다. 그런 속에서 그들은 자기상(self-image)과 각각의 행동에 영향을 주는 각기의 목적을 달성하는 무언가를 만든다.

조(Joe)는 다른 아이들보다 더 부끄러움을 타는 아이이며 자신도 그렇게 생각하고 있다. 장녀인 애니(Annie)는 어린 동생을 도울 것이 기대되며, 적어도 청소년기까지는 문제없이 '부모역할의 아이(parental child)'로서의 역할을 해왔다. 어머니는 학교와 다른 체계들간의 접촉을 다루는 사람이다. 가족을 통해 형성되는 행동유형의 파악은 개인적 성향을 인지하도록 돕는다. 그러나 간혹 자기의 개념에 있어 어떤 요소들을 제한하고 장소에 따라 행동을 규정하는 면도 있다.

체계적 관점에서 볼 때 행동은 각각의 개인행동을 유지하고 자극하는 패턴으로부터 일어나는 공유된 책임으로 설명되어진다. 관습적으로 '내 아이는 공공연히 반항한다' 또는 '내 파트너는 늘 잔소리한다'와 같이 생각하는 것이다. 그러나 이들은 한쪽 방향의 설명이다. 사실, 아이들의 반항이나 파트너의 잔소리는 같은 부분이다. 그 과정은 순환적(circular)이고 행동은 보완적(complementary)이다. 그들 모두 행동을 가르치는 것이고 그들 모두는 재행동하게 된다. 그 점을 분리해 내거나 한쪽 입장에서 그 원인과 결과를 결정하는 것은 가능치 않다. 타밀라(Tamila)가 반항적일 때 어머니는 큰 소리를 치고, 타밀라는 운다. 그리고 어머니는 그녀를 때린다―또는 어머니가 딸에게 소리쳐서 타밀라는 울고, 어머니가 때리면 타밀라는 반항적이게 된다. 이런 과정은 상호적인 과정으로 각각에게 타당성을 둘 수 있기도 하다. 이렇게 그들의 상호작용은 유형화되고 우리는 두 부분을 모두 포함하지 않고는 그 행동들을 설명할 수 없다.

보완성(complementarity)의 개념은 원인, 결과와 마찬가지로 진단적 시각을 제공한다. 그러나 그 또한 원인적 깃발을 올리는 것이다. 행동은 순환적 패턴을 반영할 것이다. 하지만 몇몇 행동들은 가족의 약점을 이용하고 안전을 위협하는, 위험하고 도덕적으로 잘못된 것이다. 여권론자들은 여성에 대한 남성 폭력과 관련하여 이 과정을 설명하였고, 모든 사회는 아동학대를 비난한다. 이런 상황에서 주요과제는 가족이 위험하거나 도덕적으로 수용할 수 없는 현재의 패턴을 변화하도록 가족과 일하는 동안 희생된 개인을 보호하고 윤리적 근거를 만드는 것이다.

이행기(Transitions)

모든 가족은 이행기를 가진다. 성원들은 성장하고 많은 일들이 가족 현실을 수정하도록 개입된다. 다른 체계들처럼 어떤 행동변화가 있으면 가족들은 일정한 기간 혼란된 상태에 직면하게 된다. 기존의 가족패턴은 더 이상 적합하지 않다. 그러나 새로운 방법은 아직 이용가능한 것이 아니다. 가족은 그들의 새로운 위치 · 상황에 현실적 욕구들과 과거의 편했던 패턴간에 균형을 찾아가면서 반드시 시행착오 과정을 거쳐야 한다. 때로 변화는 발달주기에 의해 야기된다. 아이가 태어났을 때 아이의 무능함은 가정 내 성인간에 변화를 야기시키는 돌봄을 요구한다. 아이가 성장함에 따라 체계를 당황하게 하고 새로운 패턴을 요구하는 책임감, 사생활, 자율성에 대한 욕구는 증가한다. 중년 세대가 더 나이 들어감에 따라 노화와 약화의 문제는 노년세대로부터 그들의 어른 아이들에게로 그 기능이 전환되기를 요구한다. 그들은 근대 생활의 변동과 어떤 가족에게도 일어날 수 있는 예기치 않는 사건들(이혼, 재혼, 예기치 않은 질병, 갑작스런 실직, 홍수나 지진 등)을 반영한다.

자극이 무엇이던 이행기 동안 필수적이지 않은 병리적 또는 임시적인 난관을 지각하는 것은 중요하다. 이행하는 과정이라고 하는 것은 가족이 새로이 탐색하고 적응하려는 것을 말한다. 분노, 우울, 성급함 등은 위기의 구성 요소이다. 그 행동이 역기능적이거나 방해적이라 할지라도 병리적 현상 자체에 초점을 맞추는 것은 도움이 되지 않는다.

우리가 후반부에 강조할 사실로, 다중위기 가족과 관련하여 이 문제는 매우 중요하다. 이들 가족은 자주 반복되는 극적 이행과정을 맞이하고 대개 더 강한 사회체계에 의해 개입이 이루어진다. 가족 성원들의 반응 중 충격과 혼란은 이행기에 동반되는 한 부분이다. 종종 이런 변화가 마치 영원한 것처럼 여겨지면 복잡한 어려움이 있을 때처럼 행동하게 되어진다.

작은 사회로서의 가족

대인관계의 상호작용의 복합성과 감정은 직설적으로 표현되지 않기 때문에 체계로서의 가족을 논의할 때 비개인적인 부분들도 있게 된다. 우리가 더 친밀하다면 우리는 사람들을 결속시키고 분리시키는 정서적 힘에 주의할 수 있다. 가족 안의 사람들은 구성원들과 특별한 연결의 감각을 느낀다; 애착(attachment), 가족유대(family bond). 그것은 지각과 느낌 둘 모두를 포함한다. "우리는 하나다"라는 느낌을 알고, 그들은 각자를 고려한다. 우리가 가족과 함께 일할 때, 가족이 서로 보호하고 방어하고 지지하는데 관련되어 있음을 알고, 우리는 이러한 유대가 그들의 변화를 돕도록 한다는 것을 안다. 우리는 또한 그들이 결속되는 과정에서 부분적으로 긴장이나 갈등, 분노가 발생함을 안다. 앞의 예들처럼 가족은 가족유대가 그들을 지지해주는 동안에도 그 성원들을 제한하고 그들에게 도전하기도 한다.

가족에 대한 느낌은 감정과 지각에 의해 표현되고 또 그들의 내력, 태도, 스타일을 묘사하는 방법에 의해 표현된다. '가족력'으로 언급되는 것, "우리는 우리 자신을 지키는 가족이다. 우리는 가까운 이들에게 문제가 생기기를 원치 않는다." 또는 "우리는 섬으로부터 이주하는 동안 힘든 시간을 가졌었다. 그러나 우리는 지금 잘 하고 있다." 또는 "우리는 전쟁터로 가지 않고 어떤 것도 해결할 수 없을 것 같다." 또는 "우리 가족 안에 있는 모든 여자들은 우울증으로 고통받는다." 이런 이야기들의 이면에는 다른 성원들에 의해 언급된 또 다른 이야기들도 있다. 그러나 가족들은 그들이 누구인지와 그들이 어떻게 기능하는가에 대한 어떤 형태를 서로 나누게 된다.

가족 감정의 또 다른 면은 가족 갈등이다. 모든 가족은 이견이 있고 차이를 협상해야 하며 갈등을 다루는 방법을 개발시켜야 한다. 문제는 이런 방법이 얼마나 효과적인가 하는 것이다. 문제해결을 얼마나 합당하게 하는가, 서로 얼마나 참여하며 만족하는가, 분노를 표현하더라도 얼마나 받아들일만한가 하는 것이 중요한 문제이다.

그들이 각자를 고려할지라도 불일치로 인해 방법을 찾지 못하기 때문에 가족은 때로 침울해진다. 대개 가족의 위험을 피하고, 가족성원이 침착해지기 위한 욕구를 나타내는 알람소리와 같은 신호체계를 가지는 것, 가족이 이탈과 폭력을 고양시키거나 위기조절에 대한 기제를 가지는 가의 여부는 중요하다.

갈등과 폭력은 다중위기 가정과 일하는데 주요 관심이 된다. 우리는 다음에 이와 관련된 논의를 할 것인데, 그것은 다중위기 빈곤가족들에게 더욱 두드러져 보인다.

'기관' 가족 : 다중위기 빈곤층

가족 구조와 기능의 원칙들은 일반적이지만, 그러나 법원, 복지체계, 보호서비스들이 가족을 통제하고 서비스하고자 할 때에는 특징적인 모습을 나타낸다. 한 가지 사실에 의해 때로 가족에의 영향과 결합이 간과될 때가 있게된다. 약물 중독자들은 애착관계를 형성할 수 없고 어머니들은 아이들을 방임하고, 아버지는 학대를 하며, 가족들은 폭력적이고 각기 고립되어 있다는 이야기를 듣곤 한다. 몇몇 가족들에게는 이 말이 맞을 것이다. 그러나 가족이 서로에게 느끼는 고귀함과 영향을 무시하고 개인과 가족의 곤궁함만을 눈에 띄게 강조하는 경우들이 있다. 예를 들어 할렌은 가족이 각기 분리되어 도움을 받는 상황이 되었을지라도 그들이 다른 이들에게 어떻게 보이는가는 문제가 되지 않는다고 생각하며 그들은 가족이기 때문에 아이들이 앤지에게 돌아가기를 바란다. 위탁부모는 비록 친부모가 아이들을 때리고 방임할지라도 위탁된 아이들이 그들의 친부모를 사랑하고 그들과 함께 있기를 원한다고 말한다. 이는 가족의 애착을 이끄는 깊은 감정적 정서적 애증의 예이다.

문제는 이런 가족의 이야기가 그들 자신의 이야기기대로 전달되지 않는다는데 있다. 그들이 제도적 체계 내에서 그들의 이야기를 하면 사회는 이를 편집한다. 앤지의 서류가 여러 기관으로 옮겨지면서 그녀가 누구인지, 그녀 가족이 그녀와 얼마나 연관되었는지 하는 것이 수정된다. 가족 지향적인 접근은 바로 이런 과정에 그들이 누구인지, 그들이 고려하는 사람이 누구인지, 어떻게 그들이 그들의 문제를 보는가에 대한 그들의 시각을 이끌어내려고 한다.

가족에 대한 연결과 영향, 가족구조, 가족 구성원간의 패턴은 이런 과정에서 어떤 것도 잘 인식되지 않는다. 복지체계에 의해 전달되는 서비스를 받는 가족들도 혼란스러워진다. 사람들은 들어오고 나가고 개인들은 단절된 듯 보인다. 그러한 불안정함은 가족생활의 부분으로 빈곤, 약물, 폭력으로 둘러싸여 있지만 그것은 또한 사회적 개입에 의한 부산물인 것이다. 아이들은 다른 곳으로 옮겨지고, 가족 구성원은 교도소나 병원, 분산된 서비스들에 의해 각기 다르게 배치된다. 이런 점에서 복지체계의 개입이 필수적인가 하는 점, 그리고 그들의 개입이 가족구조를 오히려 깨는 것은 아닌가 하는 점을 둘러보아야 한다. 때로 이런 개입은 혼란된 가족들에게 긍정적인 정서적 결합과 효과적인 자원을 인식하는 것에 대한 고려 없이 일어날 수도 있다. 방임된 많은 아이들이 주거시설에 배치될 때 학대하는 남자친구를 갖고 있는 어머니를 보호해주는 청소년기 자녀도 사라지고, 형제간에 상호 지지집단도 사라지게 될 것이다.

경계선은 이러한 가족들 안에서 유동적이고 실무자들은 쉽게 이 가족 구조내로 들어갈 수도 있다. 가족의 권위적 구조는 잘못 시작되거나 아예 사라지기도 한다. 결정들은 권위없이 내려지고 아동들은 가족이 무력한 가운데 일찍부터 어른에 대해 배울 수 있다. 사회복지사는 이러한 체계내에 역기능적인 부분의 하나가 되어 도움이 되지 않는 패턴을 강화시킬 수도 있다. 예를 들어 사회복지사가 때리는 어머니에 대해 딸이 소송제기 하는 것을 허용한다면 자신의 문제를 해결하려는 가족의 힘은 강화되기보다 감소될 수도 있다.

폭력은 이러한 가족들을 위한 생활의 중요한 단면으로 그것은 두 가지 형태를 가진다; 가족 내에서 일어나는 폭력과 사회적 개입으로 인해 발생하는 폭력이다. 전자는 더욱 사회적 인습에 가깝다. 가난, 무력함과 자포자기는 모두 이런 사람들의 가족 주기안에 상존하고 대개 약물, 나태, 강박적인 섹스, 그리고 폭력 등의 단기적인 해결책을 찾게 한다.

우리가 폭력가족의 내면을 볼 때, 질서에서 이탈되어 있음을 보게 된다. 보통 이들은 가족성원을 보호하는데 실패하는 기제를 갖고 있고 사회적 생존이 유지되지 않도록 한다. 가족 담당 사회복지사들은 잔인한 체벌, 근친상간, 유기된 아이들과 같은 추악한 순간들과 마주하게 된다. 자문가나 훈련가에 따라 우리는 그들 가정에 아이들을 남아있게 하는 개입을 지지할 수도 있고 그렇지 않을 수도 있다. 우리는 항상 가족보존의 개념하에 조사를 하고, 가정폭력의 문제를 어떻게 사정할 것인가, 가족성원의 안전을 어떻게 보장할 것인가 등의 문제에 대해 심각하게 고려한다. 공공기관이 아동을 분리시키는 극단적 방법을 사용하는 것은 이런 기본적인 이슈에 정교한 해결책을 제공하는데 실패한다. 조치는 절차상에 있는 것이고 포괄적인 것이다. 그것들은 잘 하려고 하나 특정 상황에는 충분히 도움이 되지 못한다. 사회복지사는 가족갈등을 찾아내고 이런 결정들에 앞서 긍정적인 변화를 유도하는 가족 잠재력을 사정할 수 있어야 한다. 우리는 앞으로 이러한 중요한 문제들에 대해 논의할 것이다.

폭력의 두 번째 형태는 외부적인 것이다. 폭력은 통제하려는 사회의 강한 세력으로부터 침입된다. 현실은 약자를 보호하지만 가족에의 침입은 가족에게 폭력을 행사하는 과정을 인지하지 않은 채 그간 형성된 가족구조를 분해하고 결속을 침해하여 가족을 존중받지 못하도록 한다. 이는 개인과 가족이 상호연결되어 있다는 인식이 부족하고 법적 구조와 사회정책이 가족과 구성원의 권리에 대한 불균형을 만들어내기 때문이다.

이런 패턴을 설명하는 사설이 1996년 뉴욕타임즈의 첫 면에 나와있다. '법원이 아동을 데려감으로써 부모 쪽 변호사는 비틀거린다' (1996.6.10). 이 기사는 아이들을 떼어냈을 때 부모가 이용가능한 법적 자원과 아동이 이용가능한 자원간의 모순에 대해 자세히 다루었다. 부모 쪽의 변호사는 '부담이 과중하고 잘못된' 것으로 이 과정을 묘사하였다. 그들은 변호사비가 적으므로 예비 작업을 위해 배상을 더 받아야 한다고 생각한다. 그래서 그들은 부모들의 사례를 더욱 잘 다룰 수 있기 위한 면접과 조사를 수행하지 않는다. 최근 몇 년 동안 이 사설은 법전문가들이 "이런 사건들을 지나치게 무의미한 것으로 취급해왔다"라고 말했다. 대개의 판정에서 결과는 미리 결정되어 있다. 부모는 대부분 사건에서 이기지 못한다. 신문에서 예외적이고 별 영향력이 없는 사건이라고 할 때 다른 어떤 사람도 주의를 기울이지 않는다. 하지만 연결망의 영향으로 가족은 무력하게 된다. 그들은 의도하지 않았지만 사회의 폭력에 의해 희생된다.

실제 사례가 많지 않음에도 불구하고 사회적 개입은 필요한 것이다. 설사 가족이 잘 기능하지 못하거나 위험을 막지 못한다고 해도 가족이 갖는 구조, 애착, 재현되는 패턴, 경계선 등의 의미를 인식하는 것은 모든 것을 변화시킨다. 가족중심적으로 접근하는 것은 강조점의 전환을 가져온다. 우리는 인습에 얽매이지 않는 상태에서 가족 형태를 수용하고 가족 연결망 안에 관련된 사람들을 살피는 것에서부터 시작해야 한다. 위기를 이끌고 상호작용을 지배하는 가족 하위체계들과 규칙을 알게 될 것이다. 사회적 개입이 전환점을 가져오고 가족은 전형적이나 영구적으로 다루어지지 않는 열망, 일시적 혼란, 분노의 기간을 가질 것을 깨닫는다. 우리는 또한 그들이 적극적으로 개입할 때 사회복지사가 가족체계의 부분이 됨을 알게 된다. 빈곤가족과 일하는 사회복지사의 역할은 특권층의 가족과 관련된 성직자, 교사, 의사 등의 역할보다 더 강력하다. 이러한 현실을 인지하고, 사회복지사가 가족이 그들 스스로를 도울 수 있도록 지원하기 위한 개입을 관리하는 것은 가족지향적인 접근을 이끄는 힘이다.

무엇이 현실인가? 원조체계들이 어떻게 가족의 시각과 서비스의 전달에 가까워질 수 있는가? 수년동안 훈련가와 자문가로 일하면서 우리는 대개의 기관들이 가족체계적 접근으로 이행하는 것이 어렵다는 것을 알고 있다. 그리고 왜 그렇게 되어야 하는가의 질문을 지금 반복하고 있다. 우리는 한쪽에서 다른 방향으로 변화하기가 어렵다는 것을 알고 있다. 그러나 현재의 실천을 지배하는 요소들과 가족지향적 접근을 향한 움직임이 어려운 점을 더 깊이 있게 살펴 볼 필요가 있다. 대개 이런 설명은 관료성, 전문가 훈련, 빈민에 대한 사회의 태도라는 세 가지 영역에서 가능하다. 우리는 이 장의 다음 부분에서 이들 요소들을 살펴볼 것이다.

가족을 향한 체계적 접근의 장애물

관료성

관료는 가장 힘든 상대가 되었다. 그들은 필수적인 과업을 명확화하고 각 구조들이 자신들의 과업을 수행하도록 발달해왔다. 확실히 빈민들에게 서비스하는 사회기관들은 원조를 제공하기 위해 형성되었다. 즉 고통 경감하기, 약자 보호하기, 사회와 그 성원들을 위한 안전망 제공하기…… 등. 그러나 빈곤의 증가, 노숙자, 약물, 폭력과 위험에 처해있는 아동의 증가는 보호체계에 대한 새로운 요구를 갖게 하였다. 증대되는 요구들은 통합된 서비스와 할당된 자금에 의해 창조적이고 효율적이며 포괄적인 계획으로 진행될 것으로 기대되었다. 하지만 사실은 쉼터, 일시적 숙박시설, 노숙자에 대한 경찰행동,

다양한 약물남용치료 프로그램, 위험군 아동을 위한 위탁보호, 입양, 주거시설, 임상적 치료 등등 서로 연계되지 않는 요소들의 잡다한 모임으로 이루어지고 말았다.

사회복지기관의 관료조직적 요소들은 조직화된 구조가 상호작용 하는 하위체계로서보다는 특화된 세력권이 되었고 그들은 기금을 위해 경쟁한다. 기금의 수준이 항상 욕구에 부합하기에는 부적절함에도 불구하고 돈의 흐름은 적절한 상황으로 흘러가지 않는다. 근본적인 문제는 서비스들이 통합되지 않고 기금은 특별한 범주의 서비스 즉 독성반응에 양성인 아동, 십대 임산부, 복지사업의 주도성 등을 위해 지정되지 않는다는 것이다. 범주화된 기금은 특정 절차를 위한 범주와 지점을 분류하고, 인위적인 경계선을 보존하고자 하는 이데올로기를 제공한다. 여기에 최적의 혁신적인 접근을 통한 사고를 할 수 있도록 하는 격려나 여유는 극히 드물다. 결과적으로 재정지원을 위해 경쟁하는 기관과 각 부서들은 기금을 받을 수 있는 기회에 부합하기 위하여 그들의 언어, 절차, 훈련을 생성하게 된다.

수년에 걸쳐, 사회복지 관료조직은 복잡해지고, 비개인화되고 경직되어 갔으며 그 현실은 가족 지향적인 접근의 주요 장애가 되었다. 복잡한 체계가 고정된 선으로 조직화되었을 때, 이를 변화시키는 일은 아주 어려운 일이 된다.

사회복지서비스는 개인에 중심을 두고 조직화되는 경향을 가진다. 모든 사례는 특별한 문제로 도움을 요청하는 기관에 의뢰된 클라이언트를 중심에 둔다. 이러한 강조의 산물은 앞장에서 설명한 앤지와 그의 가족에도 관련된 것이다. 문제는 조셀린의 신체발달이 의료전문가의 손에 달려있다거나 앤지가 약물중독의 지식과 경험 있는 사람들에게 상담받는 것이 아니다. 전문화된 서비스는 생산성 있는 체계임을 반영하는 것이어야 한다. 문제는 약물상담가는 앤지의 가족관계에 관여하지 않고 그녀의 중독 상태만을 다룸으로써 오히려 장애물을 세웠다. 마찬가지로 조셀린의 장애센터에서도 어머니인 앤지가 부모훈련을 받아야 한다는 제안을 하지 않았다는 것이다.

그 절차가 관료조직으로 견고히 유지되기 때문에 이런 개인지향적인 접근에 변화의 도전을 하기는 어렵다. 예산할당, 사례수, 그리고 보험의 강제성 등은 개별 사정평가와 치료에 기반을 가지고 있다. 이런 종류의 배치는 다루기 어려운 것으로 쉽게 좋아지지 않는 것이다. 덧붙여 개인을 강조하는 접근은 당연히 받아들여지는 것으로, 체계를 관리하는 공무원뿐 아니라 그 안에서 일하는 대부분의 전문직들도 마찬가지인 것이다.

전문가의 훈련

전문가가 그들 자신에게 '우리가 무엇을 위해 여기 있는가?'라고 물을 때, 그 대답은 대개 간단하다: "환자를 돕기 위해"(또는 학대받은 아동, 십대 미혼모, 헤로인 중독자). 개인에 초점을 맞추는 것은 개인을 지향하는 이론, 사례, 그리고 치료적 기술을 강조하는 전문훈련의 유산이다. 사회복지사, 심리학자, 정신의학자는 개인을 다루는 특별한 기술에 따라 인성, 병리학, 치료에 대한 생각의 틀을 가지고 일한다. 아마도 사람들이 어떤 고통이 있다면 개별 자질과 행동에 따라 반응하는 것은 당연한 것이다. 특정 상황 속에 있는 개인을 다루기 위하여, 그리고 체계를 움직이게 하기 위해 특정 절차들을 다루도록 적용하는 것은 복합적인 훈련이 요구된다.

우리는 이제 복합적인 새로운 훈련을 해야한다. 그러나 현재, 개인 초점의 접근은 초기사정단계에서부터 시작된다. 사회복지사는 설명된 절차들을 따르기, 의뢰된 개인에 대한 정보를 수집하기, 그리고 다음 단계로 사례를 넘길 것인지에 대한 최종결정을 하도록 되어 있다. 그들이 혁신적인 사고를 가지고 체계에 들어오더라도 사회복지사는 어떻게 일해야 하는지, 누구의 책임인지, 사례수 유지하기 등을 배워야 생존할 수 있게 된다. 이미 수립된 절차가 융통적이지 않은 법이나 공식적 조치라는 것이 암암리에 알려져 있다. 당신은 이런 식으로 초기사정하고 그 양식들을 채워야 한다…… 이것은 당신이 계획을 언제, 어떻게 이행할 것인가에 달려있다…… 전문직은 일반적으로 일이 과중하고 가족 중심적으로 일하는 것을 단지 부과적으로 보는 경향이 있다. 그들은 현재의 체계를 유지하는 과정에서 생존해야 한다. 그리고 '수가가 되는 시간'을 갖추고 선행된 지침에 따라 부지런히 노력하여 서류양식을 채워야만 한다.

실무자들은 이미 수립된 절차를 따르지 않았을 때 그들의 기반이 취약해진다는 것을 안다. 신문을 비롯한 여러 매체는 무언가 잘못되었을 때 이를 이해하지 않는다. 관료조직은 규칙을 따르지 않는 피고용자를 보호하지 않는다. 직무의 현실은 가족의 장점을 찾고 다중위기 가족이 가지는 복합성을 다루도록 일할 시간을 주지 않는다. 전문적 사회복지사가 되기 위해 개인 중심의 접근을 하는 동료들, 또 그런 훈련을 지도하는 감독자와 일할 때 사회복지사는 가족중심의 접근을 할 것인지 말 것인지 마음의 결정을 하기 위한 준비가 필요하게 된다.

빈곤층에 대한 사회적 태도

사회복지 기관 안에서, 개인에 초점을 두는 전통적 관심과 관료적 조직화의 결과는 빈곤가족을 실증적이고 도덕적인 잣대로 보게되는 시각을 강화한다. 많은 세팅에서 가족의 정의는 매우 편협하다. 사회복지스탭들은 해결책에 도달해야만 하고, 법원에 의한 정보나 복지부서에 의한 정보에 따라 가족을 정의하는 경우가 흔하다. 누가 한 아동에 대한 초기의 신체적 사회적 내력을 제공할 수 있는가? 누가 방임된 아이들을 위탁보호서비스에 연결할 수 있는가? 십대의 임산부가 출산을 하여 아이와 함께 머무를 곳을 찾을 때 어디로

가게 할 것인가? 아마도 스탭들은 클라이언트의 파괴된 가족에 대한 정보를 제시받기 때문에 이들이 도움받을 수 있는 자원들을 발견하지 못하게 될 가능성이 많다.

가족에 대한 정의가 편협하긴 하지만 가족이라는 판단을 내릴 수 있는 관점은 넓어질 수도 있다. 빈곤가족에 대한 도덕적 태도는 문화적으로 더 장기간의 영향을 미친다. 빈곤 가족들은 약물남용, 노숙, 경제적 의존 등의 문제로 비난받고 사회의 짐으로 취급이 된다. 가족을 소홀히 하거나 분리하는 것은 이런 경향의 부분적인 반영이며 아동들을 피해자로 인식하는 사명적 관점에서 비롯되었다. 물론 반대되는 관점도 있으며 그 또한 타당할 수 있다. 이런 다른 관점 중의 하나는 빈곤 가족을 경제나 정책의 희생자로 보는 것으로 빈곤층의 행동을 자학적이고 사회적으로 받아들일 수 없는 행동의 하나로 간주하는 것이다. 하지만 정치적 관점이 보수적 경향으로 흐를 때 빈곤가족에 대한 비판과 사회적 불관용은 동정적 입장을 포기하게 한다.

빈곤가족이 그들의 빈곤과 혹은 행동에 대해 비난받지 않는다 할지라도 그들은 내담자로서 초라하고 볼썽 사나운 모습으로 인해 비난받는다. 이러한 것들은 문제의 부분들이다. 마리나(Marina)는 남자친구가 학대적이기 때문에 술을 마시고 또 그녀의 부모가 항상 실패자라는 낙인을 찍고, 다른 가족구성원들도 약물의존상태에 있다. 자말(Jamal)은 방임되고 할머니도 관심을 가져 주지 않으며 삼촌들은 그가 나타나지 않기를 바란다. 제인(Jane)의 가정환경은 아주 더럽고 더군다나 남자친구와 성관계를 하여 임신을 했다 등등.

이런 판단은 사실에 가깝다. 하지만 한쪽 편의 분석은 인정될 수 없다. 이들이 어떤 강점의 자원을 갖고 있는지, 가족들의 자원이 개개인에게 어떤 보호적 역할을 만들어낼 수 있는지에 대해서도 함께 평가가 되어야 한다.

변화를 향해 일하기

가족을 자원으로 볼 수 있는 사회사업 스탭들은 큰 진전을 이룰 수 있다. 하지만 스탭들이 체계적으로 일하지 않는다면 생산적이지 못할 수도 있다. 종종 그들은 가족이 어떻게 기능하는지, 클라이언트의 행동이 가족내 체계에서 어떤 지위를 차지하는지, 법원과 기관이 어떻게 가족을 굴절시키는지, 클라이언트에 속한 연결망이 긍정적 변화에 어떻게 기여하는지에 관해 이해가 짧다.

홍미로운 역설적 사실이 있다. 사립기관의 사회복지사와 달리 사회복지기관의 전문가들은 상호체계라는 의미에서 더 경험이 많은 사람들이다. 그들이 속한 환경이 훨씬 위계가 있고 법칙, 결탁, 동맹, 하위체계간의 교류와 갈등이 더 많다. 그들은 또한 체계내의 특정한 위치에 있다. 그들은 이렇게 자신이 속한 체계 내에서 역할을 하고 또 변화와 수정을 가하며 지낸다. 여기에 홍미로운 수수께끼가 있는 것이다. 이렇게 복지기관의 체계에는 잘 반응하는 사회복지사들이 가족이라는 상호적인 체계에 대해 왜 잘 반응을 하지 못하는 것인가? 더군다나 기관에 비해 훨씬 더 작은 체계이기도 한데. 특히 개인은 독립적으로 일할 수 없고 개인적 노력의 효과는 체계의 변화 없이 일어나지 않는다는 것을 알고 있는데도 불구하고.

전통적 훈련, 사회적 태도, 기관의 관료성은 새로운 생각을 저해한다. 물론다른 요소들도 존재한다. 복지서비스 전달의 책임이 있는 기관들은 늘 자신의 상태를 제한해야 한다. 그들은 변화에 대한 강한 저항을 포함한 보다 복잡한 체계의 양상을 갖고 있다. 새로운 생각과 기술들을 토론하고자 할 때 변화가 얼마나 어려우며, 잘 훈련된 전문가들이 익숙한 방식에서 탈피하기가 얼마나 어려운지를 알게 된다. 노력이 얼마나 진실한가에 무관하게 변화를 위한 여정은 항상 저 언덕 너머에 있다.

이 책의 나머지 부분에서 우리는 직업적 전문가들과 가족 구성원이 상호
작용하는 것에 대해 상세하게 설명할 것이다. 그러한 상호작용은 서비스 전
달의 기본 요소이고 법이나 정책 혹은 돈보다도 체계를 변화시키는데 근본
적인 것이다. 심지어 체계가 보다 넓은 차원에서 변화가 있어도 이런 상호작
용의 변화가 없으면 일상의 서비스에는 별반 차이가 없을 수도 있다. 우리의
경험상, 가족과 함께 작업하라고 하는 것에 대해 스탭들은 느낌을 가지지 못
할 수도 있다. 스탭들은 어떻게 진행을 해야 하는지 난감해 한다. 가족체계
에 관해 생각하는 것에 익숙하지 않은 사회복지사는 효과적인 개입을 위한
기술을 갖추지 못할 수 있다. 이 책의 소재들은 바로 이런 실천적인 지식을
쌓는데 목표를 두고 있다. 우리는 체계적 관점의 골격에서 조명을 하고 도움
이 될 수 있는 특별한 사례들을 제공하고자 한다.

다음의 두 장에서 우리는 가족지향적 접근을 통해 훈련하는 과정에 중요
한 소재들을 소개할 것이다. 가족지향적 접근을 위해서는 가족과 함께 작업
하기 위한 기술뿐 아니라 효과적인 절차에 대해서도 상세히 알아야 한다. 미
리 밝혀둘 것은 우리는 이런 기관들에서 특별한 실천을 해온 사람들이고 독
자들은 우리와 다른 위치에 있을 수도 있다. 자문치료자이거나 훈련자이거
나, 외부의 인사일 때도 어떤 도움을 줄 수 있을 것이다. 외부자일 경우 기관
이 주는 긴장이나 동맹의 부담으로부터 벗어나 있기 때문에 기관의 구조나
방식에 대해 보다 자유스런 관점에 있다는 이점이 있을 것이다. 단점도 있을
수 있는데 기관이 어떻게 기능을 하는지, 스탭들 중 우리가 놓친 중요한 사람
이 있는지 등 시간이 걸리는 일들을 하기에는 부족할 수 있다. 어떤 독자들은
우리가 행하는 역할을 같이 한 사람도 있을 것이며 지금 그들이 하는 일에 우
리의 책이 직접적으로 적용되는 경우도 있을 것이다. 또 어떤 이는 자신의 기
관에서 훈련을 담당하고 있을 수도 있으며 다른 배경에서 일하는 사람들도
있을 것이다. 하지만 기본적으로 빈곤 가족의 복잡한 문제와 일하는 실무자

들에게 이 책은 즉각적인 반향을 줄 것으로 기대하며 이 분야에서 일하는 사
람들의 현장 작업을 기획하는데 지침서가 될 것으로 기대한다.

제3장 체계에서 일하기(Working in the System)
가족 지지적 기술(Family supportive skills)

사회복지사는 두 가지 종류의 기술에 익숙해야 한다. 하나는 내담자에 관해 생각하는 기술이고, 다른 하나는 내담자의 변화를 격려할 수 있는 기술이다. 사회복지사가 가족을 지지하는 개입기술이 점차 발전된다면, 체계적 가족지향적 골격 안에서 일하는 것과 새로운 사고를 적용하기 위해 필요로 하는 기술의 확대발전 둘 모두가 가능할 수 있다. 실천적 기술은 내담자들과 상호작용하는 과정에서 보다 직접적이어야 한다. 그러나 이러한 기술이 가족의 중요성과 체계가 행동에 어떻게 영향 미치는가에 관한 지식에 기반하지 않는다면 이는 적절한 실천이 될 수 없다.

이 장에서 우리는 개념적 기술(Conceptual skill; 가족을 이해하고 정보를 조직하는 생각의 요소들)과 실천적 기술(Practical skill; 가족을 돕기 위해 자원을 동원하고 발달시켜나가는 과정)에 관해 토론할 것이다.

우리는 이 두 가지 기술을 떼어서 이야기하기도 하고 서로 연관된 것으로 이야기하기도 할 것이다. 그리고 그 다음 부분에서는 이 두 가지 기술이 서로 겹쳐진다는 것을 명확히 보여줄 것이다. 우리는 몇몇 개입방법을 예로 하여 설명하기도 하고 때로 우리의 생각과 반대되는 개입에 대해서도 기술할 것이다. 그런 예들은 모두 실제 실천과정에서 적용되는 기술들을 말한다.

실천과정에서 서비스들은 세팅에 전문화되고 특별한 과제에 맞게 짜여져야 한다. 예를 들어 약물-재활 클리닉에서 스탭들은 앤지와 같은 내담자가 그녀 혼자 있게 할 것인지 가족과 접촉하도록 할 것인지의 선택 기로에서 가족과의 관계를 어떻게 보호하고 보완할 것인지를 배워야만 한다. 임신여성에관여하는 기관들에서 스탭들은 영아에게 임신과정에 참여하였다고 느끼는아버지가 필요하다는 것을 알아야 하고, 어머니로부터 가족관계를 잘 알아내야 하는 중요성도 알아야 하며, 영아와 어머니 사이의 유대를 확고히 하도록 도와야 한다는 것도 알아야 한다. 보호받고 있는 아동의 가족들은 시설에있는 동안 지지를 받아야 하고 사회복지사는 아이와 가족 모두가 성공적으로 재결합할 수 있도록 숙련된 작업을 해야한다. 이런 모든 것들이 특별한 이슈들이며 일반적인 방향성이 정해져 있는 주제들이다. 그런 의미에서 이 장은 다양한 사회사업 서비스에서 유사하게 적용될 수 있다고 보여진다.

개념적 기술 : 가족에 관해 생각하기

이전 장에서 가족은 하나의 체계이며 작은 사회라고 기술한 바 있다. 이제우리는 사회복지사들이 맥락(context)에 속한 개인에 관해 생각하는 법에 대해, 가족을 이해하고 기술하기 위해 패턴, 연결, 하위체계, 경계선, 이행 등에초점화하는 법에 대해 이야기하고, 이를 어떻게 훈련시키고 슈퍼비전 하는지에 대해 조금 더 구체적으로 알아보도록 하겠다.

단순히 말해 가족지향적 접근의 개념적 과제는 두 겹, 즉 크게 생각하는 것(think big)과 가족이라는 유기체(organization)에 관해 인지하는 것으로 짜여졌다고 할 수 있다. 크게 생각한다는 것의 의미는 한 사례의 중요한 양상을 이해하기 위해 개인이라고 하는 것을 뛰어 넘어서서 생각하는 것을 말한다. 이는 기꺼이 생각을 멈추어 주변을 돌아보도록 하는 것으로, 눈앞에 서있는 사람을 뛰어넘어 합당한 체계를 정의하는 것을 말한다. 체계의 유기성을 인지한다는 것의 의미는 사람들 사이의 연결의 질, 전형적인 가족 기능의 패턴, 상호작용을 지배하는 보이지 않는 법칙, 경계선의 성질 등등의 문제를 명확한 관점에서 파악한다는 뜻이다. 트레이시(Tracy)와 그녀의 사례를 기술하면서 이런 두 관점의 의미를 조명해보도록 하자.

사람, 패턴, 법칙과 경계선에 관해 생각하기

트레이시는 세 아이를 가진 엄마로 열두살 된 아들 아벨(Abel)과 자주 싸운다. 특히 아벨이 학교를 가지 않으려 할 때마다 욕설을 퍼붓고 때린다. 이웃들이 신고를 하였고 기관은 그들의 사례를 접수하여 그녀와 아벨은 서비스를 받기로 결정되었다. 그들을 접촉한 기관의 특징적 관점은 개인의 행동은 그들의 성격적 특성에 의해 결정된다는 이론을 지지하는 그룹에 속해있었다. 그들은 어머니를 집단치료에 참여시켜서 그녀 자신의 아동기에 일어난 학대경험을 이야기하도록 했고, 아벨은 개인 상담을 연결해주었다. 얼마 지나지 않아 트레이시는 자신을 언어적으로 학대하는 남자친구의 존재에 대해 말했고 사회복지사는 그녀의 남자친구 또한 개인적 면담을 몇 차례 받도록 연결을 하였다. 스탭들은 트레이시가 아들에게 벌을 주는 문제, 아벨의 학교 공포증, 남자친구의 학대적 언어 사용을 모두 별개의 연결되지 않는 문제로 다루었다.

만일 스탭들이 행동을 상호작용의 결과로 바라본다든가, 지배적인 패턴을 이해하고자 하는 관점에서 이들에 대한 접근을 했다면 아마도 다른 방식의 접근을 했을 것이다. 트레이시와 아벨 모두가 관심의 중심에 있고 트레이시의 남자친구 존(John)과 같이 살고 있는 두 딸아이도 포함시켰을 것이다. 또 조금만 자세히 살피면 여전히 트레이시와 그녀의 자녀들에게 큰 영향을 미치고 있는 트레이시의 엄마와 그녀의 형제들도 포함시키고자 할 것이다. 또한 그들의 가족도 친구도 아니지만 빈곤가족의 생활을 돕는 연결망의 일부인 아동보호서비스의 사회복지사와 학교의 무단결석을 감독하는 학교 선생님도 참여시켰을런지도 모른다.

처음에는 이런 많은 사람들이 사회복지사의 눈에 보이지 않을 수도 있다. 최소한 그들의 존재가 생각은 되었어도 상호연결성과 같은 특징이 눈에 보이지 않을 수 있다. 가족과 친구들이 자원으로 여겨지지 않을 수 있다. 그들이 그런 역할을 해낼 수 없을 것으로 생각하기도 쉽고, 그들이 갈등을 만들어내는 역할로 생각되기도 쉽다. 다른 전문가가 가족들의 현실을 변화시키겠다는 사실이 그 기관의 스탭들에게는 이해되지 않을 수도 있다. 많은 사람들을 이 작업에 참여하도록 돕는 문제는 또 다른 문제이지만 일단 이들의 존재를 안다는 것은 매우 중요한 일이다. 큰 캔버스에 인간관계의 맥락에 대한 지도를 그릴 필요가 있다. 스탭들은 모든 가족의 현실이 닫혀있기보다 상호적이라는 가정에 기반할 필요가 있다. 문제가 이해되어지고 자원이 동원되려면 보다 큰 그림이 그려져야만 한다.

가족의 패턴을 탐색하면서, 중심적 하위체계에 초점을 맞추는 것으로 시작하는 것이 바람직하다. 협력과 저항의 중요한 패턴은 특별한 관계, 하위체계간의 상호작용 속에 놓여져 있다. 트레이시의 사례에서, 우리는 호소하는 문제의 성질이 어디에서 기원하는가 그리고 존의 존재가 미치는 영향이 어느 정도인가에 대한 정보를 알아내야 한다. 트레이시와 아벨의 하위체계가, 또 트레이시와 존의 하위체계가 문제적 관계일 것이다. 아마도 트레이시와 아벨, 존의 삼각관계가 이 가족의 중심적 위치를 차지하는 관계라고 추측할 수도 있다. 아벨의 여동생들과 트레이시의 어머니가 관여된 동맹과 결탁은 한 쪽 힘의 부분을 차지하지만 문제의 출발점이라고 여겨지지는 않는다. 숙련된 사회복지사는 초점을 알 것이며 일단 가족지도를 이해하면 명백히 역기능적인 체계의 부분에 집중하여 일할 것이다. 그리고 이런 작업이 다루기 어려운 주제라는 것을 경험적으로 알고 있을 것이다.

이 사례에서 스탭은 상호작용이 학대적으로 변해 가는 하위체계를 탐색할 것이다. 특히 트레이시와 그 아들이 서로에게 자극을 주는 방법으로 학대적인 관계에 있음을 알아낼 것이며 트레이시와 존 사이의 갈등도 중요한 사건이라는 것을 알아낼 것이다. 하지만 이방인인 존이 가족의 부모로 확립될 때 경계선과 권위가 불명확화되면서 트레이시, 존, 아벨 사이의 삼각관계에 주의를 더 기울일 수도 있다. 이 가족에서 확실히 권위에 대한 체계는 불명료하다. 트레이시와 존은 양육에 대해 의견이 다르다. 아벨은 존의 의견을 따르지 않으며 왜 그가 학교에 가지 않고 집에 머무르는가에 대해 어머니를 보호해야 하기 때문이라고 말할 수 있다. 자신의 아들을 통제하기 위한 트레이시의 노력은 점차 화가 나서 폭발할 것이며 특히 존이 있고 어머니가 없을 때나 아니면 무단결석 관리 선생님으로부터 전화가 오면 더 압박을 가할 것이다. 그러면 아벨은 더 반발하고 존은 더 비난할 것이다. 이 연결망의 구성원은 상호작용의 그물 중 일부이다. 그들의 개인적 반응은 서로의 행동에 대한 반응으로 또 자극으로 작용할 것이다. 여기서의 요점은 트레이시와 아벨 사이의 문제가 가족의 구성이라는 맥락으로 이해되어야 한다는 것이다. 개입을 위한 선택은 서로 다른 체계가 어떻게 기능하는지를 알고, 가족 상호관계를 혼란시키는 면을 이해하면 훨씬 더 늘어날 수 있다.

이행기에 관한 사고

트레이시 가족에 관한 토론은 체계적으로 사고할 때 진단과 치료의 가능성이 어떻게 변화할 수 있는지를 보여주는 좋은 본보기이다. 하지만 필요한 정보가 모두 제공된다 하더라도 가족의 패턴을 충분히 이해하기란 쉬운 일은 아니다. 개인과 가족은 시간에 따라 변화하고 일부는 또 이행기의 상태에 있다. 변화의 요인은 그들의 생활에서 가장 큰 힘으로 작용하기도 한다. 쉼터로 이주하는 가족들 혹은 주거시설로 옮겨지는 아동들, 임신한 십대들은 모두 이행기(transitions) 상태에 있다. 그들의 행동은 스탭들이 변화하는 사건의 영향과 의미를 주의 깊게 파악해야만 이해될 수 있게 된다.

미건(Megan)과 그녀의 가족은 현재 이런 상황에 처해 있다. 미건은 15세로 임신 2개월 째이다. 그녀의 어머니는 미건을 아동보호서비스 부서에 의뢰를 했고 그녀는 십대 임산부를 위한 주거시설로 옮겨졌다. 그리고 그곳에서 분만시까지 생활하기로 했다. 그곳에서는 많은 서비스가 제공되었는데, 의료지원, 학교수업, 특히 임신, 출산, 아동발달에 대한 교육이 이루어졌다. 스탭은 주거시설의 십대들간의 관계를 모니터했는데 우정어린 관계를 장려하고 싸움을 중재하는 역할을 했다. 또한 입소한 십대들간에 집단치료도 진행되었다. 개인 상담은 주로 미래에 대한 불안, 문제, 의사결정에 대해 다루었다. 한 가지 아쉬운 것이 있다면 가족에 대한 서비스가 없었다. 스탭은 왜 그 소녀가 의뢰되었는지, 가족 내에는 문제가 없었는지에 관한 정보를 입수하긴 했지만 가족관계에 대한 세밀한 정보를 조사하고자 하는 마음가짐은 없었다.

미건은 약간 반항적이긴 하지만, 우등반에 있다 떨어진 소녀로 16세 된 자 말과의 관계에서 임신을 하게 되었고 매우 당황스러워 하는 상태였다. 그녀는 순수 흑인계 가족 출신으로 종교적으로 매우 엄격한 집안에서 자랐다. 부모들은 다섯 아이를 엄격하고 꼼꼼한 원칙을 가지고 양육했다. 스탭이 만일 가족지향적이었다고 한다면 이 가족의 지배적인 패턴, 권위구조, 동맹관계를 탐색했을 것이고 이 소녀가 주거시설로 오게된 가족내 긴장 또한 탐색했을 것이다. 아버지가 엄격한 원칙주의자라는 것은 명백했고 어머니와 아주머니들이 미건에게 친절히 하고 싶었지만 이는 아버지에 대한 도전으로 간주되었다. 나머지 4명의 아이들은 가족의 규칙에 순종하였다. 우리가 해야할 토론의 기본적 요소는 이 가족에게 임신이 기대치 않았던 충격적인 것으로 경험되고 있다는 것으로, 이 가족은 자신들의 정돈된, 안정되었다고 느끼던 가족이 혼란스러워졌다고 생각하고 있었다.

미건의 가족은 지금 이행기에 처해있으면서 생각지 못했던 가족구조의 변화에 대해 대처하기 위한 방법을 강구 중에 있다. 아버지는 책임을 느끼고 가족내에서 미건을 방출함으로써 이 문제를 해결하려 했다. 그러나 남은 가족들은 혼란스러운 상태가 계속 되었고, 그 변화는 해결되지 않은 상태로 남아 있었다. 그들에게는 새로운 가족 구성원이 생기는 것이며, 미건은 준비가 되었건, 아니건 부모가 되는 것이다.

스탭들은 임신기간과 미래의 일에 관해 몇 가지 문제를 고려해야 한다. 미건과 아이는 영원히 쫓겨난 것인가? 그녀와 가족들이 진정으로 원하는 것은 무엇인가? 미건의 동생들에게 이 사건은 어떻게 영향을 미치고 있는가? 자말과 그의 가족들에게 이 사건의 의미는 무엇인가? 그들은 아이에 관심이 있는가? 미건의 임신은 이행기의 문제이며 새로운 패턴을 만들어내는 것으로 여러 유동적인 성격의 문제들이 남아있다. 그들에게 아무 도움이 없다면 이 가족의 구성원들은 너무 경직된 경계선을 짓고, 불명예스런 관계에 놓이고 표현되지 않는 감정들로 어려움을 갖게 될 것이다.

이 가족을 돕는 과정에는 실천적인 기술이 관여되어야 한다. 사회복지사는 가족과 만나고 그들의 분노와 고통을 인정해야 한다. 그리고 미건과 그녀의 아이를 도울 다른 대안을 찾도록 해야한다. 첫 번째 단계로 시작해야 할 일은 조금 더 개념적인 일이다. 스탭은 이 가족의 고통스런 경험을 이해해야만 하고 이 가족이 이행기의 한 가운데에 처해있다는 것을 이해해야 한다.

이행기는 개방된 상태에 있다. 이행기는 혼란을 가져오긴 하지만 새로운 기회를 제공하기도 한다. 창조적으로 사고하는 사회복지사는 가족을 다시 재결합하는 장기적인 관점에서, 변화를 준비하기 위한 접근방법으로 미건을 대할 것이다. 우리는 화나고 임신한 딸과 지내고 싶어하지 않는 가족과 일을 해야 한다. 하지만 아이가 막상 태어나면 많은 변화가 극적으로 일어날 수도 있다. 아이의 탄생은 또 다른 이행기로의 변화를 촉진할 것이다.

스탭들은 이런 관점에 서서 인내와 사려 깊은 준비를 임신기 동안 해야 한다. 어떤 경우 스탭들은 직계 가족을 넘어 임신한 십대의 공식적이지 않은 연결망을 탐색하는 것도 도움이 된다. 그러한 연결망에는 이웃, 교인, 형제, 또 그녀와 그녀의 아기를 걱정해주는 단체 등도 포함될 수 있다. 사회복지사가 이런 마음가짐을 가지지 않는다면, 임신한 십대들을 위한 지지체계의 형성은 어려움에 처하기 쉽다.

가족을 혼란상태에 빠뜨리는 이행기는 예기치 않은 임신보다 더 명확해 보이지 않을 수 있다. 전문적인 사회복지사들은 가족 이행기에 대한 고려 없이 진단과 치료를 전개할 수도 있고 어떤 경우 그렇게 하는 것이 타당하게 보일 때도 있다. 릴리아나(Liliana)는 그런 보기가 되는 사례이다. 16세 된 릴리아나는 자살하기 위해 약을 먹고, 부모에게 죽겠다고 말한 상태에서 병원을 거쳐 입소를 하였다. 스탭들은 개인 병리에 초점을 맞추어 초기 사정을 했다. 우울하고 자살심리가 있는 청소년으로 그녀를 평가했다. 하지만 이 경우 그녀는 최근 이민한 가정으로부터 온 사례로 스탭들이 조금 더 가족지향적인 관점에서 생각하고 시야를 넓혀 접근할 수도 있었다.

후에 가족이 초대되어 함께 토론을 하였다. 미팅을 진행하면서 스탭들은 이 가족이 지금 중요한 이행기에 접어들고 있다는 것을 알았다. 가족은 새로운 언어, 친구의 상실, 지지체계의 변화에 직면하여 있었고, 갱들이 판치는 주변 이웃의 혼란스러운 새 현실에 당황하고 있었다. 특히 딸은 익숙하지 않은 여러 상황에 더 힘들어하고 있었다. 스탭과 가족들은 릴리아나의 증상을 이런 배경에서 일어난 일로 이해를 했고, 그녀가 지금 두 세계의 와중에서, 양 세계의 법칙과 모순에 대한 갈등이 해결되지 않고 있다는 것을 이해하게 되었다.

변화를 준비하기

가족패턴, 상황, 이행기의 영향을 인식하면, 스탭은 가족의 능력을 동원하는 것에 관해서 어느 정도 낙관하면서, 문제점들과 그 해결책에 접근할 수 있다. 가족은 과거의 반복적인 패턴 보다 더 다양한 가능성을 가지고 있다. 트레이시의 난폭한 행동은 부분적으로만 그녀를 보여주는 것이다. 다른 상황에 놓여 있더라면 그녀의 책임감, 부드러움, 유머스러움을 발견할 수 있을 것이다. 미건의 가족들은 엄격하게 규제된 일상사 아래, 강한 결속력을 가지고 있다. 그리고 다른 이민자 가족처럼, 릴리아나의 가족은 과정 중에 힘들어하긴 했지만, 낯선 것을 해결한 경험이 있다. 이러한 면들이, 바로 일시적으로는 눈에 보이지 않을 수 있어도 가족적 잠재력의 일부분이다. 이 가능성을 감지한 기관 스탭의 도움으로 가족 구성원은 그들의 집단적 삶과 개인적 발전에 긍정적으로 작용하는 방법을 발견해 나갈 수 있을 것이다.

사회복지사와 클라이언트 상호간에 서로 영향을 미친다는 것을 인식하는 것이 건설적인 변화를 준비하는 또 다른 방법이다. 도움을 주는 상황에서 형성된 패턴은 도움이 될 수도 있고, 그렇지 않을 수도 있다. 심지어 책임감 있고, 좋은 의도를 가진 사회복지사조차도 문제의 일부분이 될 수도 있다. 예를 들면, 어떤 상황에서 청소년 딸을 둔 엄마가 다루기 힘든 10대의 자녀를 둔

부모를 위한 기관에 방문하였다. 그녀는 어찌할 바를 모르고 있었다. 그녀는 자신과 딸 지나(Gina) 사이에 놓인 어려운 문제들을 이야기하면서, 그녀가 이성을 잃은 사건을 언급하였다. 사회복지사의 안테나는 거의 자동적으로 작동하여, 그 이야기를 관심있게 들었다. 사회복지사는 충고자와 어머니를 도와주는 역할에서 딸을 옹호하는 위치로 바뀌어 가족 내의 긴장을 증가시키는 동맹관계를 형성하였다. 어머니는 당황스러워했다. 어머니는 사회복지사에 대하여 좀더 방어적으로 변했고, 딸에 관해서는 더 무기력하게 되었다. 반면에 지나는 어머니에 대한 충성과, 관계기관의 개입으로 얻게 된 힘 사이에서 분열되었다.

그러나 다른 상황에서 주거시설의 스탭은 기관의 역할을 부정하는 패턴을 인식하고, 가족들과 건설적으로 작업에 임할 수 있었다. 이 사례는 12세 소년과 계부 사이의 격렬한 충돌 때문에 자주 아이가 기관에 맡겨졌었던 경우이다. 아이가 집에 없는 것이 계부와 어머니 사이에 놓여진 만성적인 긴장을 일시적으로 없애준다는 것과 그 사이클이 깨지지 않는 한 그러한 상황은 계속될 것으로 스탭은 이해했다. 스탭들은 외적인 통제 수단없이, 부모가 자기들끼리 차이점을 이야기하도록 도와주었다. 그리고 아동이 일정기간의 주거치료 이후에 집으로 돌아올 때마다 겪었던 변화의 어려움에 대해 가족들은 인식을 하게 되었다.

잘 운영되지 않는 체계의 변화를 위한 준비는 동일한 가족에게 서비스를 주는 기관간의 관계를 포함하여 더 넓은 범위의 원(map)을 필요로 한다. 앞장에서 언급되었던 기관간의 문제점들은 놀랍게도 자주 목격된다. 사회복지사들이 가족의 욕구에 모순되는 처방을 내놓고 서로 다른 견해에 대해 논쟁하면서 시간을 보낼 때, 성공적이지 못한 처리패턴을 드러내고 보여주는 셈이 된다.

사례의 조정에 대한 검토는 늘 제도적 접근의 한 부분이 되어야 한다. 만일 기관의 수가 많고 그들의 참여가 적극적이라면 "우리는 적을 만날 수 있고, 그 적이 우리일 수 있다"는 것을 인식하는 것이 필요하다. 기관의 패턴을 변화시키는 것은 단순한 부분부터 시작된다. 예를 들면 참여하는 기관의 숫자를 급격히 감소시켜 기관간 조정이 좀더 효과적이게 하는 것이다. 긍정적인 입장에서 바라볼 때, 그런 변화가 의미하는 것은, 가족들이 모임에 가느라고 시간을 덜 낭비하며, 자신들의 이야기를 반복적으로 계속하지 않아도 되고, 그들이 원하는 것을 얻기 위하여 기관간의 차이점을 드러내 주는 패턴에 빠지지 않는다는 것이다. 치료법이 무엇이든지 간에, 가족 안에서 그리고 그들을 도와주는 넓은 범위의 체계 안에서 상황의 변화를 스탭들이 직시하지 않는 한 어떤 변화도 일어나지 않는다.

실천적 기술: 가족의 변화를 돕기

관련 범위를 넓게 바라보고 패턴, 경계, 변화를 이해한다고 해서, 자동적으로 효과적인 서비스로 이어지는 것은 아니다. 특히 가족을 참여시켜서 능력을 부여하는 것이 우선적인 목표일 때는 그러하다. 가난한 많은 가정들은 그런 실질적인 역할을 하는 것에 익숙하지 않다. 그들은 사회복지 기관에서 그들을 대신하여 어떤 일(집을 찾거나 청소년들이 거리에서 배회하지 못하게 하는 것)을 하기를 기대하거나, 그들에게도 어떤 일을 해주길(자녀들을 데리고 가거나 갑작스런 가정방문) 기대한다. 주거시설에 들어온 소년의 어머니는 휴식에 즐거워한다. 회복중인 중독자의 형제나 자매는 언니가 약물치료 경험에서 벗어나는 것을 더 좋아한다. 위탁보호기관에 아이를 둔 부모는 보통 사회복지사들에게 화가 나있다. 가족이 그들의 문제를 푸는데 실질적인 기관이 되기 위해서는 때로는 모순되는 특징을 갖는 미묘한 기술을 익혀야 한다. 스탭은 뒷 자석에 앉아서(직접 핸들을 잡고 조정하지 않고) 열심히 일하는 법을 배워야 하기도 한다. 가족과 상호관계를 형성하도록 기관 사회복지사를 교육시키면서, 다음의 네 가지 부분에서 새로운 기술의 습득을 강조하고 싶다: 정보의 수집, 가족 내 가정(assumption)의 재조정, 상호작용의 대안 패턴 알아내기, 갈등 다루기.

정보의 수집

정보 수집의 과정은 첫 대면으로 시작한다. 첫 만남은 가족들이 자신들의 상황을 바라보는 방법에 대하여 예의를 가지고 관심을 드러내는 기회가 된다. 기본 목표는 가족들이 환영받고 있다고 느끼도록 하여, 즉시 협조적인 노력을 하도록 이끄는 것이다. 청취, 관찰, 가족의 견해를 이해하고 있음을 보여주어야 한다. 이런 것을 내용으로 하고 있는 정보의 수집을 위해 비교적 자제하는 자세를 취하는 것이 바람직하다. 가족치료 인쇄물에서 이것은 "합류(joining)"로 언급되고 협력관계를 형성하는 첫 단계이다. 좀더 실질적인 방법은 가족구조를 지도화하여 전형적인 상호작용의 실연(enactment)을 격려하는 것이다. 이런 과정을 통해 사회복지사는 가족들이 문제와 관계를 어떻게 다루고 있는지 이해할 수 있게 된다.

합류, 경청, 관찰 (Joining, Listening and Observing)

가족들은 법원이나 보호소에서 기관의 모임에 참석해야 한다는 말을 들었기 때문에, 그 위협 하에 첫 모임에 참여한다. 아니면 기관에서 자신들의 문제점들을 고쳐줄지도 모른다는 희망으로 자발적으로 오기도 한다. 어떤 경우든, 사회복지사는 가족들의 관심사에 귀를 기울여야 한다—무슨 일이 있었으며, 왜 일어났는지, 그들이 무엇을 원하는지, 무엇을 두려워하는지, 공적인 사례발표를 타당하게 여기듯이 그들의 이야기는 나름대로 타당하다—때로 더 타당하기도 하다. 조급한 사회복지사는 가족들의 이야기를 이끌지 못한다. 그 이야기들은 공식적인 자료화일의 내용과 일치하지 않고, 자기보호나 도피처럼 보일지도 모른다. 그러나 가족들에게 그것은 현실이다. 존경하는 태도로 그들의 입장에 귀기울이는 것은 하나의 기술이다. 가족 내의 어려움을 이해하는 것은 합류의 일부분이라는 것을 보여준다.

방치의 문제로 자녀와 떨어져 지내는 젊은 엄마가 말하기를 "제가 여기서 뭐하고 있는 것인지 모르겠어요. 사람들은 저를 뱅뱅 돌게 해요. 어떤 해답도 구하지 못하고 있어요."
사회복지사가 말하기를 "많은 전쟁을 치르고 계시는군요."
어머니는: "저는 많은 사람들과 싸우고 있어요"(가족구성원과 접근 방법이 다른 사회복지사를 언급하다). 저는 완전히 혼자예요.
사회복지사가 고개를 끄덕이며: "맞아요, 한 사람이 감당하기에는 너무나 많은 일들이 일어나죠, 그들이 당신과 어떻게 충돌하나요?"

사회복지사는 어머니의 견해를 인식하고 그녀가 계속하도록 격려한다. 그들이 더 이야기하기 전에, 사회복지사는 공식적인 기록의 일부분은 아니지만, 그 상황을 건설적으로 다루기 위하여 관련되어 있는 관료주의적 문제에 대한 정보를 수집하였다.

가족이 그들의 현실을 이야기하기 시작할 때, 사회복지사는 "제3의 귀"로 불리는 태도로 들어야 한다. 간접적으로 무엇에 대해 이야기하는지 이끌어내고, 말하는 도중 모호한 정보에 대해서도 기록한다. 이전에 가치가 있다고 여겨지지 않았던 클라이언트의 업적과 능력에 대해 듣는 것은 특히 중요하다. 빈곤 가족은 실제보다 자신들을 더 미약하게 묘사하며, 그 기관의 대표자와 상호작용할 때 더욱 그러한데, 자신들에게 할 수 있다는 믿음을 스스로 부여하지 않고 자신들의 문제점과 현실을 이야기한다. 사회복지사에게 불만을 토로하는 젊은 어머니가 말하기를 "그들이 절 아파트에서 내쫓고 난방도 온수도 안되는 이 쥐구멍으로 끌고 왔어요." 사회복지사가 그 일이 언제 일어났느냐고 묻자, 그녀는 1년 전쯤이라고 대답한다. 사회복지사는 힘주어 말한다. "당신이 그런 장소에서 1년이나 지냈다고요? 그것도 자녀와 함께! 어떻게 그렇게 했나요?" 사회복지사는 역기능보다 능력을 제시하는 이야기 부분에 반응한다. 환경 가운데서 지독한 환경을 강조하기 위하여 이야기를 천천히 하면서, 가족들이 살아남을 수 있게 한 기술에 초점을 맞춘다.

경청과 관찰은 함께 진행된다. 정신분석의 유산은 치료를 "말하는 치료"라고 명명하였지만, 숙련된 치료자는 자세, 직접적인 표현, 그리고 움직임 가운데서 언급되지 않은 실마리를 발견하고, 마치 눈앞에서 가족의 드라마가 방영되는 것처럼 이해할 수 있다.

관찰은 가족이 방에 들어서자마자 시작된다. 사회복지사는 개인 행동뿐만 아니라, 패턴과 상호작용을 관찰해야만 한다. 울고 있는 소녀를 보는 것도 중요하지만 사회복지사는 전체 그룹을 둘러보고 언니의 방어적인 태도와 어머니가 안절부절 하는 것도 파악해야 한다. 방안에서 가족 구성원이 각자 어디에 앉는가 하는 것은 가족구조와 관계에 대해 많은 것을 알게 해 준다. 누가 누구 옆에 앉는가? 누가 처음으로 이야기하는가? 누가 대부분 이야기하는가? 누가 조용하고, 존경하는 자세를 보이는가? 아니면 무관심하게 보이는가? 어느 가족 구성원이 서로 지지하고, 소원한 관계에 있는가, 그리고 누가 그렇지 않은가? 불일치에 관해서는? 가족이 그들의 상황을 이야기하는 동안, 가족 구성원은 서로 다른 이야기를 하기도 한다. 모순을 다루기 위해서 가족 패턴을 알아내는 것이 "진실"에 도달하는 것보다 더 중요하다. "진실"은 어느 경우에나 편파적이다. 그들이 서로를 고치기 위해서 방해하는가, 그렇게 할 때 무슨 일이 생기는가? 그들이 서로 논쟁하거나 모욕을 주는가? 할아버지가 손자들과 잘 지내는가? 사회복지사로부터 관심과 좋은 의견을 듣기 위해서 가족들이 경쟁하는가? 가족의 이야기에 맞지 않는 행동에는 어느 것이 있는가? 예를 들면 모든 자녀가 엄마의 남자친구에 대해 무관심하다는데 가족이 동의하게 되고, 사회복지사는 그것을 사실로 받아들일 수도 있다. 그러나 비디오 테입을 보면서, 사회복지사는 그 시간에 알아채지 못한 것을 발견한다. 가장 어린 소년이 가족들과 사회복지사가 이야기하는 동안 무릎에 기대어서 남자친구 쪽으로 반복적으로 움직이고 있었다. 가족들 이야기를 듣고, 면밀히 관찰하면서 스탭은 가족이 강화하고자 하는 면에 주목하게 된다.

다음의 대화에서 사회복지사는 배려, 연결성, 가족 구성원간의 상호의존을 제시하는 정보를 확보하고 짜맞추게 된다―비록 그 행동이 가족의 이야기 안에서 무시되었을지라도.

파울라(Paula): 아무도 관심이 없어요. 그들은 제가 마약을 하는지 알고 있어요. 제가 창녀인지 알아요, 하지만 그들을 원망하는 것은 아니에요.

사회복지사: 그렇지만 리사(Lisa)는 밤에 나가 당신을 찾아보곤 했다고 말하던데요.

파울라: 예, 맞아요. 언니는 저를 어디에서 찾아야 하는지 알고 있어요. 하지만 그것뿐이에요. 그녀가 유일한 사람이에요.

사회복지사: (*리사에게*) 왜 파울라를 찾으려고 했죠?

리사: 우린 걱정이 되었어요. 무슨 얘기를 들었거든요.

사회복지사: 우리요? 당신 말고 또 누구요?

리사: 엄마요, 엄마는 이웃사람들이 하는 얘기를 듣고 제게 말씀하셨어요. "나 가서 동생을 찾아오너라."

여기서 사회복지사가 구성원들의 긍정적인 배려를 강조하는 것만은 아니다. 사회복지사는 모호한 "그들"에게서 특정 인물로 이동하면서 파울라 가족의 지도 안에 누가 포함되는지 세부 사항을 명확화한다.

가족지도 그리기 (Mapping)

체계적으로 사고하는 사회복지사는 가족의 그림을 만들기 위한 정보를 수집한다. 가족지도는 정보를 기록하고 나누는 구체적인 방법이다. 가족 범위, 관계, 기능, 연관성은 그림으로 표현될 때, 사회복지사와 클라이언트에게 좀 더 분명해진다.

첫 모임을 갖기 전에, "가족"의 시각적인 이미지를 연결하는 방법으로서, 가족에 대한 임시적인 지도를 작성해 보는 것은 도움이 된다. 사회복지사가 이해한 대로 지도에는 일차적인 클라이언트의 네트웍과 그 구성원을 볼 수 있다: 그들의 성, 연령, 그들이 언급한 사람들과 어떤 관련을 가지는가 그리고 그들의 생활을 정리할 수 있는가 등.

예를 들면 할머니가 두 손자가 계속 맞았다고 불평어린 말을 하고 있을 때, 이를 부인하는 어머니가 자녀들과 함께 사회복지사를 만나러 왔다. 그러나 사회복지사는 몇 가지 사실을 확신하지 못한다. 할머니가 가족과 함께 살고 있는지, 어머니가 그렇게 하지는 않는다 할지라도, 아이들을 때리는 아버지나 남자 친구가 있는지, 만약 있다면 그가 그들과 함께 살고 있는가? 엄마의 자매나 형제가 있는가, 그들과 친한가? 그래서 그는 일차적인 가계도를 작성한다. 이것은 그 당시 알고 있는 단기적 정보를 반영하고 그 상황에 대한 의문점까지 반영한다.

사회복지사와 가족이 만날 때, 가족 스스로의 지도를 작성하는데 가족을 참여시키는 것이 유용하다. 그들의 참여를 목록화하는 것이 문제를 알려줄

〈그림 3.1〉

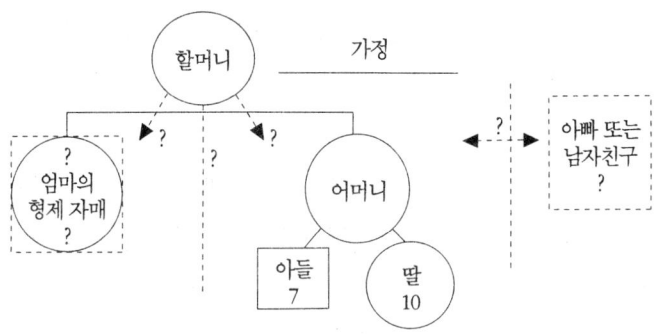

수도 있다: "여기에다 가족 중 누가 있는지 그려봐 주시겠어요, 여성은 원모양으로 남성은 네모로 그려주세요. 가족 중 다른 사람에게 도와달라고 부탁하세요." 가족 구성원들이 사람을 그리고 그 안에 이름을 작성하도록 유도하는 것은 그들의 상호 소속감을 증진시켜, "이들이 우리다"라는 것을 인식하게 한다. 그렇게 함으로써 그들은 어느 구성원이 안정적이며 누가 겉도는 사람인지, 관계 내에서 누가 가까운 것으로 그려져야 하는 것인지 생각하게 된다.

지도로 가족을 그려보는 것은 유용한 정보제공이 되며, 유쾌한 작업이기도 하다. 그러나 노련한 사회복지사는 그 그림이 편파적일 수 있다는 것을 이해하면서 그림을 조사한다. 첫 그림에는 어떤 사람들—숙모, 큰딸의 대모가 빠지기도 한다. 가족의 삶에 실제 함께 하고 있는데도 빠져 있다. 흥미있는 질문이 지도를 확장하는데 기여한다. 칼라(Carla)의 마약 문제에 그 밖의 누가 관련되어 있는가?(대모? 그렇다면, 그녀를 그려 넣어라) 그녀가 결국 프로그램에 참여했을 때, 누가 편안해 지는가?(대모와 숙모, 그렇다면 숙모도 그려 넣어라) 확장된 가족 안에서 그녀가 새로 태어난 아이를 키워서는 안 된다고 생각하는 사람이 있는가?(그녀의 오빠나 칼라 남자친구의 어머니? 그리고 나서 그들도 그려 넣어라) 그러한 절차가 유용하지만 가족의 입장에서 꺼려하는 부분에 대해 민감해야 한다는 것은 여전히 중요하다. 그들이 사회복지사를 신뢰하기에는 너무 이르다. 더 큰 그림을 작성하는데는 시간이 걸린다. 사회복지사와 가족이 협조적으로 되고, 새로운 인물이 그들 노력의 결과로 등장하는데는 시간이 필요하다.

때로 가족 구성원들은 지도에 누구를 포함시켜야 하는가 또는 어디에 그들을 두어야 하는지 의견이 분분하기도 하다. 물론 그런 불일치는 의미있는 것이다. 크리스탈(Crystal)이 말하길 "아빠도 거기 있어야 해요," 사회복지사는 그녀에게 아빠가 왜 거기에 있어야 한다고 생각하는지 묻는다. "왜냐면 그분이 제 아빠니까요" 라고 그녀가 말한다. 그녀의 숙모가 말하길 "좋아, 그를 거기에 그려 넣자." 그러나 크리스탈이 아빠의 이름을 원 안에 써넣자 숙모가 "아니, 그는 원 밖에 놓여야 해, 왜냐면 그가 우리와 함께 살지 않기 때문이란다, 알겠니" 라고 말한다. 어떤 상황에서는 가족구조의 좀더 복잡한 면을 제시하기 위하여 가족지도를 이용할 수 있다. 가족 구성원간의 친밀감과 소원함은 지도상의 위치로 알 수 있다. 친밀감은 이중 선 ═으로 나타낼 수 있고, 지나친 친밀감, 밀착은 삼중선 ≡으로 그릴 수 있다. 갈등은 굴곡 있는 선≈, 단절된 관계는 ─//─으로 나타낼 수 있다. 유용하다면 상징기호는 분명한 경계 ─ ─ ─, 견고한 경계 ───, 그리고 산만한 경계 …… 사이의 차이를 암시할 수도 있다. 예를 들면 존(John)의 가족은 어머니, 계부, 16세 루이스(Lewis), 13세 세바(Sheba), 외조모로 구성되어 있다. 외조모가 그들과 함께 살지는 않지만 가족의 삶에 관심 있어 하고, 영향력이 있다. 아이의 아버지는 그 지역에서 이사하였고, 전처와 아이들과는 아무런 연락을 않고 지낸다. 많은 계부 가족처럼, 어머니와 두 아이들은 친밀하게 지낸다. 루이스는 계부와 계속 마찰을 일으키고, 어머니는 아들에 대하여 보호적이어서 이에 대한 문제가 부부간의 갈등으로 이어진다. 세바와 어머니는 항상 특별한 관

〈그림 3.2〉

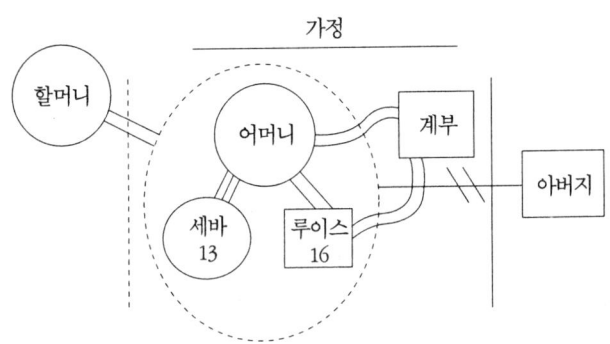

계로 친밀하게 지낸다.

　나머지 가족으로부터 할머니를 분리시키는 분명한 선이 있다. 끊어진 선
뿐 아니라 견고한 선은 아버지를 가족으로부터 분리시키고 있으며, 이것은
만남의 부족을 의미한다. 가족지도상에서 어머니와 자녀의 위치는 그들의
경계선에도 그려져 있듯이, 이 집단을 하위집단으로 묶어준다. 그리고 어머
니와 세바간의 삼중선은 지나친 밀착관계를 보여준다. 루이스와 계부와의
갈등선, 또한 어머니와 계부간의 굴곡선은 이 관계 안에서 갈등을 보여주는
것이다.

　물론, 모든 스탭은 함께 작업하는 가족에게 가장 적절한 표시를 선택하면
서 나름대로의 상징체계를 만들 수 있다. 이런 지도는 스탭이 가족 구성원간
의 상호작용에 대하여 생각하도록 도와준다. 아주 단순한 형식의 지도일지
라도 가족지도작업은 스탭과 가족들이 가족범주와 그 구성원을 동시에 이해
하도록 해준다. 또한 그것은 그들간의 첫 만남을 정상적인 것으로 만들어 주
는 방법이 되어 모임이 계속해서 문제에 초점을 맞추는 것으로부터 벗어나
게 해준다. 정보가 더 많아지면서 구성원간의 안정성과 유동성, 하위집단의

특성, 그들 삶에 누가 중요한가에 대한 가족의 견해를 기록하는 유용한 방법이 된다.

실연의 격려 (Encouraging Enactment)

지도를 통해 가족구성원이 어디에 위치하고 서로 어떻게 관련되어 있는지를 알 수 있으며 또한 이때 알려지는 가족의 행동이 유효 적절한 개입을 위한 열쇠가 된다. 자연스럽게 일어나는 사건들을 예의 주시하여 관찰하는 것은 중요한 정보원이 되며, 그 자체로도 하나의 기술이 된다. 그렇지만 사회복지사의 역할이 전적으로 관찰자의 위치만은 아니다. 가족패턴을 이해하기 위하여 사회복지사는 전형적인 가족패턴의 실연(enactment)을 격려해야 한다. 이는 좀더 복잡한 기술을 요구한다.

가족 구성원을 함께 면접할 때, 그들은 그들의 전형적인 행동을 하기 쉽다. 그들이 주의하거나 의심스러워한다고 할지라도 그들은 관계와 사건을 자연스럽게 다룬다. 그들에게 그렇게 행동할 장소와 기회가 주어지기만 한다면 말이다. 그것은 대단한 단서가 된다. 전문적 사회복지사는 면접에서 중심 위치에 있으며, 다음과 같은 것을 담당하도록 훈련받는다—특히 사람들에게 질문하기, 긴장과 방해를 다루기 등.

조력자의 위치에 있는 사람이 직접 행동하지 않고 뒤로 물러있는 상태에서 언제 개입해야 할지를 파악하기란 어렵다. 가족 구성원이 스탭에게 맞추어 자신들의 평소 패턴을 우회한다면, 여러 경우에 가장 유용한 절차는 상호작용이 가족들에게 다시 맞춰지도록 채널을 다시 조정하는 것이다. 다음의 예외에서 사회복지사는 가족 행동에서의 실연을 격려하고 있다. 마치 그것은 그들의 집에서 일어나는 것 같다. 그 사회복지사는 미리암(Myriam)이 경험한 어려움에 대한 이야기를 듣고 있다. 그녀에게는 아홉살 된 안소니(Anthony)와 일곱살 된 미첼(Michelle)이 있는데 그들이 뒤뜰에서 놀고 있다.

갑자기 안소니가 미첼을 밀치더니, 미첼이 울기 시작한다.

미리암(*화내며*): 저게 뭐야?
' 두 자녀가 동시에 반응하기 시작한다. 미리암이 두 자녀를 무시하고 다시 사회
복지사와 말하기 시작한다. 그러나 사회복지사는 의자에 깊숙이 앉아서, 미리
암과 자녀들을 번갈아서 바라본다. 미리암이 머뭇거리더니, 안소니에게 몸을
돌린다.

미리암: 안소니, 이리 오너라.
안소니(*사회복지사에게*): 동생이 저를 먼저 때렸어요!
사회복지사: 난 몰라. 어머니에게 말해 보렴.

미리암과 자녀들이 세 방향으로 대화를 시작한다.

여기서 사회복지사는 기술적으로 반응하지 않는다. 사회복지사는 자세를
취하며, 미리암과의 대화를 잠시 중단함으로써, 미리암이 그 상황을 다루기
를 기다리겠다는 것을 암시한다. 사회복지사가 안소니에게 한 반응은 직접
적인 것으로, 자신은 동지도 심판자도 아니라는 것을 암시하며, 적합한 중재
자는 어머니로 생각하고 있다는 것을 암시하는 것이다. 이 같이 간단하지만
기술적인 행동으로 사회복지사는 가족 패턴에 대한 정보를 입수한다. 예를
들면 미리암은 자녀들이 그녀의 권위에 호소하려는 노력을 무시하여 그 다
툼이 가속화되도록 하며, 안소니는 재빨리 다른 사람을 목록에 올린다.
　자녀들간의 다툼을 어떻게 다루는지 관찰하고, 미리암의 교육방법에 대한
실마리를 획득하면, 이 후에 미리암의 역할을 강화시키거나 변화하도록 도
울 수 있다.

사회복지사의 행동은 무척 단순해 보이지만 전문적인 사회복지사들이 억제하고 있는 상태에 머무르는 것은 쉬운 일이 아니다. 경험이 많은 치료자들조차도 너무나 빨리 개입하여 너무 많은 이야기를 하는 경향이 있다. 효과적인 실연은 가족들에게 능력을 부여하여, 그들 나름대로의 새로운 방법을 모색케 한다. 사회복지사는 모든 것을 떠맡으려는 경향을 억제하면서도 실질적인 리더의 역할을 해낼 정도로 강해야만 한다.

가족내 가정을 재구축하기

건설적인 개입은 구두법(punctuation)의 문제이다. 이미 드러난 정보를 선택하여 사회복지사의 임무에 적절한 상호작용의 지점에 도달해야 한다. 임무의 일부분은 가족 구성원들이 서로에 대한 가정을 재구축하도록 돕는 것이다. 한 가족이 자신의 이야기를 할 때, 거의 대부분 너무나 편협하게 흐르는데, 특히 다중위기에 처한 가족에게, 이야기는 빈번히 너무나 부정적으로 흐른다. 재조정은 종종 긍정적인 면을 강조하여, 가족 구성원간의 동화와 애정을 암시하고 찾아내며, 가족들이 대처하는 능력을 암시하도록 한다.

그 다음으로(아니면 동시에), 그 임무는 부정적인 면에 도전하는 문제이다. 가족들의 연출(rendition)에 도전하는 것이 공격적인 행동으로 나타나서는 안 된다. 오히려 새로운 선택권을 제시하는 것이어야 한다. 아이가 시작도 하기 전에 포기하는 것을 배울지라도, 아이 스스로 자신을 이해시키는 경험을 하도록 도와주는 것과 관련되어 있다. 아니면, 남자 친구는 여자 친구의 가족에게 무시당할 거라고 생각할지라도, 남자 친구의 의견은 여자 친구에게 중요하다는 것을 이해하도록 돕는 것이라든지, 아니면 어머니가 자신이 생각하는 것보다 그녀의 자녀를 더 잘 파악하고 있음을 깨닫도록 도와주는 것 등등.

예를 들면 어떤 상황에서 자미(Jamie)의 어머니가 사회복지사에게 말하길, "저는 그 아이가 더 주의 깊게 듣도록 하려고 애쓰지 않았어요……. 그 아이가 전에 주의하면서 얘기를 듣게 하려면 제가 걔를 때려야만 했어요. 하지만 그것은 아동학대예요." 사회복지사가 그 말을 되짚어 준다. "당신이 알고 있는 유일한 방법이 폭력적이기 때문에 그를 훈련시키지 않았다고 말씀하시는 겁니까?" 어머니가 말하길 "맞아요, 제가 그랬었죠. 하지만 지금은 그렇지 않아요." 사회복지사는 이 순간을 기다리고 있었기에, 이렇게 말할 수 있다. "하지만 5분 전에 당신이 아이에게 장난감을 제자리에 갖다 놓으라고 매우 엄격히 이야기하니까 아이는 그것을 갖다 놓았죠."

가족은 자신들이 무엇을 하고 있는지 미처 깨닫지 못한 채, 자신들의 관계와 능력을 이야기하거나, 가족이 역할을 제대로 수행하지 못하는 모습을 압축하여 보여줄 때, 스탭은 가족을 '잡아줄' 필요가 있다. 그때에 사회복지사는 토론과 행동을 재구축하여 가족을 위해 다른 면이 드러나도록 해야 한다. 사회복지사가 파울라와 함께 그녀의 약물 중독과 성행동에 대하여 이야기하면서, 파울라가 언니와 어머니의 행동에 대해 이야기할 때 그 순간을 포착하여 가족 안에 있는 배려와 유대관계를 강조할 수 있었다. 미리암과의 만남에서, 사회복지사는 어머니가 자녀들에게 이야기하는 것을 듣고, 이 후에 그녀의 능력에 대해 언급할 수 있었다: "그것 참 상황을 진정시키더라구요―당신이 안소니에게 여기서 그가 어떻게 행동해야 하는지 설명한 방법이요. 그게 매우 효과적이었어요." 이 지적으로 미리암은 자신이 자녀들을 다룰 수 없다는 생각을 재고할 필요가 있게 되었다. 이런 접근은 가족이 전혀 다른 인식을 갖도록 도와주며 결국 변화를 위한 씨앗을 심는 것이 된다.

주목받지 못하고 미약하여 그냥 스치고 지나치는 행동의 예는 많다. 부모들은 자녀에게 너무나 예민한 것처럼 보이지만, 자신들의 역할을 권위자나 훈련자에게 양도한다. 가족들 자신의 이야기로 어머니를 비난자, 도움이 안 되는 사람, 나가라고 몰아치는 사람으로 기술할 때 때로는 그것이 정확하게 보이기도 한다. 그럼에도 불구하고, 스탭은 그 행동을 좀더 긍정적인 측면에서 재조정하는데 능숙해야만 한다—그것이 더 사실이기 때문이 아니라, 다른 편에서 볼 때 그것도 사실이기 때문이다. 또한 그렇게 하는 것이 비난받고 있거나 자기 비난이라고 느끼고 있는 사람들의 내면을 움직이도록 돕기 때문이다. 미리암이 안소니를 심하게 비난할 때 사회복지사는 이렇게 말할 수 있다. "당신도 아시겠지만, 제가 보기에 당신은 매우 사려 깊은 어머니구요, 판단능력이 강해요." 3명의 자녀를 둔 어머니가 아이들이 의자 위에서 시끄럽게 노는 것을 바라보면서, 자신은 저들을 어떻게 중지시켜야 할지 모르겠다며 절망스럽게 말하면, 사회복지사는 이렇게 말할 수 있다. "예, 그것이 당신의 문제긴 하지만 또한 그들을 아주 잘 참아주기도 하죠."

그렇게 하는 것이 가족들이 어떻게 역할을 수행해야 하는지에 관한 이야기의 범위를 넓혀주며, 자녀를 통제하는 좀더 효과적인 방법을 알려주는 전주곡이 된다. 이런 종류의 말을 중간에 하기란 쉬워 보이지는 않지만 긍정적인 어떤 특징들은 대부분의 사람들이 매우 어려운 환경을 견디도록 기억하는 것은 도움이 된다. 다중위기에 처한 가난한 가정은, 우리 중 어느 누구에게도 닥칠 수 있는 절망스러운 상황에서 도움을 구하고 이용하는 유용한 기술을 통하여 참고 견디는 능력을 발달시키곤 한다. 이것은 유사한 환경에 처한 다른 가족들에 대하여 관대하게 공감하는 태도 등을 말한다. 이러한 사실을 마음에 두고 있으면, 사회복지사는 언급할 만한 요소를 인식하여, 행동의 의미를 긍정적인 측면으로 재해석하는 것이 점점 더 쉬워질 것이다. 그러한 노력은 중요하다. 가족이 자동적으로 생각하는 것을 흔들어 놓음으로써, 사회복지사는 새로운 인식과 가능성을 끼워 넣을 공간을 확보하게 된다. 그러나 재구축은 그 자체가 궁극적인 목표라기보다는 과정의 일부분이다.

가족이 능력과 가능성을 다르게 바라보는 것은, 다른 행동을 위한 기초작업이긴 하지만, 변화를 위한 충분한 자극제가 되지는 못한다. 새로운 상호작용의 패턴을 알아볼 실질적인 기회를 제공함으로써 말과 생각을 강화시키는 것이 중요하다.

상호작용의 대안적 패턴을 탐색하기

역할 수행이 제대로 되지 않는 가족은 부분적으로 마비되어 있는 것이다. 그들은 제대로 작동되지는 않으면서, 습관적으로 해온 행동이기 때문에 일종의 안도감을 가져다 주는 반복적인 패턴에 고착되어 있다. 역기능의 가족은 변화하기를 두려워하거나, 변화의 방법을 알지 못한다. 그들은 기술적인 도움을 필요로 하는데, 이것이 스탭이 해야할 일이다. 일단 가족 패턴을 이해하고 재구축했다면, 스탭은 실제로 개입하여 가족들이 새로운 경로를 탐험하도록 도와주어야만 한다. 그리하여 가족들이 전에는 없었던 근육을 키우도록 해야 한다.

체계적 측면에서 가족의 역할을 말하곤 했기에 혹자는 가족들이 하위체계에 새로운 경계선을 만들고 의사소통을 하기 위해서는 그들이 도움을 필요로 하고 있다고 말할지도 모르겠다. 좀더 세속적인 말로 하자면, 혹자는 가족 구성원들이 서로 연결하는 다른 방법, 즉 자신들의 감정을 더 잘 표현하는 방법, 그리고 문제를 풀기 위하여 좀더 넓은 범위에 적용되며 더 효과적인 일련의 기술들을 필요로 하고 있다고 말할 수도 있을 것이다.

습관적인 행동에 수반되는 관성(inertia)을 극복하기 위해서, 가족에게 불규칙적인 상호작용을 구성하여 그들이 그 상황을 다루도록 하며, 그들의 주저하는 첫 단계를 지지할 필요가 있다. 스탭은 그 노력이 계속 진행되도록 유지시켜야 하며, 좀더 순기능적인 방향으로 변하는 행동을 주목하며, 다시 이전 형태로 되돌아가려는 행동을 재도전해야 한다.

그 탐험을 격려하면서, 스탭은 가족을 우선적인 배우로 목록화해야 한다. 궁극적인 목표는 가족구성원들이 스스로 새로운 행동을 만들도록 하는 것이다.

예를 들면, 트레이시, 존, 아벨과 작업하는 스탭이 그들에게 서로 무단결석 아동 담당자로부터 증가하는 압박에 대하여 이야기해보도록 요구한다. 아벨이 아침에 일어나서 학교에 가게 만들기 위하여 그들은 어떤 방법을 사용할 수 있을까?

그 집단 자체는 적어도 문제를 해결하는 단위로서 새롭다. 존이 아벨을 깨우는 일을 맡겠다고 제안했을 때, 트레이시는 돌발할 사태를 두려워하여 반대한다. 그러나 사회복지사는 트레이시가 지켜보는 가운데, 존과 아벨이 그 생각에 대하여 토론해 보도록 요구한다. 이것은 불규칙한 경계를 가진 새로운 패턴이다. 존과 아벨이 이야기를 시작하자, 사회복지사는 트레이시를 손짓으로 불러 그의 옆에 앉게 한다. 몸으로 그 두 남자간의 눈에 안 보이는 경계를 강조하며, 존이 가까워지는 것을 걱정하고 있는 트레이시를 참가하게 하는 행동이다.

존은 아벨을 7시에 깨울 수 있다고 말한다. 아벨은 7시 30분 전에는 안 된다고 말한다. 존이 그것은 너무 늦다고 분명히 말할 수 있기 전까지 사회복지사는 부드러운 제스처로 트레이시가 침묵하도록 만든 후, 그들의 협상에 대하여 칭찬을 하여 훌륭한 타협이었다고 말하며 시도해 보도록 말한다. 그는 기본적으로 새로운 패턴을 지지하는 것이다. 토론이 갈등으로 이어져 논쟁을 가속화하기 전에 어느 정도 진전되었을 때, 그 토론을 중단시키고 있다. 이 몇 분은 단지 시작에 불과하지만, 그것은 새로운 가능성을 제시하고 있는 것이다.

아니면, 15세 된 미건의 경우를 생각해 보라. 그녀는 주거 센터에 살면서 아기 출산을 기다리며 가족과 격리되어 있다. 스탭은 그녀의 가족을 센터로 불러들여, 아기에 대한 계획을 세우도록 했다. 미건이 눈물을 흘리며 주저앉아 그녀를 껴안고 티슈를 내민 것은 그녀의 여동생, 14세인 새럴(Saral)이다. 사회복지사는 지금이 가족 모두에게 어려운 시기라고 말하면서, 그들이 생명을 존중하고 아마도 아기를 돌봐주리라 느낀다. 사회복지사는 새럴에게 언니 미건을 도와서 언니가 어떻게 느끼는지, 무엇을 원하는지, 언니가 부모님과 어떻게 이야기하는 것이 좋은지 스스로 말하도록 부탁한다. 사회복지사는 이 가족이 자신의 감정을 공개적으로 토론하지는 않을 것이라는 것과 자녀들은 부모의—특히 아버지의—개입 없이 중요한 문제를 서로 이야기해 본 적이 없다는 것을 알면서 천천히 진행시킨다.

미건이 아버지에게 주말에는 집에 가고 싶다고 말했지만, 아버지가 아무 대답도 하지 않을 때, 사회복지사는 미건에게 "당신이 아버지에게 말하고자 하는 것을 아버지가 들을 수 있도록 다른 방법으로 얘기해 보라"고 요구한다. 사회복지사는 의사소통을 위한 모든 노력을 강화하면서 노여움, 고통, 의존 등의 표현을 정상화하며 어려운 상황에서 가족 구성원이 서로 돕게 하기 위한 구성원의 목록을 작성할 필요가 있다. 과정을 정확하게 하는 것은 상황을 발전시키지만, 가족들이 자신들의 가능성과 해결책을 모색하도록 도와주는 사회복지사의 개입은 중요하다.

마지막으로, 실바(Silva) 가족의 예가 있다. 간략하게 이 가족을 되짚어보면서, 정보를 수집하고 가족의 가정(assumptions)을 재조정하며 새로운 패턴을 모색하는 것을 살펴보자.

사회복지사가 아동학대에 대한 보고서를 집어들더니, 실바 부인이 주장한 바에 의하면, 자신의 14세된 딸 티나(Tina)를 몽둥이로 때렸다고 말한다. 사회복지사는 그 가족에 대한 다른 정보는 거의 없고, 사회복지사가 실바 부인에게 티나와 함께 오라고 요구한다. 모임 초기에 그들은 기록된 사건을 조사하고 그 다음에 상호변화가 이루어진다.

사회복지사(*티나에게*): 몽둥이가 어떻게 생겼는지 기억해요?

티나: 막대기에요.

사회복지사: 어머니가 어디를 때렸나요?

티나: 글쎄요. 어머니가 제 다리를 때리기 시작했어요. 할머니가 "도망가거라. 도망가"라고 하셨어요. 엄마는 제 얼굴을 때렸어요. 그리고 나서 방으로 제가 들어갔죠. 그리고…

사회복지사: 잠깐만요. 할머니는 어디서 오셨죠?

티나: 이 사건이 할머니 집에서 있었어요.

실바부인: 맞아요. 그때 제가 아이를 때렸죠. 지난 주말 제가 어머니 댁에 갔었죠. 어머니가 아이를 가게 보내서 아이가 집에 없더라구요. 몇 시간동안 집에 들어오지 않았어요. 그래서 제가 아이를 때렸죠.

사회복지사: 한 가지 물어 볼게요. 얼마나 자주 그렇게 하십니까? 막대기로 때리는 거요.

실바부인: 그 때뿐이에요. 다른 때도 때렸지만 막대기를 가지고는 그런 것은 아니에요.

사회복지사: 글쎄요, 만약 그 일이 당신 집에서 두 사람만 있을 때 일어났다면 막대기로 때렸을 거라고 생각하세요? 당신이 집에 있고 아이가 몇 시간 동안 집에 안 들어온다고 해봅시다.

실바부인: 아이는 여기서 그렇게 행동했는데요.

사회복지사: 그렇지만 당신은 아이를 막대기로 때리지는 않았군요.

티나: 어머니는 그렇게 해서는 안 되요. 그건 아동학대에요.

실바부인: 아니다. 그것이 나에게 금지된 것이어서는 아니야. 나를 통제하려고 노력하는 중이야.

사회복지사: 당신이 집에 있을 때, 집에 막대기가 있어요?

티나: 물론 엄마는 가지고 계세요. 엄마는 막대기 없이 휘두를 수 없어요.

사회복지사: 그렇지만 어머니는 집에서는 막대기로 결코 너를 때리지는 않았잖아.

실바부인: 글쎄요. 아기가 할머니와 있을 때 제 멋대로 하는 방법을 알고 있어요. 어머니가 아이를 가게에 보냈을 때가 그때죠.

사회복지사: 아기가 할머니를 조종하는군요.

실바부인: 맞아요. 여기서라도 아이는 그렇게 행동했을 거에요. 하지만 저는 그 아이가 제멋대로 행동하도록 내버려두지 않아요.

사회복지사: 어쩌면 당신이 막대기로 때리고 싶었던 분은 어머니가 아닐까요. 왜냐하면 어머님이 딸이 제멋대로 하도록 내버려두셨으니 말이에요.

티나: 어머니가 할머니께 할머니가 물러서시지 않으면 어머니가 할머니를 때리겠다고 말씀하셨어요? 그랬더니 할머니가 이러시더라구요. "뭐? 네가 누구를 때리겠다고? 내가 너를 때릴거다."

실바부인: 아니에요, 그렇지 않았어요. 저는 어머니께 거기서 물러나시라고 말씀드렸어요. 어머니가 그렇게 하지 않으시면 어머니가 막대기로 맞으실 것 같아서 그랬어요. 제가 막대기로 어머니를 때리려고 한 것이 아니에요. 어머니는 제가 딸을 때리도록 허락하지 않으셨어요.

사회복지사: (티나에게) 내 생각에는, 어머니께서 할머니에게 교훈을 주시려고 너를 막대기로 때리신 것 같다.

티나: 할머니라면 어머니를 때리셨을 테죠.

이와 같은 간단한 상황변화 속에서 사회복지사는 정보를 수집하여, 그 상황을 재구성하기 시작했다. 사회복지사는 중심이 되는 인물이 확장되어야 함을 깨닫고 할머니에 관한 지난 얘기를 다시 언급했다: 계속되는 토론에서 그는 폭력적 행동을 다시 구성하여 어머니와 할머니의 상호작용을 중요한 요소로 부각시킨다.

새로운 패턴을 살펴 볼 계획을 세우면서, 사회복지사는 수집한 정보를 이용하여, 어떻게 하면 가족들이 가장 유효 적절하게 새로운 가능성을 살펴 볼 수 있는지 생각해 본다. 예를 들면 사회복지사는 티나가 한 명의 성인에 반대하는 또 다른 성인과 협조관계를 맺는 것을 배웠다는 것을 알아차렸다. 그녀는 어머니의 권위에 도전하면서 강화되었다. 할머니와의 동맹관계를 통해서가 아니라 학대를 당하면서 주변 사람들을 통해 어머니에 대항하는 것을 알게 되었다. 자녀를 신체적 상해로부터 보호하는 것은 주정부의 중요한 책임이긴 하지만 청소년과 부모의 갈등 안에서 무기로 이용될 때는 별로 도움이 되지 않는다. 특히 부모의 행동이 습관적이지도 않고 심각하지도 않을 때는 더욱 그러하다. 이 경우에 사회복지사는 가족의 삼각관계에 초점을 맞추기로 결정하고 가족 구성원과 관계자와의 사이에 분명한 경계선을 그리기로 했다. 그는 어머니와 할머니 사이에 열린 대화를 격려하며, 실바 부인에게 대항하는 할머니와 티나 사이의 동맹에 도전하면서 티나가 부적절한 위치에 놓이지 않게 한다. 이러한 위치가 어머니와 딸 사이의 긴장을 증가시켜 결국 무력행사로 이어지게 한 것이다.

사회복지사는 실바 부인, 그녀의 어머니, 그리고 티나를 만난다. 그는 두 성인에게 티나를 어떻게 통제해야 하는가에 대한 그들의 견해를 토론하도록 요구했다. 티나가 끼어들어 말하려 했을 때, 사회복지사는 그녀를 저지시킨다: "아니, 이것은 너 없이 두 분이서 토론해야 하는 거야." 토론이 발전되면서 티나가 끼어들지 못함으로 인해 생기는 불안을 도와줄 시간이 별도로 있을 것이다. 이런 방법은 새로운 패턴으로 가족들이 일상의 생활에서도 저절로 일어나도록 해야 한다. 동시에 사회복지사와 가족은 티나가 더 많은 자율권을 구하는 어린 청소년이라는 것을 인식할 필요가 있다. 어머니와 딸 사이에서 딸의 변화하는 요구사항들을 고려하는 새로운 규칙에 대하여 협상할 필요가 있을 것이다.

이 모든 상황에서, 부분적으로 소개된 사례들은 단지 어떤 기술이 필요한 지를 제시할 뿐이다. 작업이 진행되어 가면서, 스탭들은 가족들이 새로운 패턴을 연습하고 또 좌절을 받아들이면서도 현실생활을 잘 창조해가도록 책임감을 증진시키는데 도움을 주어야 한다.

갈등의 조절 (Handling Conflict)

이 장의 몇몇 사례는 가족 갈등과 관련되어 있다. 갈등을 어떻게 다룰 것인가 하는 문제는 너무 중요해서 더 많은 토론이 요구된다.

우선 부정적인 가족패턴을 직접적으로 다루는 것에 관한 이론적 문제가 있다. 특히 너무 많은 고통을 경험하여 많은 사회적 비난을 내재화한 집단에게는 가족의 능력을 부각하여, 부정적인 면을 다시 구성하고, 서로의 노력을 지지하면서 가족구성원들에게 능력을 부여하는 것은 중요하다. 이 장에서는 우선 그런 접근을 수행하기 위한 방법에 초점을 맞추도록 한다. 그러나 한 가족이 자신들의 불일치나 분노를 다루는 것을 배우지 않았다면 긍정적인 면을 강조하는 것만으로는 불충분하다. 사람들은 가슴속에 묻혀 있다가도 솟아올라와 폭발하는 긴장, 아니면 애정을 위협하고 중요한 관계를 깨뜨리는 긴장을 다루기 위한 방법을 필요로 한다.

가족내 불일치는 삶의 일부분이다. 어떤 가족에게 그것은 쓰디쓴 고통을 주어 아예 양보할 수 없는 것으로 남아 있다. 누가 옳은가에 대한 풀리지 않는 문제는 감정에 상처를 입히고 오랜 시간 후에도 아무런 결과 없이 좌절만 남긴다: 저는 그에게 반복해서 이야기했는데, 아무것도 이루어진 것이 없어요." "그녀는 듣지 않아요; 그녀는 이해하지 못해요." "제가 그를 때리지 않으면 아무것도 안돼요."

　사람들은 반복적인 패턴에 고착하여, 서로에게 상처를 주고, 다른 것을 선택할 수 있다는 것을 바라보지 못한다. 노여움이 땅속으로 들어가, 폭발하여 가속화되고, 술이나 마약으로 해결하려 한다. 사회복지사가 어떻게 행동해야 하는가? 분명 직원은 그 위험의 정도를 사정해야만 한다. 약한 가족 구성원을 보호하고, 초기의 비극을 짧게 끝내기 위하여 주목해야 한다. 그렇지만 진짜 위험한 단계에 도달하기 전에, 가족간 충돌에는 많은 단계가 있다. 능력을 부여하거나 신속히 회복될 수 있는 하나의 정의는 가족들이 서로의 다른 점을 인내하도록 배우고, 충돌을 해결하기 위한 레퍼토리를 발달시키는 것이다.

　모든 전문적 사회복지사는 분노를 환기하는 것이 얼마나 유용한지 잘 알고 있다. 클라이언트가 잘 참아줄 수 있다면, 아니면 다른 가족 구성원에 둘러싸인다면, 상황이 분명해지곤 한다. 압박하는 것이 없고, 인내로 들어주는 귀만 있기만 한다면 말이다. 그러나 갈등은 내부적 압박을 넘어서서 진행한다. 그것은 상호작용의 문제이며, 사람들간에 의사소통과 해결책을 구하지 못한 것이다. 직원이 가족들을 도와주려고 한다면, 그 현실에서 발끝으로 얌전히 걷는 것으로 해결할 수가 없다.

　갈등을 제거하려면 다양한 기술이 필요하다. 사회복지사는 가족들이 자신들의 차이점을 회피할 때, 불일치를 야기하고, 충돌이 저절로 일어났을 때 그것을 인내하며, 통제할 수 있는 것을 배우도록 도와야 한다. 쉬운 일은 아니지만 이 과정을 스탭 홀로 작업해야만 하는 것은 아니다. 가족 구성원이 효과적인 동지가 되어, 문제를 살펴보고, 새로운 방법을 찾아내도록 도와준다. 사회복지사가 행동을 시작하고 전체적인 지휘를 하지만, 가족 구성원 중 어떤 사람을 선택하여 코치를 맡기고 침묵이 깨지도록 하며, 분노의 외침이 스쳐 지나가도록 해야 한다.

예를 들면 미건의 여동생 새럴이 그녀와 동맹관계에 있긴 하지만 미건보다는 그녀가 아버지를 더 잘 다룬다. 사회복지사는 새럴에게 언니 미건이 아기와 자신을 위하여 원하는 바를 부모님께 잘 말씀드리는 방법에 대하여 언니를 코치하여 가르치라고 요구한다. 가족 세션의 한 순간, 침묵이 깨지자 아버지는 노여움을 폭발시키고 가족들은 꼼짝도 않고 의자에 앉아 있다. 사회복지사가 끼어들어 토론이 더 지속되도록 했다. "당신의 고통과 당신의 실망을 이해합니다—미건도 그럴겁니다—그러나 지금 그녀는 두려워하고 있어요. 그녀는 아기를 위한 계획을 세울 필요가 있어요. 당신과 부인, 그리고 미건이 어떻게 행동해야하는 지에 대해 지금 이야기하실 수 있으세요?"

사회복지사가 때로 교통 경찰이 되어, 어떤 사람은 물러나게 하고, 어떤 사람은 한꺼번에 묶고, 어떤 사람에게는 노여움을 표현할 기회를 주고, 다른 사람에게는 노여움이 전해지기 전에 문제를 푸는 경험을 제공한다. 티나의 어머니와 할머니는 성인으로서, 티나를 교육시키는 부분에서 서로 못마땅하게 여기는 것을 표현하며 함께 이야기를 나눌 필요가 있었고, 티나는 그 토론에서 제외되어야만 한다. 아벨과 존은 아침에 기상하는 규칙을 협상할 필요가 있다. 그동안 트레이시는 옆에 비껴 앉아 있고, 사회복지사는 서로의 불일치가 나타나는 시점에서 잠시 그치도록 한다. 이 경우, 사회복지사는 그들의 토론이 가속화되어 갈등이 이어지기 전에—계획이 최선이건 그렇지 않건 간에—멈추도록 하여 가족 구성원이 해결해야할 것이 무엇인지를 결정한다.

트레이시와 존은 그녀를 대하는 문제와 그가 폭력적인 행동을 왜 하게 되는지에 관해서, 그들 나름대로의 토론을 할 필요가 있었다. 그들이 이야기할 때 아마도 서로에 대하여 소리를 지를 것이다. 사회복지사가 잠시 참고 기다리는 동안 서로 이야기는 하지만 아무도 상대방의 말을 듣지 않는다. 이런 상황에서 사회복지사는 개입하게 된다. 다양한 가능성들이 있으며 그것 모두를 이용할 수도 있다. 그는 이런 말을 할 수도 있다. "잠깐 중지요! 그가 당신

말을 듣고 있지 않아요, 너무 시끄러워요. 그 말은 전에 들었죠. 그 말을 다른 식으로 이야기해 보세요." 그리고 나서 트레이시가 다른 것을 말하고, 사회복지사는 "좋아요. 존이 이해하고 있는지 알아봅시다. 그에게 질문하세요" 라고 한다. 트레이시가 침묵한다. 사회복지사가 말하길, "그가 무슨 말을 하는 것인지 살펴보세요."

사회복지사는 코치로, 때론 토론의 일부분이 되고 때론 일부러 길 가장자리에 있곤 한다. 그는 항아리를 휘저어 모든 사람이 할 말이 있을 때, 의미있는 대화가 진행될 때, 평소보다 긴 대화를 가족이 나눌 때 그 모습을 조명해 준다. 이것은 새로운 패턴이며, 충돌을 풀기 위한 새로운 경로가 만들어진다. 깨지기 쉽고, 자신을 유지하기 어려워하고 연습을 필요로 하지만 이 커플이 함께 살기 위해서는 이런 경로는 중요한 것이다.

사회복지사는 늘 언어적이지 않은 다른 가능성을 갖고 있다. 어떤 사회복지사는 모든 사람들이 연필을 쥐고서 다음과 같이 이야기하는 상황을 만들곤 한다. "이것은 말하는 막대기입니다.(일명 '마술 지팡이' 라고 하죠) 이것을 잡는 사람은 누구나 말할 수 있어요. 나머지 사람들은 듣는 겁니다." 아니면 하위집단의 경계를 구체화하기 위해, 사회복지사는 가족들에게 자리를 바꿔보거나 옮겨 보라고 요구한다. 화가 나면 끼어들곤 하는 사람을 멀리 앉아 있게 하기도 한다. 사회복지사는 그 토론에서 물러나 있지만 예의 주시한다. 만약, 토론이 노여움으로 뒤죽박죽이 될 때 사회복지사는 다시 그 토론에 훌쩍 뛰어들어, 어머니에게 이렇게 말한다. "지금 당신 딸은 당신이 자신을 때릴 거라고 두려워하는 때입니다. 그러니 그녀는 소리를 지르고 달아나는 거예요. 잠깐 쉬고 그녀 얘기를 들어 보실래요. 그리고 나서 보충 얘기하실 수 있습니다." 아니면 그녀는 가족 가운데 조력자를 불러 들여, 의사소통 하는 다른 방법을 계속 진행한다.

다양한 레파토리를 이용하여 가족과의 접촉이 전개되는 동안, 사회복지사는 기술들을 융통성 있게 사용해야 한다. 어떤 가족과 함께, 어떤 시점에서 우리가 언급한 기술을 이용하는 것은 유용할 수 있다. 사람들이 자신들의 불일치를 토론하도록 요구하기, 다른 가족 구성원들이 그 상황을 완화시키려고 하거나, 입장을 취하지 못하게 하기, 다른 가족구성원을 전형적이지 않은 한 역할에 끼어들이기, 행동을 조장하거나 속도를 늦추게 하기, 상호작용의 대안적 방법을 찾기 위해 말하는 막대기나 또 다른 은유나 유머를 제공하기, 논쟁을 해결하기 위해서 새롭고, 좀더 건설적인 패턴을 조사하기 등.

분노는 이러한 토론 뒤에 있는 숨어있는 폭력의 원인이며, 가족간의 불일치는 분노에 의해 가속화될 수 있다는 것, 그 분노 자체가 신체적 공격으로 표현될 수 있다는 것을 알아야 한다. 폭력의 정도를 가늠하는 것은 스텝의 책임이다. 만약 가족과 함께 작업하기로 결정했다면, 시작 시점을 명확히 하는 것도 스텝이 해야한다. "자녀를 때리는 것은 허용되지 않습니다. 교육시키는 다른 방법이 있으며 그 방법들을 살펴보게 될 것입니다. 이것이 기본 규칙입니다. 이 기본 규칙이 변해야 합니다."

가족간의 갈등을 다루기란 쉽지 않다. 스텝들도 걱정이 되고 때로는 불안해지기도 한다. 감정, 존경, 지지를 강조하는 것이 안도가 되지만, 기관의 가족들은—여느 가족처럼—전쟁의 잔여물을 뒤에 남겨 놓지 않고, 전쟁터에서 벗어나는 방법을 필요로 한다. 힘든 세상에서 잠재적인 지지자가 되는 가족간 유대관계를 파손시키지 않도록 하는 방법을 배울 필요가 있다. 미건과 그녀의 아기는 확대된 개념의 가족을 필요로 한다. 트레이시, 존, 아벨, 그리고 아벨의 누이들은, 서로의 불일치와 노여움을 협상하면서 가족으로서 함께 살아야만 한다. 티나의 어머니는 몽둥이 없이 딸을 통제해야만 하며, 티나는 사회복지사를 끌어들이거나 법적인 위협을 하지 않고, 자신의 권리를 주장해야 한다. 모든 상황에서 가족구성원에게 상처 입히지 않고, 가족을 분할하는 사회적 개입 없이도 충돌은 해결될 수 있다.

가족갈등을 효과적으로 다루기 위해서, 스탭은 특정 시기에 가족들의 기술 수준이 실제로 평가되도록 점검할 필요가 있다. 스탭들은 더 많은 경험을 할수록 더 어려운 상황에 빠질 수도 있다. 하지만 슈퍼비전과 지지가 적절히 주어지도록 하는 본질적인 직원구조가 있어야 한다. 그러나 스탭들이 가족들을 강화시키는 과정에 수반되는 노력과 위험은 실천과정에서 불가피한 것이라고 할 수 있다.

가족들 그리고 더 넓은 체계: 힘든 고비를 돕기

가족에게 놓인 많은 문제는 큰 범위의 제도체계에 경작되지 않은 채 놓여 있다. 다중위기의 가난한 가정은 기관, 사회복지사, 그리고 기관과의 만남을 제대로 다루지 못한다. 당면한 문제는 가족 내에 이미 존재하는 문제와 유사하다. 혼란스러운 의사소통 방법, 불분명한 경계, 충돌을 해결하기에는 부족한 기술, 이 같은 특별한 상황 속에서, 제도 역시 권한이 있는 가족보다 더 약한 위치에 놓인 가족을 빗나가게 하는 현실이다. 그러한 체계의 균형을 다시 맞추려면 기관간의 절차에 변화가 뒤따라야 하고 서비스들간의 조정 또한 필요로 된다.

그러나 스탭들은 빈곤한 가족들에게 좀더 효과적인 서비스가 전달되도록 관계하는 것이 가능할 수 있다. 이는 가족의 기능을 강화하는 방향으로 서비스를 제공함으로 가능하다. 전문적인 능력을 억제하기, 능력을 발휘할 수 있도록 돕기, 기관과 가족간의 경계를 강화하기. 그런 행동이 결국 한 걸음 물러서는 것처럼 보일지라도 그런 실천에는 어느 정도의 기술이 필요하다. 책임감을 갖고 임하도록 훈련받은 전문가들은 '저절로 굴러가게 하라'는 태도가 필요하고 소극적인 역할을 해오던 스탭들에게는 '한 걸음 더 앞으로 나가도록 하는 기술'이 요구된다. 가족들에게 능력을 신장할 수 있도록 하기 위해 때와 방법을 가릴 수 있는 것이야말로 중요한 기술이다.

가족의 참여를 강화시키기 위한 기회는 가족 구성원과 일상적으로 만나는 도중에 생긴다. 사회복지사가 주시하지 않는다면 기회를 포착하지 못하고 놓치게 된다. 예를 들면 최초의 인터뷰동안 사회복지사와 어머니는 "그것에 관해서 다른 사람과 이야기할 필요가 있어요"라고 동의한다. 이것은 전적으로 전문가의 문제는 아니다라거나 어머니가 그 일을 맡아야 한다라거나 그녀의 감정에 대한 토론에서 다른 가족 구성원들이 도움을 주는 참여자여야 한다는 말은 아니다. 또 다른 상황에서 젊은 어머니가 면접동안에 아기를 데리고 있을 때 아기가 울기 시작하면 보모가 자동적으로 손을 뻗고, 어머니는 즉시 아기를 보모에게 맡긴다. 모든 사람은 그것을 당연하다고 여긴다. 사회복지사는 결코, 어머니에게 자신이 아기를 달래야 한다고 말하지도 않고, 보모가 어머니에게 아기를 달래야 한다고 말하지도 않고, 보모가 어머니에게 아기를 가장 잘 다루는 것처럼 보이는 방법에 대해서도 충고하지 않는다.

이런 상황에서 수행능력, 전문적 기술, 체계의 상징이 나타난다. 가족에게 권한을 부여하려면 일상의 패턴을 깨뜨릴 동기가 필요하고, 실질적으로 기술을 발전시켜야 한다. 스탭에게 필요한 것은 가족 구성원이 제 길을 찾으리라는 믿음, 그들의 실수에 대한 포용력, 전문가에 대한 의존을 인내할 수 있고 도움이 되고자 하는 마음과 가족을 코치할 수 있는 약간의 기술이다. 보모가 아기를 달래는 방법에 대하여 이야기하는 것은 충고가 되기도 하고 젊은 엄마에게 가이드가 되기도 한다. 이때 엄마와 아기의 관계는 방해받지 않을 뿐더러, 엄마로서의 능력을 키우는 것을 퇴행하도록 하지도 않는다. 그녀는 아기와의 접촉을 통해서, 자신감과 엄마로서의 능력을 키울 수 있다.

가족들이 자신의 능력을 발산하는 한 방법은 가족 내에서 헌신적으로 일하는 사람을 찾는 것이다. 이렇게 하려면 사회복지사는 자신의 기능 중 일부를 가족에게 넘길 수 있는 준비가 되어 있어야 한다. 가족들은 전문가보다 기전에 대해 잘 모르고 비효과적이기 쉽지만, 더 지속적으로 스스로 실천해 볼 수 있는 기회를 가지고 있다. 사회복지사보다는 어린 소년의 삼촌이 그 아이에게 어떻게 하면 학교에서 싸움을 피할 수 있는지 잘 가르칠 수 있다. 손자가 친척에게 위탁 보호되었을 때 소년의 조부모는 방문조건에 대해 딸과 직접적으로 협상할 수 있다. 이렇게 하는 것이 기관의 일련의 규칙을 따르거나 사회복지사를 통해 그들의 불만을 갖게 하는 것 보다 낫다.

가족 내에 갈등이 있거나, 자녀 양육 습관이 잘못된 것으로 보일 때 그대로 내버려 두는 것은 더 힘든 일일 수도 있다. 스탭은 가족 내의 개인적 안전을 점검할 필요가 있지만 그들이 그렇게 행동하는 것에 의심이 갈 때는 사회복지사가 '중간영역(gray-area)' 에 대한 통제를 주장하기도 한다.

여기 간단한 두 가지 예가 있다:

엠마 존스(Emma Jones)는 손자 폴(Paul)의 위탁부모이다. 그녀와 폴의 어머니 그웬(Gwen) 사이에는 그웬이 주말동안 아들과 함께 있으려고 방문할 때마다 큰 다툼이 있었다. 사회복지사가 개입하여 그들이 폴이 보는 앞에서 다투지 못하게 하고, 지금부터는 사회복지사가 엠마의 집에서 아이를 데리고 나와 그웬의 집으로 보내고 다시 아이를 엠마의 집으로 데리고 오겠다고 말했다.

아동보호 사회복지사는 임신중인 마고(Margo)를 성공적으로 약물치료소에 입소시켰다. 그녀의 아기는 분만시 주거시설로 보내지 않기로 했다. 이 두 가지 사실은 이들을 매우 기쁘게 했다. 하지만 사회복지사가 방문한 어느 날 마고가 다섯 살 된 딸에게 매를 대고 있었다. 사회복지사는 그녀에게 아이를 대하는 좋은 방법을 배울 때까지 당신에 대한 서비스를 중단하지 않겠다고 하였다.

아동보호 사회복지사는 가족을 관련시키거나 관련시키지 않는 특별한 방법을 개선시키기 위하여 지렛대로서 그들의 직위를 이용하고 있다. 첫 번째 예에서 사회복지사는 두 여성이 적어도 아이 앞에서 논쟁하는 것을 삼가도록 하였다. 두 번째 예에서 사회복지사는 그 사례를 마무리하는 조건으로 모녀간의 관계에서 공정함을 요구하고 있다. 의도가 좋고 가족의 삶을 예견하는 것이 긍정적이기는 하지만 이러한 명령의 결과는 가족의 자율권 상실이다. 마고와 그녀의 다섯살 딸 사이의 관계는 그들끼리의 상호작용에 의하기보다, 사회복지사의 규칙에 의해 더 많이 이루어진다. 그리고 엠마와 그웬은 자신들의 논쟁은 깨지고, 그들의 불일치는 지속된다. 즉 해결하지 못한 것이다.

가족들이 그들 삶에 대한 통제력을 다시 얻도록 돕기 위하여, 스탭은 자신들의 통제에 대해 돌이켜 볼 필요가 있다. 각각의 예에서 개입이 필요했는가 하는 것이 의문이다. 엠마와 그웬이 논쟁을 억제하는 것이 피할 수 없는 것인가? 덜 통제하도록 하는 대안이 있는가? 그들이 처한 상황에서 갈등은 정상이라고 하는 것이 더 도움이 될 듯하나 그들의 차이점을 토론하기 위하여 삼자대면이 과연 유용할까?

예를 들면 클라이언트가 딸아이를 질책하고 사회복지사에게 도전할 때, 사회복지사가 이 가족을 통제하는 위치에 머무르는 것이 가치있는 일인가? 대답이 무엇이던 간에 사회복지사의 입장에서 충동과 행동간에 잠깐의 멈춤이 있어야 한다. 그래서 통제라는 것이 역할에서 나오기보다는 필요에 의해 일어나게 해야 한다.

물론 때로 통제하는 위치를 피할 수 없을 때가 있다. 그런 일이 일어났을 때 이 문제가 그 관계를 지배하지는 않는 방법을 찾아야만 한다. 제인(Jane)이 병원에서 소변 테스트를 하기 위한 약속을 깜빡 잊었을 때, 법적으로 사회복지사는 법원을 인식하게 해야 한다. 약속된 다음 세션에서 제인과 그녀의 남자친구 제리(Jerry)가 함께 왔는데 제인은 화가 나 있었다.

제인: 오늘은 모임을 갖고 싶지 않아요.

사회복지사: 왜죠?

제인: 저는 화났어요. 제가 소변 테스트를 못했는데 당신이 저를 그 명단에 적어 놓았더군요.

사회복지사: 당신이 테스트에 참석하지 못하면 제가 기록해야 하는 것이 규칙이어서 그렇게 했어요. 하지만 거기다 이유도 함께 써 놨어요. 어쨌든, 당신이 여기 오셔서 기뻐요. 당신이 요즘 기관에 화가 나 있다는 걸 알아요, 제 생각에는 당신이 제리에게 어떻게 행동하는 것이 나을지 얘기해 보는 게 어때요.

보통 사회복지사는 행동을 자제하고, 전문가적 견해를 자제하며 가족 구성원들이 문제에 대해—심지어 기관을 상대하는데 대한 어려움조차도—함께 이야기하도록 요구하면서 가족과 기관간의 경계를 강화하기 원한다. 자녀를 보호소에 맡긴 부모와 관련하여, 사회복지사는 부모가 한 팀이라는 생각과 부모들이 바람직한 생각을 할 수 있고 아이의 양육에 대한 능력을 가질 수 있다는 것을 느끼게 해주고 싶었다. 그 커플은 모든 결정이 자신들의 영역 밖에 놓여 있다는 추측을 가지고 시작한다.

사회복지사: 자녀를 데리고 오기 위해 당신이 무엇을 해야 하는지 남편과 이야기해 보셨습니까?

어머니: 그는 아이들을 그렇게 데려올 사람이 아니에요. 아이를 데려갈 사람이 우리에게 대답해 주어야 해요, 우리는 대답을 듣기 전까지는 아무것도 할 수가 없어요.

사회복지사: 누구와 이야기하셨었죠?

어머니: 이런 여자분인데, 맥(Mc) 뭐라고 하던데, 보호소에서 일해요.

사회복지사: (*아버지에게*) 그럼 당신은요?

아버지: 아무하고도, 저는 그런 사람들과 말 안해요.

사회복지사: 제 생각에는 두 분이서 함께 팀으로 일하실 필요가 있습니다. 지금
　　　이 문제를 어떻게 다룰 것인지 함께 이야기해 보세요.

　빈곤한 많은 가정은 그들 자신의 과정에 초점을 맞추는데 어려움이 있다. 특히 이것은 외부 기관의 개입이 그들 삶에 만성적으로 혼합되어 왔기 때문이다. 한 가족이 동시에 많은 기관과 관계될지도 모른다. 각 기관은 그들 나름대로의 조항을 가지고 있으며, 그들 모두가 일상적으로 가족의 경계를 넘나든다. 모순되는 조항 때문에 여러 가족 구성원들이 갈등을 일으키기도 한다. 가족 구성원과 그들이 존경하는 담당자간의 관계는 가족간의 관계처럼 관련되어 있다.

　가족들이 자신들과 기관 사이를 차별화시켜 주는 경계를 강화시키도록 도우면서, 어떤 사회복지사들은 직접 경계선 지킴이 역할을 한다. 그들은 전문적 지식을 구하면서 '가족의 등에서 떨어져서' 가족을 지키는 역할을 하며, 다른 사람들이 우려를 표현할 때마다 가족의 능력을 보증하기 위해 노력한다. 그것은 어느 시점까지 유용하다. 그러나 사회복지사가 인식해야만 하는 지침 몇 가지가 있다. 사회복지사가 보호하는 것처럼 보이는 가족 안에서, 무슨 일이 발생할 것인지, 기관 안에서 우려의 목소리가 높아지는 것을 다루어야 한다. 그리고 그들이 이 역할을 지속적으로 해나간다면, 가족이 경계선을 보호하려는 능력이 발달되지 않는다는 것을 이해해야만 한다. 가족들의 경계선이 되고자 하는 대안으로서, 스탭은 그것을 키우기 위해 작업한다.

　앞에서 제시되었듯이 가족과 더 큰 체계 간의 위기에 놓인 문제점들이 기관 사회복지사에 의해서 완전히 해결될 수는 없다. 비록 사회복지사의 기술

이 훌륭하고 의도한 바가 좋다고 할지라도 말이다.

개입과정은 때로 기관이 어떻게 작용하는가에 대한 절차적 변화에 의존하기도 하고, 가족에게 서비스하는 기관간의 조정 서비스에 의존하기도 한다.

다음 장에서는 절차적인 문제들을 논의하게 될 것이다. 그리고 책 전반에 걸쳐 여러 곳에서 전문가들 사이의 의사소통을 고려하게 될 것이다.

기술의 요약

이 장에서 언급될 기술들은 가족들과 효율적으로 작업하는데 너무 기본적인 것이기에, 주된 포인트를 요약하면서 이 장을 마무리 할 것이다.

우선 1~5번은 가족들에 대한 사고에 관련된 것이고 6~10번은 가족들이 변화하도록 돕기 위한 실천적인 기술을 연습하는 부분이다.

1. 가족은 사회적 체계이다.

가족들은 구성원들에 대한 사고와 상호작용 안에서 구성원들을 조직화한다. 가족 구성원간의 행동은 시간이 지나면서 가족의 규칙, 경계, 기대치에 의해 강화된다. 스탭이 가족들을 만날 때 보게 되는 것은 가족 내에 있는 "존재방식"이다. 이 존재방식은 가족들의 상호작용에 있어 예측될 수 있는 행동을 말한다.

2. 가족간의 전형적인 행동이 선호되지만, 비록 어렵더라도 또 다른 대안적 형태가 가능하다.

이러한 사실은 가능성에 대한 희망적인 견해를 갖게 하며, 가족의 레퍼토리를 조사하기 위한 인센티브를 제공하는 것이다. 가족에 대한 사정시 늘 눈에 보이지 않는 강점과 자원의 명부가 포함되어야 한다.

3. 개인은 독립된 존재이지만 가족 관계망의 일부분이기도 하다.

스탭은 증상과 행동상의 문제가 주소로 되어있는 환자를 클라이언트로 만날 수 있다. 현재의 불만을 이해하고 증상의 완화를 위해서는 가족 구성원과 클라이언트 간의 상호작용이 중요하다는 것을 인식해야 한다.

4. 이행기를 거쳐 새로운 환경이 요구하는 것은 가족 패턴의 변화이다.

가족의 반응은 이행기를 수용하기도 하고 전개해나가기도 하지만 고착된 상태로 부적절한 패턴을 지속하기도 한다. 가족 구성원 안에 있는 증상과 분열적 행동은 가족의 고통을 보여준다. 문제들은 잠재적으로 변화하며, 스탭의 기능은 비조직화된 상태의 가족들을 내내 돕는 것이다.

5. 사회복지사가 개입할 때 가족체계의 일부분이 되며, 가족들의 정체성과 그들이 도움받고자 하는 방법에 대한 가족의 견해를 받아들이는 쪽으로 끌려가기 쉽다.

스탭은 가족의 관점을 제도권 내로 끌어들어 그들의 견해를 더 편협하게 할수도 있다는 것을 이해해야 한다. 어려운 일이지만 가족에 대하여 다른 관점에서 생각해보고 그들의 능력을 부각시키고 확장하는 것이 중요한 일이다.

6. 가족이 변화하도록 돕기 위해서 스탭이 처음으로 해야 할 일은, 그들이 자신들의 문제를 어떻게 정의하고 있는지 알아보는 것이다.

가족들이 당연하게 여기고 있는 문제들에 의문을 제기하고 관심을 확대하는 것이다. 정보를 수집하고 가능성을 조사하는 기술에는 경청, 관찰, 가족지도, 재구축이 포함되며, 가족들이 자발적이면서 지침을 실연하는 과정에서 일치와 불일치를 살펴보도록 돕는다.

7. 사회복지사는 변화의 촉매자이다.

그들은 가족들이 역기능적인 패턴을 깨닫도록 하여 다른 방식으로 관계할 수 있는 가능성을 알아보도록 도와준다. 가족구성원은 소원해질 때마다 연락하도록 격려받으며 갈등에 대해 건설적인 접근을 해보도록 격려 받는다.

8. 스탭은 가족의 강점에 초점을 맞추고 가족에게 권한을 부여하면서도 또한 갈등을 다루어야 한다.

갈등이 해결되지 않는다면, 가족 구성원들은 서로 소원해지거나 폭력으로 진전될 수도 있다. 스탭은 불일치에 귀 기울이고 가족들의 갈등을 안전하게 다루도록 도우며 스트레스 하에서의 관계라는 새로운 방식을 알아보며 이 부분을 다루어야 한다.

9. 스탭이 자신의 전문적 견해를 억제하며, 가족 구성원들이 서로를 자원으로 볼 수 있도록 격려해야 한다.

가족 내의 연결망 안에서 도움을 구하도록 격려하기 위하여 자신들의 기술을 이용하면 개입은 가장 효과적이다. 이는 사회복지사의 새로운 역할로 관습적으로 행하던 과거의 실천에 비해 덜 중심적인 위치에서, 가족의 문제를 대신 풀어주려는 노력을 자제하는 것이다.

10. 스탭은 확대가족을 일차적 자원으로 고려해야만 한다.

도움을 이용할 수 있는 첫 번째 인터뷰도 확대해야 한다. 부가적인 전문가의 도움을 요청하는 것은 불필요한 것일 수도 있으며, 주의 깊게 고려되어야 한다. 많은 기관이 다양한 서비스를 가족에게 제공할 때, 원조와 혼동 사이의 균형을 평가하는 것도 중요하다. 가족을 위해서 가장 유용한 개입의 하나는 구조적 변화를 유도하는 것이다. 그리하여 서비스가 좀더 협조적으로 가족 중심으로 그리고 효율적으로 이루어지게 하는 것이다.

제4장 체계를 변화시키기(Changing the System)
가족-지지적 절차(Family Supportive Procedures)

　가족적 접근을 통해 가족을 이해할 수 있는 것은 전문적인 사회복지사들의 기술에 달려 있다. 하지만 그들의 노력이 성공하기 위해서는 기관의 지원이 필요하다. 한편 기관이 그 사회복지사를 지원하느냐 마느냐 하는 것은 사회복지사들의 태도에 달려 있다. 효과로 볼 때 이는 순환적인 문제이다. 그러나 이러한 문제들은 더 근본적으로 보자면 구조의 문제(A Matter of Structure)이다. 정책과 개입을 위한 진행절차의 세부 사항이 가족중심적 기술의 레퍼토리를 훈련할 수 있게 짜여져 있지만 이런 계획이 쉽게 수용되지는 않는다.

　서비스를 제공하는데 있어서 초기면접(intake), 사정하기(assessment), 계획하기(planning), 서비스(service)는 일련의 과정이다. 초기면접부터 가족들이 포함되도록 지속적으로 관여하지 않으면 점점 가족이 관여하도록 하기는 더 어려워지게 된다. 다음의 사례들을 살펴보도록 하자.

산드라(Sandra)는 약물치료 프로그램을 몇 회 참석한 이후 약물치료 프로그램에 참석하지 않고 있다. 담당 사회복지사는 산드라의 프로그램 참석을 도왔던 남자친구 콜린(Coline)에게 연락을 취한다. 하지만 콜린은 그가 할 수 있는 일은 없다고 말한다.

단기 노숙자 가족쉼터에서 아이들과 함께 살고 있는 네 아이의 어머니인 안젤라(Angela)는 귀가시간을 지키지 못해 문제에 빠지게 되었다. 쉼터 사회복지사는 남편을 쉼터로 초대하여 이 문제를 논의하기로 하였다. 남편은 현재 자신의 어머니와 다른 곳에 머무르고 있었다. 사회복지사는 그녀가 술 문제로 인해 어려움이 있지만 잘 해나가고 있다고 칭찬을 하면서 이야기를 시작하려 했다. 그러나 그는 그녀를 야단치고 돌아갔다. 그녀는 잘못을 뉘우쳤지만 결국 그 날 밤도 귀간시간을 어기고 말았다.

11세된 제임스(James)는 학교와 집에서의 폭력행동으로 인해 주거시설에서 생활하고 있다. 그는 3개월간 치료과정에 참여했고 그 시설의 스탭에 따르면, 그는 곧 퇴소를 위해 가족치료에 참여해야 했다. 첫 세션에서 제임스와 어머니는 뜨거운 논쟁을 하고 계부는 제임스가 집을 떠나버리던지 자신이 나가든지 해야할 것 같다고 소리를 질렀다.

로라(Laura)의 새로 태어난 아이 완다(Wanda)는 어머니 로라가 약물치료를 위한 주거프로그램에 참여할 수 있도록 하기 위해 위탁가정에 머물고 있다. 6개월 후 로라가 매주 그녀의 딸을 만나는 동안 아동복지, 위탁보호 기관들은 그녀와 아이가 재결합될 준비가 되었다고 판단한다. 위탁보호 기관의 스탭은 로라, 완다, 로라의 새 남자친구를 위한 만남을 위해 방문의 빈도를 주마다 점차 늘려갔다. 그 커플은 약속을 지키지 않으면서 서로 관심이 없는 듯 보였고, 완다에게

적응하기 위한 시간을 더 갖기 위해 완다가 위탁 가정에 더 머물 필요가 있다고
말한다.

상기한 모든 상황에서 사회복지사들은 그들이 새로 익힌 가족개입기술을
적용하기 위해 노력하고 있었다. 산드라가 약물치료 프로그램에 출석하지
않으므로써 위기에 빠지고 안젤라가 귀가시간을 어겼을 때, 사회복지사들은
가족들에게 행방을 물어야 했다. 제임스와 로라가 집으로 돌아가기 위한 준
비가 되었다고 보였을 때, 원가족과 아동을 위한 재결합 과정을 준비하였으
나 모든 경우에 이미 때를 놓치고 만 것으로 드러났다. 상기한 사례의 모든
서비스가 이런 문제를 다루기 이전에 전혀 가족을 만나오지 않았었다. 제임
스와 로라는 그들의 개인적인 문제가 일상의 문제로부터 방해받지 않게 한
다는 이유로 가족의 문제와 분리된 채로 다루어져 왔다. 산드라와 안젤라
에게 중요했던 사람들은 이미 그들의 참여가 요구될 때까지 외면당한 채 있
어왔던 것이다. 산드라의 남자친구는 첫날 그녀를 프로그램 장소까지 바래
다주었고 안젤라의 남편은 비정기적으로 쉼터를 방문하였으나 어떠한 사회
복지사도 이들과 만난 적은 없었다.

이들 기관이 만약 처음부터 가족을 포함한 다른 서비스를 하였다면 결과
는 달라졌을 것이다. 안젤라의 남편이 쉼터에 남아있도록 조치되어 초기부
터 격리되지 않았다면 어떻게 되었을까? 안젤라는 아마도 귀가시간을 어기
지 않았을런지도 모른다. 또는 그가 가족과 떠나있게 될 수밖에 없었던 문제
가 개방적으로 이야기되었다면 아마도 다른 지지 방법이 모색되었었을런지
도 모른다. 만약 산드라의 남자친구가 초기 면접과 세션에 참여하였다면 어
떻게 되었을까? 아마도 산드라는 중도에 그만두지 않았을런지도 모른다. 그
렇지 않다 하더라도 그는 산드라가 프로그램으로 돌아오도록 격려하는 보다
나은 위치에 서있게 되었을런지 모른다. 제임스와 로라의 경우는 어떠한가?

제임스의 퇴소가 고려되었을 때, 아마도 이전에 관계가 유지되어 왔다면 더 일찍 세션을 함께, 그리고 편안하게 시작할 수도 있었다. 마찬가지로 로라가 완다와 출생이후 첫 6개월 동안 자주 접촉을 가져 왔었더라면, 로라와 완다 사이의 관계는 더욱 견고해졌을 것이다.

그러나 가족들은 개입에서 제외되었다. 각각의 경우, 사회복지사들은 기존의 클라이언트를 대하는 것과 마찬가지의 전통적인 절차를 따랐을 뿐이다. 쉼터로의 배치를 위한 안젤라의 신청은 마치 그녀가 편모인 것처럼 처리되었다. 그녀의 남편은 계획에 포함되지도 않았다. 산드라는 그녀의 남자친구가 밖에서 기다리는 동안 약물치료 프로그램을 위해 혼자 면접에 임해야 했다. 아이들이 주거시설에 머무는 동안 제임스의 가족 또한 문자 그대로 밖에서 기다리고 있었다. 그리고 완다는 그녀의 어머니가 약물로부터 회복되는 동안 할부 물품처럼 배치되었다. 그 절차들은 가족중심의 실천을 위한 최소한의 여유도 없이 개인에 초점이 맞추어져 시작되었고 가족성원들은 위기에서나 과도기에만 초대될 뿐이었다.

기관과의 첫 접촉은 다음의 모든 단계에 나타나는 관계를 조율하게 되는 만남으로서 매우 중요한 역할을 차지한다. 이런 근거로 우리는 이제 초기면접의 과정에 대한 논의로 시작한다. 가족 초기면접 과정에서부터 가족을 포함시킬 수 있는 가족-지지적인 절차를 고려해야 한다.

초기면접 : 가족과 동반자 관계 형성하기

새로운 방문자가 기관에 왔을 때, 긴급하게 처리가 된다. 초기면접은 정보를 수집하고, 서류양식들을 작성하며, 새로운 서비스를 제공할 전문가와 기관 모두에게 클라이언트를 연계하는 과정이다. 위기상황에서도 필수적일 뿐 아니라 이는 시간의 낭비로 평가될 수 없는 중대한 과정이다. 기관 사회복지 사들은 그들이 앞으로 수행해야하는 것들에 대해 더 멀리 더 높이 가야하는 릴레이를 시작하는 인식을 가지게 되고, 그들이 의뢰된 상위체계에 대한 책 임감과 함께 압력을 느낀다. 그 압력과 공식적인 서류양식은 초기 사정에서 자주 개인위주의 기능적 진단(약물중독, 우울증, 행동화, 부모양육기술의 부 족)에 초점을 두어 진행되며, 대개 비슷한 범주의 공식적인 기록(개인력, 인 지-정서적 상태, 진단, 동기, 예후)을 채워나가는데 초점을 맞추고 있다.

이러한 특징적인 요소들을 진행하면서 초기면접에 클라이언트의 가족을 포함시키는 것은 복잡하고 성가시며 불필요한 것처럼 보여진다. 기관이 가 족과 함께 일하기를 기대할지라도, 클라이언트의 상태가 괜찮으면 다음 단 계의 일로 취급된다. 우선 명확화된 클라이언트의 현문제를 다루는 것이 필 요한 것으로 비추고 이런 방향에서 모든 절차와 계획이 기존의 방식대로 수 행된다.

만약 기관이 가족과 함께 일하는 동반자적 관계를 원한다면 서비스 절차 가 근본적으로 조정이 되고 가족의 참여를 최대화하기 위한 노력과 더불어 초기면접에 가족을 실제로 포함시켜야 한다. 가족이 가족의 의견을 전달하 려면, 기관의 스탭이 존경과 지지, 관심을 준다는 느낌을 받으며 첫 접촉이 이루어져야 한다. 스탭들은 자신의 기관이 해결과정을 함께 해나가는 동반 자라는 느낌을 전달하고 자신들의 치료과정에서 가족이 참여하는 것이 필수 적이라는 것을 전할 수 있어야 한다.

다음의 문제는 이제 누구를 초대할 것인가, 초기면접에서 무엇을 극복해 야하는가, 가족을 어떻게 사정하고 참여시킬 것인가 하는 것이다. 우리는 어 떠한 결정이 필요한 것인지, 사건의 양상, 고려해야할 다른 것들을 단계적으 로 제시해야 한다. 이 과정의 절차를 준수하기 위해서는 충분한 시간과 유연성, 그리고 기관의 배려가 필요하다.

누구를 초대할 것인가 (Whom to invite)

누구를 초대할 것인가의 문제는 가족지향적인 관점, 그리고 폭넓게 생각하기(think big)의 관점을 갖고 심각한 주의를 기울여야 하는 것이다. 여기 클라이언트 산드라, 안젤라, 제임스, 로라가 있다. 각각의 삶의 영역에 누가 중요한 사람들인가. 이전 장에서 우리는 트레이시와 아벨을 통해 존, 트레이시의 어머니, 아벨의 자매를 모두 포함해야 한다는 것을 알았다. 또한 우리는 이 장에서 소개된 사례들을 통해 연결되어야 할 가족의 범위를 보다 크게 인식하게 되었다. 그렇다면 기관의 스탭들이 어떻게 조금 더 연관성을 이해할 수 있고 첫 모임에 초대할 사람들을 잘 결정할 수 있을까?

초기에 제안되었듯이, 의뢰서에 알려진 사실 그대로 가족지도를 만드는 것도 유용하지만 그 이상의 많은 가능성을 고려하는 것 또한 중요하다. 십대들은 그들이 혼자 기관에 오더라도 어딘가에 그들의 부모가 있으며 그들은 아줌마나 조부모, 형제자매나 가까운 친구들과 관련되어 있다. 아동의 경우 어머니가 대개의 질문에 대한 신뢰할 만한 자원을 갖고 있다할지라도 아동들은 그들의 삶에 하나 이상 연관된 어른이 더 있을 것이다. 사회복지사들은 이웃의 친척과 가구원뿐 아니라 안정적이거나 일시적인 동료, 동거하지 않는 형제, 위탁가족, 교회, 학교에 관련된 항목들을 갖고 있어야 한다. 이러한 현실과 자원에 관한 파악은 문제에 대한 사정을 촉진하고 이전의 사회복지사들이 평가하는 항목 이상의 많은 새로운 사실들을 알게 할 것이다.

초기면접에 이런 많은 내용이 포함된다고 가정하면 그 과정이 매우 산만하고 비생산적 과정처럼 비추어질 수도 있다. 하지만 그것 자체가 중요하다. 어찌되었던 많은 사람들을 고려하고 폭넓게 조정하여 선택하게 하는 것이 중요하다. 기관의 체계나 성실하지 않은 클라이언트의 영향에 의해 초기모임에 이런 과정을 제한시켜서는 안 된다.

현실적으로 전개되는 이러한 과정은 현장 사회복지사들의 판단과 실천 현실에 의해 조절된다. 안젤라와 그녀의 아이는 추운 겨울밤 경찰에 의해 쉼터로 이송되었을지도 모른다. 당시 현장에는 남편도 조모도 없었다. 교회사람들이나 주거시설의 사회복지사도 없었다. 제임스는 학교에서 폭력사건 후 그의 어머니와 학교상담가에 의해 시급하게 의뢰되어 주거시설로 옮겨졌을 것이다. 계부도 형제도 학교의 실무자들도 없었다.

물론 개입은 기본 서류들과 함께 그 시점에서 시작되어야 한다. 초기 대화는 매우 중요하고 스탭과 가족이 가능한 한 함께 그 상황을 상세히 알아볼 것이라는 메시지를 전달하여야 한다.

첫 만남은 가족참여의 필수성, 안젤라의 경우나 제임스 경우 모두 전체 상황에 중요한 어머니를 개입과정에 포함하는 것, 누가 다음 모임에 참석해야 하는지 등에 관한 계획을 세우는 것이다.

첫 접촉을 통해 공식적 기록으로부터라도 누가 초기면접에 참여할 것인가 하는 것을 명확히 할 수 있지만 그들이 쉽게 함께 모이는 것은 아니다. 몇 가족구성원은 그들이 서로에게 어색하거나 서로에게 비난받을 것에 대한 두려움을 가지기 때문에 참여를 하지 않든지 참여를 하더라도 어렵게 한다. 강제로 자녀와 분리되게 된 부모는 불쾌하거나 우울할 것이고 따라서 위탁보호 기관과의 접촉이 불편할 것이다. 제임스의 계부는 그의 행동에 대해 부인에게 비난받을 수 있고, 적정거리를 유지하는 것이 최선이라고 생각할 수 있다. 산드라는 그녀의 가족과 함께 하는 것에 대해 분노나 두려움, 자존심 등으로 인해 내키지 않아 할 수도 있다. 그리고 기관의 전문가들은 그들의 사례가 종결된 후라면 이런 모임에 초대되는 것을 원하지 않을 수 있다. 왜냐하면 그들은 일이 너무 많고 이런 모임에 익숙치 않기 때문이다.

기관의 스탭은 클라이언트에게 경청하고 가족 참여의 필요성과 클라이언트의 적합성에 대한 명확한 메시지를 전달해야 한다. 예를 들면, 스웨덴의 주거시설은 아동과 일주일을 살기 위해 가족을 데려오기도 하고, 미국의 병원에서는 가족이 첫 날밤 함께 할 수 있도록 아동에게 방과 공간을 제공하도록 하기도 한다. 이런 조치가 매우 이상적인 것이긴 하지만 모두 가족을 참석하도록 이끌기 위한 많은 방법들 중 하나이다. 위탁보호기관은 첫 입소시에 아동의 원가족들을 포함하고 접촉하기 위한 별도의 노력을 기울일 필요가 있다. 이러한 가족을 초대할 때에는 다음과 같은 메시지가 포함되어 있어야 한다. "우리는 당신이 필요합니다. 당신의 도움 없이 당신 자녀들을 위한 일을 하기 어려울 것입니다."

약물재활치료에서 치료의 허가조건으로 가족이 참여하도록 하는 것은 가능한 방법중의 하나이다. 프로그램의 감독자가 "가족 초기면접은 협상할 성질의 것이 아니다. 이는 마치 소변검사가 기본적인 것과 같다"라고 말해줄 수 있다. 비슷하게 아동이 병실이나 주거시설로 들어올 때, 스탭은 당연스럽게 아버지가 포함될 수 있음(설사 어머니가 기관 외부에서만 다루어지더라도)을 알릴 수 있다. 아버지뿐 아니라 일하는 어머니나, 형제, 다른 기관의 전문직이 초기면접에 참석하도록 하려면 기관의 스탭들은 저녁시간이나 주말 시간에도 만나줄 수 있는 융통성이 필요하다. 초기면접에서 최대한의 인원이 참여한 이후의 고려사항은 스탭들의 판단에 의해 조정될 수 있다. 가족치료자가 처음 가족과 만난 이후 가능하면 관련된 모든 사람을 보고 싶어하지만 실제로 모두 그렇게 되지는 않는다. 가족을 위해 유용한 하부체계의 집단이 참석만 한다면 이는 전체 치료과정에서 조화될 수 있는 것이다. 중요한 목적은 가족맥락 속에서 연결을 이루어주는 것이지 전체가 반드시 참여해야 한다는 형식이 아니다. 때로 모든 가족이 초기면접에 참여하는 것이 중요함에도 불구하고 비생산적인 경우도 있다는 것을 융통성 있게 이해할 필요도 있다.

클라이언트와의 첫 접촉은 하고 싶지 않은 아픈 기억과 동시에 클라이언트와 연관된 사람들에 대한 생각을 떠올리도록 이끈다. 제임스와 그의 어머니와의 첫 대화에서, 생부와 계부가 그를 어떻게 다룰 것인지, 가까이 살고 있는 대모가 어머니를 어떻게 생각하는지에 대해 이야기하는 것은 매우 중요한 문제이다. 산드라가 자기 어머니와 자매들간의 복잡한 관계에 놓여 있다는 것, 아버지가 그녀를 학대한 것, 그리고 가족의 어느 누구도 그녀의 남자친구 콜린을 인정하지 않는다는 것 또한 중요한 문제들이다.

이런 정보들을 다루는 사회복지사는 초기면접에 클라이언트의 긴장을 증가시키는 사람들을 초대할 것인가 말 것인가의 여부를 결정해야한다. 그리고 때에 따라서는 별도의 면접계획을 세워야 하는 경우도 있을 수 있다. 제임스의 경우 사회복지사는 우선 부모를 먼저 초대할 수 있다. 왜냐하면 그들이 보는 시각이 상황의 중심이 될 것이고, 하부집단인 대모, 14세된 자매, 학교상담가들의 의견은 간접적 구조를 형성하기 때문이다. 안젤라의 경우, 그녀의 남편은 처음부터 중요한 자리를 차지하게 될 것이다. 남편의 역할과 그들의 관계에 대한 사정으로 인해 남편은 처음부터 포함되어야 할 대상이라고 할 수 있다. 이후의 세션에서 어머니, 가정관리사, 그녀의 자매, 또 교회친구들이 포함될 것이다. 산드라를 위한 초기면접은 그녀가 기관에 올 수 있도록 도와주는 콜린을 당연히 포함하며, 콜린과 산드라의 어머니, 그녀의 자매는 산드라의 학대적인 아버지를 참여하지 않도록 할 수 있다.

이러한 결정들은 임상적 판단을 포함하고 반드시 다중적 요인들을 포함하여야 한다. 새로이 훈련된 사회복지사는 이런 판단을 하기 위한 가족 갈등을 다루어야 하는데 있어 자신의 불안함을 극복하고 초보적인 기술이라도 적용할 수 있어야 한다. 어떤 초기면접 사회복지사는 그들의 성격을 변화시켜야 할 때도 있다. 가족이 저항하는 상태에 있을 때 그들에게 대처하는 방법의 하나로 갈등을 야기하지 않기 위한 유머를 통하여 가족의 갈등과 지지의 균형을 취해나가는 수도 있다. 또한 저항을 극복하기 위해 클라이언트가 선호하는 내용에 우선적인 초점을 맞추는 것이 도움이 될 수도 있다. 한 임상 상황에서, 스탭은 별로 내켜하지 않아 하는 클라이언트에게 두 가족성원을 치료세션에 초대할 수 있는 기회를 제공한다. 초기에 치료세션에의 참여 허가와 그 과정을 통해, 이런 식으로 선택된 사람들이 클라이언트에게 보다 넓은 시각을 제공하고 또한 그들을 지지할 것이라고 가정한다.

사실, 관련된 사람들이 초대되고 중요한 정보가 수집되는 동안 초기면접은 몇 번의 만남을 가질 수도 있다. 심지어는 공식적으로 요구되는 자료가 이런 방식으로 수집될 수도 있다. 어쨌든 각 사례에 대한 판단을 훈련하기 위한 사회복지사에게 기관 체계의 유연성과 더불어 그 맥락을 명확히 이해하도록 하기 위한 지지가 필요하다. 관계망의 구성원들은 초기면접에서 그들의 중요한 역할을 충분히 이해하도록 포함되어야 한다. 그래서 스탭이 보다 넓은 가능성을 기반으로 개입과정을 진행할 수 있어야 한다.

무엇을 해야하는가(What to cover)

초기면접에는 세 가지 주요목표가 있다.

첫째, 스탭은 기관의 가족 지향적인 시각을 가족에게 전하고, 가족이 그들의 중심적인 역할을 이해하기 위한 모임을 갖는다.

둘째, 사회복지사는 클라이언트를 위해 필요한 정보와 더불어 그들이 필요로 하는 공식적인 정보들을 얻고자 한다는 것이 가족들에게 전달되어야 한다.

마지막으로 사회복지사는 클라이언트가 지속적인 가족참여를 위한 준비와 함께 가족의 문제와 갈등, 반복되는 문제유형, 강점과 자원을 찾기 위해 가족을 사정한다.

이러한 목적들은 중복되는데, 스탭은 늘 기초적인 정보를 알리고 수집하는 태도를 유지하면서 동시에 가족유형을 사정해야한다. 우리가 초기에 논의한 사항들은 모두 확대가족의 개념, 가족의 관심, 존경스런 태도, 강점 지향과 관찰, 경청, 가족의 상호작용을 격려하는 기술의 발달 등을 어떻게 다룰 것인가 하는 질문과 관련된다. 따라서 그 상세한 내용을 논의하는 것은 유용하며 우리는 다음 장에서 이를 논의할 것이다.

가족참여의 필요성에 대해 의사소통하기(Communicating the Need for Family Involvement)

초기면접을 위해 가족을 초대하는 것은 기관의 입장에 관해 의사소통하는 첫 번째 단계이다. 의사소통은 매우 확고한 말로 우위를 만들어 가는 강력한 메시지이다. 가족들이 만족해할 것이라는 기대를 할 수도 있지만 가족들에게 놀라거나 당황해 할 수도 있다. 특히 그들이 이미 그런 체계를 경험하였다면 그들은 이미 대부분의 사회복지사들에게 익숙한, 비슷한 방법을 여러 번 경험한 베테랑들이다. 그들은 서비스의 계획과 전달에 포함되는 더 많은 설명들을 원치 않을 수도 있다. 기관이 가족을 접근하기 시작하였을 때, 특히 많은 시간과 노력을 투입하였다 할지라도 이런 가족들의 태도를 이해해야 한다. 가족 성원들이 초대에 응하지 않는데에는 많은 이유가 있고, 스탭들은 가족참여의 중요성과 근거를 가족들에게 설명하기 위한 레퍼토리를 가져야 한다.

클라이언트가 아동일 때 스탭은 누구보다 앞서서 의사소통한다. 가족들이 아이를 갖다 맡기면서 화나 있고, 패배감을 느끼거나 구제된다는 느낌을 갖는다 할지라도 대부분의 가족들은 아동에게 많은 책임감을 느끼고 있다. 제임스와 어머니가 거주시설에 왔을 때, 기관은 어린 소년을 그 자체로만 변화시킬 수 없다는 것을 명확하게 어머니에게 전달해야 한다. 가족은 아동의 삶에 가장 강력한 힘이 되고, 스탭은 오직 가족 성원들과 밀접하게 일함으로써만 가족을 원조할 수 있다. 아동의 상태가 괜찮다는 확신을 부모에게 주려고 노력하기보다 차라리 지속적인 가족참여의 필요성을 전하고 긴장감을 주는 것이 더 나을 수도 있다.

각기 다른 상황과 다른 연령으로부터 아동이 온다는 것은 세부적 개입을 별도로 준비해야한다는 것을 의미한다. 십대 미혼모가 기관을 방문했을 때, 초기면접하는 사회복지사는 분노에 찬 가족을 만날 수 있다. 가족은 이 청소년에 대해 통제력을 잃었다고 느낄 수 있고 그녀를 포기하려 할 수도 있다. 그러나 그녀는 어리고 취약하다. 그녀 세계 안에 있는 사람들은 그녀에 연관되어 있다. 가족내에 새로운 아기가 생기는 것에 대한 서비스 계획과 지지방안을 마련하는 과정에서 확대된 가족이 포함되어야하는 것은 당연한 일이다. 이를 가족들에게 잘 설명한다면 확대가족을 미혼모에게 묶어주는 것은 어렵지 않을 일일 때도 있다.

위탁보호기관에서의 초기면접은 또 다른 문제를 발생시킨다. 이전의 여러 절차와 과정, 법적인 행동과 재배치과정 모두는 원가족의 역할을 축소시킨다. 따라서 위탁보호 사회복지사가 완다와 같은 유아를 맡게 되었을 때, 자신이 보호하고 있는 기간동안 가족의 지속적인 접촉을 강조하는 것이 중요한 과제가 된다.

성인 클라이언트가 있는 가족은 소원해지거나 비판적일 수 있다. 각각의 성인 클라이언트들은 자신의 거주, 치료나 해독 프로그램을 다루어야 한다. 가족참여를 위한 요구를 정당화하는데 있어, 사회복지사는 두 가지 주요 논쟁을 치루어야 한다. 첫 번째, 가족의 지지는 클라이언트에게 영향을 미치는 치료와 변화과정의 중요요소이다. 예를 들어 초기면접을 시행하는 사회복지사는 어머니가 자녀에 대하여 책임감을 갖는 것이 약물을 중단하게 하는 가장 강력한 동기를 제공할 수 있다는 것을 알아야 하고 그는 아이의 후견문제에 대하여 조모와 함께 즉각적으로 논의해야 한다. 가족의 참여가 어머니에게 향상의 기회를 증가시키는 치료의 중요한 요소임을 이해해야 한다. 두 번째로 사회복지사는 변화의 영향들에 관해 토론해야 한다. 약물에 중독된 딸이 회복되는 것은 모든 사람에게 영향을 줄 수 있는 관계와 생활의 재구성을 초래할 것이다. 가족들은 이러한 문제에 대해 함께 작업할 필요가 있다. 희망과 그 희망에 대한 논리적 근거가 동시에 의사소통 되도록 해야 한다.

이 모든 상황에서, 사회복지사는 가족의 지속적인 참여를 위해 기초작업에서부터 가족이라는 고리를 사용해야 한다. 보다 효과적으로 일하기 위해서는 초기에 논의되었던 몇 가지 기술이 요구된다. 사회복지사는 가족 참여가 모든 과정에서 매우 중요하며 가족의 참여가 자신의 기관이 정한 규칙이라는 확신을 가족들에게 전해주어야 한다. 그러나 이러한 메시지는 가족 강점에 강조점을 두고 결합될 때에만 효과적이다. 사회복지사가 전문가로서 혼자 이 모든 일을 치루어낼 수 없다는 명확한 입장이 있다면, 또한 가족의 관심과 지식을 존중하는 태도를 지녔다면 가족들은 그들이 참여해야만 한다는 근거를 수용해낼 수 있을 것이다.

정보 교환과 가족 사정하기 (Exchanging Information and Assessing the Family)

가족들과 함께 하고 그들을 이해함에도 불구하고, 사회복지사가 일반적인 절차를 통해 그들을 변화시키기란 어려운 것이다. 사회복지사들은 초기면접이나 첫 모임의 과업이 자신의 권한이라고 생각하고 가족들에게 기관의 공식적 입장을 이해시키려고 할 수 있다. 가족 구성원들에게 어떤 프로그램이 제공되고 어떤 관료적 요구를 따라야하는지 모임을 개최하고 참석시킬 수 있다. 이런 과정에서 가족들은 수동화되고 자신의 권리를 기관에 양도하는 경험을 하게 된다.

가족 중심의 초기면접은 가족이 문제를 명확히 하고, 해결을 위해 일하는 활동적인 역할을 받아들이는 다른 절차를 따를 필요가 있다. 사회복지사는 가족에 대한 공식적 정보, 의심스러운 의견, 사실 확인, 가족 현실에 대해 더 풍요로운 그림을 모색하기 위한 사적인 회의를 유지하며 최선을 다해 일한다. 이런 초기면접에서 사회복지사는 문제의 본질과 기원, 그들의 가능한 해결책에 대한 견해들을 오직 가족이 제공할 수 있다는 관점에 초점을 둔다. 그들이 기관과 함께 일함으로써 기대하는 것은 무엇인가? 이전의 개입으로 그들이 경험한 것은 무엇인가? 가족과 함께, 그들이 어떤 아젠다를 설정하는가? 또는 그들이 다른 어떤 제안들을 내놓는가? 때때로 사회복지사는 사무실을 벗어나서 가족의 유형과 기능이 작용하는 방식의 시연을 관찰하여 가족의 패턴을 사정할 수도 있다.

만약, 제임스, 그의 어머니, 계부가 초기면접에 참여했다면, 주거센터는 아마도 더 생산적으로 함께 일해나갈 수 있었을런지도 모른다. 사회복지사는 부모가 폭력행동의 원인과 역사를 어떻게 보는가, 제임스가 가족과 누나와의 관계에서 자기 위치를 어떻게 보는가, 부모가 학교에서의 불평에 대해 불쾌해하고 받아들이는 것은 무엇인지, 제임스가 쉬지 않고 의자 팔걸이를 칠 때 무엇이 대화를 방해하는지에 대해서 배웠을 것이다. 사회복지사는 가족들의 불일치를 관리하고자 하는 바람, 제임스를 통제하고자 하고, 함께 머물고 싶어하는 그들의 특별한 바람을 알리면서 아이를 위한 가족의 관심에 대해서 언급할 기회를 가졌을 것이다.

초기면접의 양식은 스탭들의 생각과 노력을 잘 안내해주어야 하기 때문에, 전통적 양식을 다시 살펴보고 가족지향성을 촉진하는 지침으로 다시 만들어내야 할 수도 있다. 〈부록 4.1〉에서 우리는 아동이 일차적 클라이언트가 되는 기관 양식의 한 예를 제공한다. 그 항목들은 확대가족 안에 누가 있는

가? 가족이 아동 문제에 얼마나 영향을 받는가? 가족이 원조를 위한 가장 중요한 초점으로 고려하는 것은 무엇인가? 그들이 이미 시도해 본 해결책은 무엇인가? 가족구성원의 어느 범위까지 참여를 원하는가? 그들이 가족 스트레스원과 강점들을 얼마나 묘사하는가? 등과 같은 가족 관심, 의견, 기대, 특성들에 관심을 제시한다.

자연스럽게 각 기관은 각기의 고유한 욕구와 제한점들을 가진다. 그리고 기관은 반드시 그 기관자체의 양식들을 만들어내고 적용시켜야 한다. 만약에 가족이 앞으로의 작업에 대한 자원과 정보의 근거로 보여진다면 초기면접 양식은 그러한 지향점을 구체화시킨 것이 되어야 할 것이다.

물론 어떤 점에서 사회복지사는 반드시 자신의 기관과 체계가 요구하는 내력이나 보험과 관련된 안내서들을 모아야 한다. 그리고 클라이언트에게 실질적인 정보를 알려야한다. 공식적인 자료는 세션의 후반부에, 가족과 기관이 협력을 하기로 한 후에야 수집될 수도 있다. 그러나 가족이 기관에 관해 충분히 알기 전에 첫 세션을 마칠 수는 없다. 이런 일들이 얼마나 오래 걸릴 것인가? 그들이 과거에 알고 있던 프로그램과 비교해 볼 때 이러한 접근이 어떤 점에서 더 특별한가? 아동학대로 의심되는 사례의 경우에서 법적인 보고를 할 때처럼 스탭과 가족들간의 상호작용이 어떻게 조절되고 어떤 규칙이 적용되어야 하는가? 초기 면접 사회복지사가 가족에 대해 무언가를 알고 관계를 확립할 때까지, 정보의 전달을 미룰 수 있다면 그들은 가족의 요구를 충족시켜줄 수 있는 유리한 영역에 서서 기관의 입장을 전달할 수 있게 될 것이다. 그래서 가용한 서비스에 대해 지루한 설명을 하기보다는 차라리 관찰과 조언을 하는데 초점을 둘 수 있다: "당신의 경우에는……" 또는 "당신은 이런 서비스가 당신에게 중요할 것이라고 생각합니까?" 또는 "나는 당신이 이것을 보아야한다고 생각합니다. 우리는 만약 당신이 관심 있다면 도울 수 있습니다" 등.

의뢰기관이나 협력기관에서 일하는 사회복지사들은 초기면접 동안 정보를 나누거나 혹은 과거, 현재의 서비스를 재고찰하는데 더 도움을 줄 수 있다. 예를 들어 제임스의 학교상담가는 학교 재입학을 허가하고, 가능한 서비스를 위한 조건들을 설명해줄 수 있다.

이렇게 초기면접 사회복지사들은 세션의 긴장도를 유지하고, 토론해야할 이슈들을 이끌며 가족의 참여를 유지하도록 하는 책임성을 지녀야 한다.

지속적인 가족 참여를 위한 배경작업 (Laying the Groundwork for Continuous Family Involvement)

초기면접은 지속적인 서비스를 제공하기 위한 실천계획을 세움으로 끝난다. 기관이 가족 지향적이라면 초기 면접은 우선적으로 기관과의 관계에 대해 가족이 이해하는 것과 함께 "계약"(contract)이 이루어지는 것으로 나아간다. 주거센터에서 계약은 가족 세션의 빈도에 대한 동의, 아동에게 위기가 발생했을 때 가족 구성원들의 능력, 기관에서 아동생활의 자세한 부분들과 치료과정에 대해 가족에게 정보가 주어지도록 유지할 책임성 등에 대한 동의를 포함한다. 위탁보호 기관에서의 초점은 원가족의 아동 방문 빈도와 그 할당, 두 가족이 지속적으로 접촉을 유지할 수 있는 방법, 가족이 의료적인 예약, 생일, 학교 기능과 같은 중요한 문제에 참여할 수 있는가를 명확히 하는 수단 등에 있을 것이다. 약물 재활 클리닉의 경우 가족은 클라이언트의 회복 노력에 대한 지지를 요청 받을 것이고, 방출되었던 성원들의 재교육을 촉진하고자 고안된 다중 가족 집단에 참여하기를 요청 받을 것이다.

파트너쉽의 육성과 가족과 지속적으로 작업하기

초기면접 과정이 성공적으로 진행되었다면, 그 클라이언트와 가족은 격려 받았을 것이고, 그 기관과 관계가 맺어졌을 것이다. 그러나 몇 주 몇 개월이 지나면서 잠재적으로 표류하는 시간이 계속될 것이다. 기관과 가족이 상당한 상호작용을 요구하지 않는 상태에 그대로 정착하게 되는 것은 위험하다. 상호작용이 생동감 있게 유지되는 것은 스탭에게 달려있다: 주도성은 기관으로부터 나와야하며 기관은 가족을 찾아 나서는 방법을 발견할 필요가 있다. 그리고 그들이 지속적으로 관여되도록 노력을 해나가야 한다.

현장중심의 사례 발굴 (Outreach)

가족과의 관계를 발전시켜 나가기 위해서는 단순한 몇몇 부분에서 기관의 변화가 필요로 될 수도 있다. 더 재미있고, 공적인 공간에 초대가 되기도 하고 기관에서 벗어난 활동에 가족이 포함될 수도 있다. 하지만 지속적으로 접촉을 하는 과정에서 직접적인 현장발굴이 요구되기도 하고 또 가족의 저항을 다루어야 하는 특별한 노력도 요구될 수 있다.

직접적인 현장발굴은 각각의 사례에 따라 전문화되어야 한다. 사회복지사는 제임스의 부모가 바쁘고, 그들에게 다른 아이들이 있다는 것도 안다. 따라서 시간이 지남에 따라 자주 모임에 빠지게 되고, 어느 누구도 집에서 제임스의 행동에 대해서나 그의 교육적인 과정에 요구되는 것을 고려하지 않는다. 가족들에게 주기적으로 전화하고, 제임스가 어떻게 지내고 있는지 부모가 알고 지내며, 그들의 관심을 알리는 것은 사회복지사에게 달린 일이다.

아이 없이 사는 새엄마 로라가 아직은 부모역할이 준비되어 있지 않다고 고려해보자. 그녀는 자기 아이에게 영향을 끼칠 수 있는 어떤 문제에도 자신이 포함되기를 기대하지 않는다. 그리고 위탁부모가 신체검사를 위해 완다를 병원으로 데려갈 때 그들이 로라를 부르지 않을 수도 있다. 또한 위탁부모들은 기관 허가 없이 그렇게 할 권리가 없다고 느낄 것이다. 그러나 사회복지사는 양 가족에게 그들간의 연계를 양성하고 새로운 생각을 가질 수 있도록 제안할 수 있다. 의사의 방문에 그녀를 초대하면 그녀는 알기 힘든 육아에 대한 지식을 얻을 수 있을 것이다. 이런 과정은 아이가 위탁보호로부터 나와 어머니와 지낼 때, 어머니인 그녀가 자기 아이들의 성장에 맞춰, 질문들에 답할 수 있는 힘을 제공할 것이다. 이러한 과정은 유아와 관련된 어른들의 관계망 사이에 공유할 수 있는 경험을 만들어 가는 것이다.

사례발굴의 몇 형식들은 일반적인 정책이 될 수 있다. 한 미혼모 시설에서 스탭은 주 2회 가족들에게 전화를 건다. 이는 문제나 행정적인 이슈를 논의하는 것이 아니라 단지 연락을 하는 것이다. 대개의 경우 부모들은 자기의 아이들이 문제에 빠졌을 때만 기관과 연락을 한다고 생각하곤 했었다. 처음 정보를 주고받고 대화하기 위한 전화는 그들을 놀라게 했다. 그러나 전화통화는 이제 의사소통을 개방시키는 기능을 유지하고 있다.

기관의 스탭이 가족과의 접촉 유지를 위한 실천적인 방법에 대해 함께 생각한다면 그들은 아마도 수행될 수 있는 다양한 생각들을 해낼 수 있을 것이다. 임상, 위탁보호 기관, 주거시설, 낮 치료 프로그램과 같은 다음의 예들을 보자. 그들은 사실 경계를 넘어 적용 가능하다.

기관은 기관의 공간을 변경할 수 있다. 위탁보호 기관의 경우, 칸이 작은 방들은 아동들의 원가족과 위탁보호 가정 모두와 몇 명의 아이들이 숙박하기에 충분히 넓은 방으로 바뀌었다. 다른 기관의 경우, 회의실은 어떤 목적을 위해 특정 기간 동안만 사용된다. 약물의존 어머니들을 위한 낮치료 프로그램에서, 특정 공간은 아동들이 부모가 프로그램에 참여하는 동안 부모에 가까이 있게 하기 위해 어린이 침대와 장난감들을 위한 공간으로 활용된다. 거주 시설, 만남의 장소에 있는 가구는 가족들이 스탭들과 비공식적으로 어울릴 수 있도록 재배치되었다. 구체적인 것들은 다양하다. 그러나 공통된 주제는 가족들과 친근해지기 위한 장소를 만들기 위해 환경을 변화시킬 수 있는 융통성이다.

다른 예들은 프로그램 조직과 관련된다. 많은 이용시설들은 클라이언트에게 부모교육 집단을 제공한다. 그러나 몇몇은 그들의 경계를 확장하고, 동료와 배우자, 조부모 또한 참여할 수 있도록 격려를 한다. 이런 몇 세팅에서 그 시간동안 일어나는 행사를 진행하기 위해서 주말 전후로는 가정에서 가족모임을 여는 것이 정례화 되기도 했다. 몇몇 거주시설들은 그 집에 발생할 수 있는 사고를 논하기 위해 가족 구성원들을 오도록 한다. 그리고 몇몇 사례에서 그들은 사례를 살펴보기 위해 스탭들과 함께 하는 자리에 환영받아왔다. 물론 새로운 절차는 스탭에게 에너지와 창조적인 사고들을 더욱 요구한다. 그들은 또한, 특히 장소상의 물리적인 변화나 스탭 시간이나 활동에 재조정이 있을 때 행정적으로 적극적인 참여를 요구한다.

현장 사례발굴 만으로 가족 접촉을 증가시키는 것은 불충분할 것이다. 때로 중요 클라이언트는 가족참여에 저항하고, 그들을 슬프게 하거나 그들이 방어적이거나 비난받을 것 때문에 참여하지 않기도 한다. 사회복지사는 천천히 변화할 수 있으나 포기할 필요는 없다. 가족 관련성을 강조하는 방법, 가족 참여에 대한 부정적인 생각을 없애고, 실천적인 모임을 위한 배경작업을 준비하기 위해 가족 문제를 토론으로 가져오는 것은 가능하다.

바바라(Barbara)와 일하는 것이 이런 예이다. 그녀는 약물 재활 클리닉에서 그녀 스스로 자립할 필요가 있음을 알고, 그녀 친척들의 비판적인 태도가 문제를 복잡하게 만든다는 것을 논쟁하면서 공동 모임에 그녀 어머니와 자매 초대를 거부했다. 치료자는 초기 모임에서 이런 사람들이 바바라 인생에서 중심이고 그녀가 약물 없이 살아가는데 중요한 참여자가 될 것이라고 확신하였다. 그녀는 바바라의 가족관계 탐구를 위해 개인적인 세션을 가졌다. 바바라가 사전의 상담 세션에서 다루었었던 주제를 가져올 때마다—그녀는 폭력적인 남자와 연관되는 경향성으로 약물 자극에 취약하며, 그녀의 감정이 위탁보호 기관(그녀 아동을 후견하는)에 의해 잘못 다루어지고 있다는 느낌—치료자는 그녀의 어머니와 자매를 토론에 함께 참여하도록 하였다. 그들은 바바라의 남자친구에 대해 어떻게 생각하는가? 어떻게 그들이 남자와 관련되어 있는가? 그들이 현재 위탁보호에 있는 그녀 아이를 그리워했었는가?

바바라가 어머니에 대해 거절당했다고 느끼게 한 것은 자매들 사이의 질투심 때문이었다. 그리고 그들은 모두 관계를 개선하고 싶어하였지만 어떻게 해야 할지를 몰랐다. 이러한 정서적인 연결이 증명되었을 때 바바라 자신은 관계를 도모할 수 있는 좋은 생각이 있을 것이라고 결론을 내렸다. 가족은 지속되는 세션에 초대되었는데, 세션에서는 긴장감의 해결과 바바라에 대한 강한 지지감을 발달시키는 것으로 진행되었다. 그 후 치료자는 가족이 연계를 유지하는 다양한 방법들을 발견하였다. 바바라가 그녀의 자매에게 얘기할 꺼리가 있을 때 그녀에게 전화하도록 격려하는 것, 바바라가 치료세션에 그녀의 가족을 초대하도록 제안하는 것, 바바라의 아이들이 조모의 집에 방문하는 것을 허락하는 것 등이다.

가족 구성원들이 제임스 부모의 경우처럼 아이들 방문 일정을 놓칠 때, 스탭은 딜레마에 직면한다. 그들이 "다음 주, 같은 시간"에 약속을 지키게 하려면 스탭들은 부모들에게 별 문제가 없고 또 예측될만한 일이었다는 느낌을 전해야 한다. 그러나 스탭들이 부모의 책임감 결여에 초점을 맞춘다면, 부모들이 도움을 주려는 위치에서 벗어나 가족을 완전히 떠나는 위치로 결론지어질 수도 있다.

이런 상황에서 선택된 개입들이 섬세한 균형을 깨뜨릴 수 있다. 사회복지사는 그들 존재의 중요성을 강조하기 위해 적대심을 만들지 않고서 충분히 가족들을 설득해야 한다. 무엇보다도 가족을 향한 메시지는 기본적인 사실의 강조를 유지해야 한다. 아이들과 스탭은 만족스러운 과정을 만들기 위해 가족의 도움을 필요로 한다. 바라는 바이긴 하지만 가족의 참여는 매우 중요한 진실이다. 그 진실은 사회복지사의 노력에 확신을 더해준다. 몇몇 경우에서 접촉을 유지하기 위해 전화를 하거나 편지를 하는 것과 같은 의사소통은 유용할 수 있다. 이들 사례의 문제해결을 위해 가족참여의 중요성을 강조하면서 사회복지사는 또한 아이들과 논의될 이슈를 다루어야 한다. 예로, 사회복지사는 부모들이 제임스의 관점에서 의견을 들을 수 있도록 하거나, 또 그들의 의견이 제임스의 잘못된 생각을 교정할 수 있는지에 대해서도 제안을 할 수 있다. 또 약속이 다시 잡히도록 기다리기보다는 연락을 취하여 약속을 재조정하는 것이 훨씬 더 유용한 접근이다.

위탁보호 사회복지사가 원가족을 찾아 나섰을 때, 부모의 행동을 모니터하게 되는 복잡한 딜레마에 직면하게 된다. 이는 사회복지사의 직업적 기술의 일부분이지 결코 기관에 의해 주도되는 것이 아니다. 즉 이는 법정에 의해 부과된 것이다. 사회복지사들은 종종 부모들이 약속을 어긴 것에 대한 설명을 들어야만 하는 것으로 여긴다. "법정에서 그 이유를 원하기" 때문이다. 이런 상황에서 가족과 기관들 사이의 동반자 관계는 아동에 대해 협력하는 관계가 되기보다 권력과 희생의 구도가 되기 쉽다.

기관에서 부모행동을 관찰하고 모니터를 하게 될 때, 기관과 부모 사이의 동반자관계가 보호되어야 한다. 기관에서는 부모의 행동을 조정하고 관찰하는 스탭의 역할과 동반자적 관계에서의 접근을 구분해줄 필요가 있다. 일부 기관에서는 그래서 두 사람을 한 팀으로 하여 스탭들을 조정하기도 한다. 한 직원은 기관과 가족 관계의 향상에 초점을 두고 일하도록 하고 다른 직원은 공적인 인력으로서 법원과 기관의 요구에 맞추어 일해 나가도록 하는 것이다. 하지만 많은 기관들은 한 사람이 두 가지 역할을 모두 맡아야 하므로 마치 모자 두 개를 쓰고 일하는 꼴이 된다. 일부 기관에서는 사회복지사에게 모임의 중간에 그들의 역할을 전환시키는 각기 다른 색깔의 모자를 쓰게 하는 경우도 있다. 우리가 이장에서 유머, 은유, 우스개 소리를 사용하는 것에 대해 극히 조금 언급하였음에도 불구하고, 그들은 스탭과 가족 모두에게 긴장을 해소하고, 그들간의 유대를 형성하도록 돕는 이미지를 제공하기 위해 노력하기도 한다.

가정방문하기 (Visiting the Family at Home)

사례발굴은 기관으로 가족을 오게 하는 것을 말하기도 하지만 방문을 통해 가족 접촉을 유지하는 것을 말하기도 한다. 가정방문은 가족의 소망과 반응에 대한 민감성을 요구한다. 가족들은 스탭들이 가족을 더 잘 알기를 원하고, 다른 구성원들을 만나고 싶어하며, 일상적인 생활의 성격과 환경을 이해하고 싶어한다는 것을 알 필요가 있다. 가족들은 종종 그들 자신의 세팅에서 만남을 가질 때 더 강화된다. 그러나 때로는 그들의 생활방식에 대한 비난과 침범에 대해 아주 민감할 수도 있다. 사회복지사가 존경을 가지고 만나고 방문의 목적이 만남과 의사소통이라고 하는 것을 언급하는 것이 쉬운 것만은 아니다.

가정방문에서 생겨나는 상호교환의 종류는 이전에 형성된 관계에 따라 달라진다. 충분히 훈련된 사회복지사는 갈등이 발생했을 때 이를 다루거나 혹은 또 다른 시간에 그 문제를 다룸으로써 토론을 통해 문제를 피해나갈 수 있다. 주요 클라이언트가 집에 있을 때 가족내 긴장에 대해 작업을 하는 것이 선호가 되지만 매번 그렇게 할 수 있는 것은 아니다. 예를 들어 아이가 반복되는 부부갈등의 한 가운데에 있다면 사회복지사는 아이가 집에 없는 동안 문제를 다루도록 하는 것이 바람직하다. 다시 말해 사회복지사가 가정방문을 할 때 그곳에서 내려지는 결정은 특정한 상황과 사회복지사의 숙련도에 따라 달라질 수 있다.

주거센터에서 클라이언트에 대한 가정방문 문제는 매우 중요한 문제이다. 방문은 사실 필수적인 것이다. 방문은 가족들을 연결시켜주고 지속적으로 해야할 작업에 대한 재료들을 가족에게 전달시켜준다. 문제가 부모와 아동 간의 긴장에 관한 것이든지 혹은 약물남용 성인의 재발문제이든지 간에 가정방문은 필수적인 과제이다. 가정방문은 또한 가족의 재결합을 위한 지속적 연결의 역할을 한다. 하지만 기관의 정책이 이를 반드시 지지하는 것은 아니다. 때때로 이런 가정방문이 문제해결의 과정으로 여겨지기 보다 보상과 처벌에 따른 입장에서 결정되기도 한다.

가정방문을 축소하는 것은 드문 일이지만 안전상의 문제가 대두되었을 때는 방문이 축소되기도 한다. 주말 가정방문의 허용이 병동에서의 행동에 대한 보상이나 처벌로 사용되어서는 안 된다. 위탁보호에 있는 아이들의 가정방문이 치료상의 순응에 따른 조건적 계약으로 이용되어서도 안 된다. 이런 통제를 위한 계획이 효과가 있다는 보고는 거의 없다. 오히려 이런 접근은 가족의 연결을 유지하기 위해 중요하기보다는 기관의 규율이 중요하다는 메시지를 전하게 된다.

가정방문동안 만일 위험스럽지는 않지만 긴장된 일이 발생한다면 사회복지사는 클라이언트, 기관, 가족 사이의 맥락 속에서 진행되는 것으로 파악을 해야 한다. 갈등은 정상적인 현상으로 받아들여질 수 있고 분리되어 살아왔던 서로를 위해 상호조정하는 것으로 이해될 수도 있다. 가족들은 클라이언트를 가족의 일원으로 포함하기 위해 행동의 패턴을 확장시킬 수 있으며 그렇게 해서 가정방문이 끝나면 자신들을 재조직화 할 수 있다. 클라이언트들은 병실에서 적응했던 것처럼 가족의 현실에 적응해야만 하고 또 기관의 일상 생활에도 재적응을 해야 한다. 가족과 사회복지사가 만났을 때 이런 적응

이 결코 쉬운 일이 아니며, 정상적인 것으로 토론되기보다 어려운 현상으로
토론되어져야만 한다.

지속하기: 종결과 재결합
(Moving on : Discharge and/or Reunification)

마지막으로 지속하기의 문제이다. 한 기관에서 서비스의 종결은 설사 이
과정이 긍정적이라 할지라도, 어떤 변화를 수행하던기간에 불편함과 불확실
성의 과도기적 상태를 갖는다. 역설적으로 이 시기가 취약성이 증가되는 시
기임에도 불구하고 가족에 대한 지지는 차츰 줄어들게 되고 사라진다. 그 사
례는 사회복지사의 명부에서 제거되는 것으로 즉시 다른 새로운 클라이언트
로 채워질 수 있다.

종결이 제대로 수행되기 위해서 각 기관들은 주의를 집중하여 종결과정을
집행해나가야 한다. 과도기가 성공적이기 위해서는 준비가 잘되어있고, 신중
하게 진행되어야 한다. 하지만 이 과정에서 클라이언트는 새로운 위탁가정,
일시보호소, 아니면 다른 기관과 직면해야할 상황이 전개될 수도 있다. 사람
들은 그들이 어디에 살게 될 것인지를 알고, 다음 세팅을 경험 할 필요가 있
다. 그 세팅에 있는 사람들은 클라이언트의 진입 혹은 재진입을 위해 준비해
야 한다. 적응은 하나의 과정으로 이런 과도기를 전후하여 추진되는 것이다.

기관에서의 절차를 이끌어나가는 과정에서 스탭들은 클라이언트와 가족
을 돕기 위한 준비 시간을 제공해야 한다. 완다가 어머니에게로 돌아오려고
하면 로라와 남자친구는 일차적인 적응을 위해 친밀한 사회복지사의 도움을
필요로 한다. 안젤라가 주거지를 찾고, 그녀의 남편이 식구들과 함께 있게 되
었을 때, 쉼터의 사회복지사는 이사를 위해 도움을 필요로 하거나 그들이 이
용할 수 있는 사람들과 접촉할 수 있도록 도울 필요가 있다. 산드라가 그녀의

남자 친구와 살기 위해 재활시설을 떠날 때, 이런 과도기를 세션의 초점으로
두는 것은 중요하고, 그녀의 가족관계를 변화시키는 것 또한 중요하다. 그리
고 제임스가 집으로 돌아올 때 가족은 그를 이해하기 위해 사전 방문과 사후
세션을 모두 필요로 하며 함께 살아가기 위한 패턴을 이해하고 준비할 필요
가 있다.

이런 노력들은 기관 정책(policy)의 문제가 되어야 한다. 변화를 위한 추가
적인 준비 세션이 요구된다. 공식적인 종결 이후에도 가족 생활에 사회복지
사가 지속적으로 참여하는 것은 일시적이라도 사회복지사의 담당사례로 간
주가 되어야 한다. 이런 정책의 수행은 적응에 실패하고 회전문 현상
(revolving door)을 예방하기 위해 가장 경제적인 접근으로 이해되어야 하고
그래서 촉진적으로 수용이 되어야 한다. 클라이언트의 일부 비율은 이런 좋
아진 부분에 대하여 지속되어야 하고 스탭들은 그들이 기관을 떠나도 잘 지
낼 수 있다는 믿음을 가질 수 있어야 한다. 서비스의 마지막 과정에서 갑작스
럽고, 비지지적인 과도기를 가짐으로써 잠재력을 위태롭게 하는 것이야말로
비극적인 일이다.

부록 4.1 가족 사정을 위한 질문들[1]

신원 정보

가족은 누구인가?

(자발적이지 않은 클라이언트라면, 아이와 부모가 아닌 다른 가족 구성원들에 대해서도 물어 보라: 조부모, 형제자매, 아줌마, 아저씨, 대부모와 같은 친척이 아닐지라도 중요한 사람에 대해서 물어보아라. 그리고 가능하다면 가계도를 만들기 위한 정보를 물어보아라)

아동의 문제

왜 아동이 여기 있는가? 가족이 생각하는 이유는 무엇인가? 그리고 다른 의견을 가지는 가족 구성원들이 있는가?

언제 문제들이 나타났는가? 아동의 생활과 가족 안에 무엇이 일어났는가?

누가 아동 문제에 영향을 받았는가? 어떻게 받았는가?

시도된 해결책은 무엇인가?

아동과 가족과 함께 일하는데 있어 아동 복지, 의료, 법정, 학교 체계에 무엇이 포함되었는가? 그것이 유용하였는가?

(만약 아동이 문제를 가진 것으로 묘사된 것이 아니라 가족 어려움 때문에 기관의 보호상황에 놓였던 것이라면 가족에서 보았던 것처럼 초점은 아동의 성격, 발달, 관계에 있다)

---

1) 이 질문들은 Ema Genijovich에 의해 개발된 것을 변형한 것이다. 이 질문들은 공식적 목적에 부합되게 혹은 기관에 의해 요구되는 질문들을 보충하기 위해 작성된 것이다.

가족: 강점과 스트레스

가족의 강점은 무엇인가?

(이 영역에 시간을 할애하라. 만약 비자발적인 경우에는 지지체계, 대처기술, 가족의 존귀함, 회복력, 상호존중, 아동의 보호와 보육 등과 같은 것에 대해 자랑스러워하는 정도)

무엇이 스트레스인가?

(비고용, 인종차별, 노숙, 제한된 교육, 이민, 언어 문제와 같은 사회적 경제적 요소들을 고려해라. 또한 질병, 약물이나 알코올 의존, 가족의 죽음, 이혼, 부부 긴장과 같은 개인적이고, 가족적인 요소들을 고려하라)

가족의 기대와 역할

가족이 기관에 대해 기대하는 것은 무엇인가? 그들이 성취되길 바라는 것은 무엇인가? 그들이 가장 중요한 초점이라고 생각하는 것이 무엇인가?

가족구성원들이 아동과 함께 기관에서 일하기 위해 매우 중요한 부분이라면, 가족 구성원들이 모든 모임에 참석해야 하는가?

항상 포함되지 않아도 가치 있는 자원이 될 수 있는 가족 구성원들을 어떻게 접촉할 것인가?

제2부
다른 세팅에서의 개입

　우리는 지금 서비스 전달의 특수한 영역으로 옮겨가려고 한다. 다음 장에서 우리는 위탁보호와 약물에 의존된 임산부의 치료, 아이들을 위한 주거센터와 정신적 병동 세팅, 그리고 가족을 위한 가정방문 서비스에 대해서 논의하게 될 것이다. 앞장들에서 소개한 이론의 골격은 이러한 영역의 모든 부분에 해당이 된다. 각각의 사례에서 우리는 이미 특별한 서비스를 토론할 때 적용되어야할 기술과 과정으로서, 체계지향적이고, 가족 중심적 접근에 대해 이야기를 해왔다.

　이 장의 모든 부분에 소개된 내용은 확대와 협력에 관한 것들이다. 각각의 장이 서로 다르기 때문에 이런 부분이 명백하게 드러나지 않을 수도 있다. 매 장마다 사례와 인터뷰, 실례를 포함했다. 그러나 기초가 된 경험은 서로 다른 것들이다. 각 장들은 일반적인 윤곽을 공유하여 작성되지는않았다. 위탁보호와 관련하여 우리는 포괄적인 모델과 훈련의 한 형식을 제안했다. 중독에 관한 장에서 필수적인 사례들을 다루면서, 이미 정립된 체계에 대한 새로운 접근을 제시하면서 뿐만 아니라 보다 확대되고 발전할 수 있는 가능성도 고려하였다. 주거센터와 소아 정신과 병동의 장에서는 보다 넓은 골격하에 접근하였다. 이런 서비스들이 사회적 그리고 전문적인 집단에 의해 어떤 성질의, 어떠한 유형의 조직적 압력을 받는가 하는 것을 살펴보기도 하였다. 가족중심, 가정중심 서비스에 관한 장에서는 "환상 속의 고통"을 다루었다. 우리는 이런 접근의 장점과 효율적인 수행을 위한 문제들 모두를 살펴보았다. 서로 차이가 있음에도 불구하고 더 넓게 생각할 필요가 있다는 점, 보다 개인적 차원을 넘어설 것, 서비스의 분절을 연결할 수 있도록 하는, 확대와 협력적 관점이 지속적으로 유지되었다.

우리는 어려운 문제들이 빠르게 해결될 수 있다는 착각을 갖고 있지 않다. 이 장들을 준비하면서 우리는 기존의 서비스에 대한 대안에 초점을 두었으며, 잘 알려진 길 보다는 험난한 길을 찾고자 하였다. 하지만 그 길이 훨씬 더 좋은 서비스라는 것이 밝혀질 것으로 기대한다. 개입의 모델은 특수한 세팅에 적합하도록 조정이 되어야 할 것이고 여기서 소개된 많은 짧은 사례들은 정식으로 정리되어 있기 보다 단지 안내지침에 불과하다.

이 장들을 읽으면서 다음의 두 가지 사실을 유념해주기를 바란다.

첫 번째, 이 책의 중심적 소재는 아동이다. 모든 장들은 아동의 건강에 영향을 주는 서비스에 관심을 두고 있다. 위탁보호와 주거센터 그리고 정신과 병동의 아동을 다루면서 아동에 관한 초점을 명확히 하였다. 약물중독에 관한 장에서는 주로 주산기 여성과 그들의 유아에 대한 프로그램을 기술했다. 그리고 가정중심적 개입을 위한 장에서는 주거시설에 보내질 위험이 있는 아동을 양육하는 가정을 대상으로 하였다.

아동과 청소년이 중심을 이루지만 우리는 이런 대상들이 지니는 적응과 발달상의 문제를 여기에서 직접적으로 다루지는 않았다. 그러한 문제가 전문적 관심을 받아야할 문제이기 때문에 부분적으로 다루기는 했다. 하지만 이 문제에 있어서도 그런 영향을 독립적으로 다루고자 하지는 않았는데 이는 우리의 관점이 개인을 다루는 문제에 초점을 두지 않기 때문이다. 아동을 돕기 위하여 우리는 다음과 같은 맥락 안에서 일하는 것이 필요하다고 여긴다. : 아동의 가족 그리고 그들의 보호에 책임이 있는 체계들

마지막으로 향후의 장들에서 토론과 사례는 첫 번째 섹션에서보다 훨씬 독자의 실제적 업무와 관련이 높을 것이다. 사례관리자나 약물 상담가 혹은 정신과 병동에서의 임상심리사들과도 관련이 많다. 그럼에도 불구하고 이 책의 서술은 특정 영역을 분리하여 바라보지 않도록 하지 않았다는 것을 기억해주었으면 한다. 조금 더 깊이를 가지기 위하여 우리는 한 이슈를 다루면서 분야를 다소 나누었어야 했는지도 모른다. 하지만 우리는 동일한 유형의 다중위기 가족이 모든 세팅에서 나타나고 있다고 여긴다. 문제가 분리되어 정의되고 다른 기관에 의해 다루어진다고 하여도 우리는 약물남용, 노숙자, 위탁보호 모두 특정한 가족적 문제와 관련되어 있다고 생각한다.

어떤 사람도 세상을 모두 책임질 수는 없다. 전문적인 스탭들은 그들의 조직내 골격하에서 일해야 하고 또 그들의 업무에 대한 정의 안에서 일해야 한다. 그럼에도 불구하고 세대의 경계선을 포괄하는 여러 가족적 문제를 이해하는 사회사업가는 클라이언트의 관심과 행동을 더 잘 이해할 수 있어야 하고 가족과 아동의 건강에 필요불가결한 만남들을 촉진하기 위하여 더 준비가 되어 있어야 한다고 생각한다.

제5장 위탁보호 양육
생태학적 모델

　많은 사람들은 위탁보호 양육을 받고 있는 아동의 수가 어처구니없게 많다는 사실을 알게 되면 깜짝 놀랄 것이다. 그 수가 지난 1990년대 미국에서 50만 명에 가까웠고, 이 숫자가 명백하게 증가하고 있다는 사실에 대해서 말이다. 쿤츠(Coontz, 1992)는 엄마, 아버지가 자녀를 길러 청소년기를 거쳐 그들이 성인으로서 일하는 삶에 이르기까지 이끌어주는 핵가족 이미지는 역사적, 사실적으로 정확하다기보다는 더 감상적이라는 것을 우리에게 상기시킨다. 과거에는 부모가 죽고, 가족이 경제적으로 어렵기 때문에 많은 아이들이 편부모 가족에서 성장하거나, 아이들을 남에게 맡겼었다. 그렇지만 현재의 현실은 그와 다르고 혼란스럽다. 현재 우리는 아동을 익숙한 모든 것에서 분리시킬 때 아동이 갖게 될 정신적인 외상에 대해 더 많이 알고 있고, 1990년대 말의 분위기와 법은 배치를 증가시키고 있고, 부모의 권리를 조기에 종결시키며, 입양을 촉진시키고, 영리를 목적으로 운영되는 고아원이 늘어나고 있는 것을 걱정할 충분한 이유를 가지고 있다.

이러한 경향은 경제적인 고려, 효율성, 그리고 아동을 학대로부터 보호하기 위한 사회의 합법적인 관심을 포함한 여러 요소들에 의해 영향을 받는다. 확실히 학대와 방임에 대한 일부 보고서들은 사실이다. 심각한 사례들을 찾아내고, 아동을 잠재적인 위험으로부터 분리시키는 것은 중요하다. 그러나 많은 상황들은 아동을 가정에서 떼어놓는다고 해도 모든 문제가 해결되지 않고 있고, 그러한 조처들이 바람직한 것으로서 생각될 때조차도 뒤따르게 되는 과정이 아동의 적절한 발달이나 다르게 기능하는 그들 가족의 잠재력에 도움이 되지 않을 수 있다. 우리의 도전은 가족의 권리를 보존하며 아동을 보호하고, 자녀를 안전하게 돌볼 수 있는 가족의 능력을 고양시키면서 효과적이고 온정적인 위탁보호 양육 체계를 개발하는 것이다.

위탁보호 양육에 대해 명시된 목적은 과중한 부담을 안고 있는 가족의 스트레스를 감소시키고, 잠정적인 기간 동안 아동을 돌보며, 그리고 가족이 안전하고 가족으로서의 역할을 할 수 있는 즉시 가족의 재결합을 촉진하기 위한 것이라는 의미의 철학을 반영해왔다(1993년의 the Foster Care Committee of the Mayor's Commission for the Foster Care for Children 보고서를 참조할 것). 그러나 평가, 배치, 그리고 지속적인 서비스 제공이라는 일련의 과정은 실제로 이론적 뼈대와 절차에서 변화의 필요성을 주장하면서 기본 목적에 자주 어긋나왔다. 우리의 작업은 위탁보호 양육의 실제를 명시된 목적에 더 부합시키는데 초점을 맞추었다.

이 장에서 기술하는 바와 같이, 위탁보호 양육에 대한 접근은 1980년대 초기에 발달되었다(S. Minuchin, 1984). 그 모델은 가족과 체계에 대한 일반적인 개념에 기초해 위탁보호 양육 상황의 구체적인 현실에 적용되었고, 이어 위탁보호 양육기관 직원 훈련에 적용되었다.[1] 일반적으로 위탁보호 양육시

---

1) Salvardor Minuchin에 의해 개발된 이 모델은 초기 단계에 Edna McConnell Clark 재단 기금과 New York 주로부터 도움을 받았고, Family Studies, Inc 스탭에 의해 수행되었다.

접근의 목적은 정신적 외상을 최소화시키고, 가족의 강점을 키우며, 성공적인 재결합의 가능성을 증가시키는데 있었다. 이런 목적을 달성하기 위하여 이 모델은 체계 부분들간의 연결, 아동 가족에게 힘 부여하기, 그리고 전문 스탭과 위탁가족·친부모 가족 구성원 모두의 역할 확대를 강조한다. 이 모델은 독특하나, 다른 가족 중심 기관들도 이 모델의 목적에 동의하였다. 예로, Annie E. Casey 재단은 1990년대에 폭넓게 주장 된 Family to Family Initiative라는 생각을 지지했고(Sharkey, 1997), the National Resource Center for Family Centered Practice는 비슷한 목적을 가진 위탁보호 양육에 대한 노력을 기술하는 자료를 배포하였다(1992년의 예방보고서 참조).

이 장에서 우리는 앞장에서 기술한 개념적인 뼈대가 구체적으로 어떻게 위탁보호 양육 체계에 적용되는 지를 고찰할 것이고, 위탁보호 양육기관에서의 훈련과 자문 과정을 예로 제시할 것이다. 우리는 대도시 지역에 있는 위탁보호 양육 조직에 대하여 기술하는 것으로 시작할 것이다. 지방 자치 부서, 법원, 그리고 위탁보호 양육기관을 포함하고, 그리고 첫 번째 불평으로부터 배치와 이에 뒤따르는 연속적인 절차에 이르는 과정을 기술할 것이다. 그것은 우리가 이 모델을 처음으로 도입했을 때 우리가 일했던 맥락이고, 그리고 그것은 우리가 변화시키려고 시도했던 체계의 어떤 모습들을 그대로 설명하는 지지적이고 또한 그 체계를 점차 약화시키거나 파괴시키는 특성들이 혼합된 것을 예로 제시한다.

맥락: 더 큰 체계와 배치 과정

위탁보호 배치 과정은 보통 아동학대나 방임을 의심해 아동보호기관으로 신고하는 전화로부터 시작된다. 조사자가 집으로 방문하여 의심의 근거가 있는 지, 또는 가족에게 직접적인 서비스를 제공하는 것으로 끝날 수 있는 상황인지를 결정할 수 있다. 사회복지사는 어떤 사례에서는 아동을 가정에서 분리함으로써 보호해야 한다고 결정한다. 때로 아동을 가정에서 분리시켜 배치하는 것이 확실히 옳다. 그러나 어떤 사례에서는 제한된 정보, 단지 빈곤으로 인한 문제만을 가지고 아동에게 부정적인 환경으로 평가하는 것, 또는 만일 아동을 집에 남겨 두었다가 해를 입게 될 경우 받게 될 비난에 대한 두려움을 반영하는 등 위탁보호 배치 결정이 의심스러울 때가 있다. 사람들에게 비극적인 사례들이 알려질 때마다 '의심스러울 때는 아동을 집에서 분리하라' 는 비공식적인 명령에 대한 새로운 인식이 생겨나곤 한다.

집에서 분리 후 아동은 위탁보호 양육기관으로 보내지고, 위탁보호 양육기관은 인가 받은 위탁가족 목록에서 위탁가족을 선택하고, 그 아동의 지속적인 위탁보호 양육을 감시한다. 아동과 가족원들을 위한 각각의 변호사들과 개별 사회복지사들을 포함한 법원 청문회와 법적인 절차는 재결합 기간을 결정한다. 그들은 부모에게 약물 치료, 부모역할 훈련, 주거상태 개선, 그리고/또는 개별 상담을 명령할 수 있다. 그 후의 뒤이은 조치로서 법원은 항상 아동 보호기관과 관련 기관이 보고한 진행 상황을 가지고 사법적인 검토를 한다.

배치 기간 동안 부모의 자녀 방문 방식은 다양하나, 특히 만일 사람들을 함께 모이게 하는데 지역적인 어려움이 있거나, 또는 기관이 일차적으로 위탁가족을 보호하는데 관심이 있다면, 어떤 절차는 전형적이다. 많은 경우 원가족은 자녀를 돌보고 있는 위탁가정의 주소나 전화번호를 알지 못한다. 그리고 방문은 기관의 방침에 따라 격주에 한번으로 잡힌다. 가정방문이 의무적으로 이루어질 때는 기관 사회복지사가 아동을 동반한다. 원가족과 위탁가족 사이의 접촉은 최소한으로 제한하거나 아예 없다.

그 의도는 아동 보호이지만, 편협한 개별적인 초점, 가족간의 정서적 연결에 대한 이해 부족, 심판적인 태도, 그리고 앞서 토의된 관료주의적인 서비스의 통합 부재는 적절한 접근을 방해한다. 이런 상황 아래서 친부모의 방문 문제는 정착되지 못하고 자주 표류한다. 아동의 친척들은 방문을 거르기 시작하고, 이렇게 아동과 친부모가 점차 분리되기 시작하며 아동과 위탁가족은 유대감을 갖게 된다. 그러나 이런 과정은 아동과 원가족의 재결합에 도움이 되지 않고, 만일 재결합이 되더라도 그 재결합은 많은 문제를 갖게 된다. 이와는 다른 우리의 접근을 설명하는데 있어서 우리는 기존 체계가 갖고 있는 생각과 실제적인 절차 모두에 관심이 있다.

생태학적 모델: 6가지 기본 생각

위탁보호 양육은 몇 가지 독특한 특징을 가지고 있다. 대부분의 사회적인 서비스와 다르게 위탁보호 양육으로의 배치는 *원가족*과 *위탁가족*이라는 두 가족을 포함한다. 또한 "고용인"이라는 *전문적인 직원*과 *위탁가족* 두 종류의 당사자가 있다. 우리는 기관에 들어갈 때 그 기관의 복잡한 구조를 고려하고, 우리가 생각하고 목표를 설정하며 훈련을 계획하는 방식에 많은 요소들을 포함하는 것을 의미하는 *생태학적* 관점에서 그 상황을 본다.

생태학적 모델은 여섯 가지 기본 생각을 가지고 있고, 다음 절에서 자세히 설명한다.

위탁보호 배치는 새로운 삼각관계 체계를 만든다.

아동이 가정에서 분리되고 위탁가족으로 배치되자마자 3가지 체계—원가족, 위탁가족, 그리고 위탁보호 양육기관—로 구성되는 존재가 탄생한다. 그

러나 위탁보호 양육 체계 안에서 이러한 현실은 자주 인정되지 않는다. 사실
상 일반적인 절차들은 두 가족간에 날카로운 경계선을 만드는 경향이 있고,
서비스의 통합 부재는 전문가들이 그 체계들 사이의 연관 관계에 대해 미처
생각지 못하게 만들 때가 자주 있다.

만일 우리가 이러한 맥락에 있는 사람들을 자세히 관찰하고 더 큰 그림을
가지고 그 속의 사람들에 대해 생각한다면, 우리는 두 가족과 기관이 어떻게
아동과의 공유된 개입을 통해 연결될 수 있는 지를 더 잘 이해할 수 있을 것
이다. 그 관계망 안에는 중요한 하부체계들이 있다. 위탁가족과 원가족 단위,
사회복지사와 위탁가족 팀, 그리고 각 가족환경 안에 있는 아동—아동은 양
쪽 가족패턴에서의 참여자이다. 이 모델의 관점으로부터, 상위의 삼각관계
가 존재하고 그 안의 하부체계의 존재는 기본적인 사실이다.

**삼각관계 체계는 반대적인 입장을 갖기보다 오히려 협동적이어
야 하고, 양쪽 확대가족의 구성원들을 포함해야만 한다.**

만일 첫 번째 기본 생각이 현실을 기술하는 것이라면, 두 번째 기본 생각은
아마도 접근법의 핵심이라고 말할 수 있는 목적을 언급하는 것이다. 우리는
정책입안자와 전문적인 사회복지사들이 이런 식으로 생각하고 그에 따라 절
차를 조직하도록 도울 수 있는 정도로 우리의 개입이 효과적이고 체계는 경
험과 있음직한 결과를 호전시키는 것으로 생각할 수 있다(P. Minuchin,
1995).

협동은 사람들이 정보를 나누고, 서로 노력하여 문제를 해결하면서 서로
접촉하고, 아동을 위한 관계망으로서 기능한다는 것을 의미한다. 삼각체계
의 성원들이 3인조로서든 위탁가족과 원가족의 2인조로서든, 거의 지속적인
접촉이 없다는 것은 전형적인 위탁보호 양육 과정에 대해 기술해 놓은 것을

보면 명확해질 것이다. 더군다나 전문적인 작업은 보통 각 가족의 한 성인, 즉 아동에게 일차적으로 책임 있는 것처럼 보이는 보통 친엄마나 위탁모에게로만 제한된다. 사회복지사들은 바쁘다. 만일 그들이 더 폭넓은 틀을 가지고 있지 않다면, 그들은 엄마와 아동이 함께 살고 있지 않더라도 자원이 될 수 있는 친확대가족 구성원을 거의 찾지 않을 것이다. 같은 방식으로, 위탁가족과의 접촉은 아동이 위탁 아버지가 있고, 위탁가족의 적응에 중요한 영향을 미치는 다른 다양한 연령의 아이들이 있는 위탁가정으로 들어갈지라도, 자주 위탁모에게만 국한된다.

엄마와 아동이 기관에서 만나는 동안 두 가족원들이 만날 때, 그들 사이의 접촉은 대부분 짧고 말하는 어조는 경계적이거나 마치 적을 대하듯 한다. 위탁가족과 원가족은 서로를 고정관념을 가지고 보는 경향이 있고, 태도는 부정적이다. 로저와 알바 링컨 부부가 제드를 위탁 아동으로 집으로 데려갈 때, 그들은 제드가 부모로부터 방임되었었다는 말만 들었고, 그래서 그들은 어떻게 "아이에게 그렇게 할 수 있나"라며 크게 의아해했다. 제드의 엄마와 아버지는 제드와 제드의 여자 형제들이 가족으로부터 재빨리 분리되자 이에 당황했고, "우리 아이들을 데려간 사람들"에게 분개했다. 모든 고정관념들처럼 이런 태도는 쉽게 바뀌지 않고, 특히 두 가족간에 접촉이 서로 없다면 더욱 그렇다.

원가족과 위탁가족들간의 접촉의 질이 문제의 핵심이고, 이는 최종적 결과와 관계가 많이 있다. 켈시는 파괴적이고 무기력하게 만드는 관계와, 격려 받고 지지적인 관계 모두를 겪어봤기 때문에 이에 대한 확실한 예를 제공한다.

켈시는 13세 때 약물중독자인 20대 남자와 함께 가출했다. 그리고 그녀는 둘째 아이를 낳고 그 남자와 헤어졌다. 그녀는 지금 17세이고, 두 아들은 모두 위탁보호 양육을 받고 있다. 그러나 아이들은 서로 다른 기관이 관리하는 각각 다른 위탁부모 집으로 보내졌다. 켈시는 두 아이들과 계속 연락하려고 시도하였으며, 두 위탁가족에게서 매우 다른 경험을 겪었다.

켈시는 기관에서 현재 2살인 작은아들을 만나는 동안 위탁모와 있었던 일에 대해 말한다.

> "위탁모는 *자기가* 아이를 데리고 오고 싶을 때 아이를 데려왔어요. 어떤 식이냐 하면, 내가 아이를 12시부터 오후 4시까지만 볼 수 있다면 그녀는 3시 30분에 데리고 올 거예요……. 그녀는 나에게 '아이를 들지 마라. 아이에게 키스하지 마라. 아이를 밖에 데리고 나가지 마라'고 말해요. 그래서 얘는 내 아들이라고 말하면 그녀는 '예, 하지만 아이는 지금 *내가* 돌보고 있어요. 그러니까 얘는 내 아들이지요'라고 말하죠. 그래서 속이 상해 내가 울고 있어도 아무도 그것에 대해 개의치 않아요. 그래서 나는 포기했어요. 아들을 되찾을 때가 되면, 그냥 아이를 데리고 올 겁니다!"

악순환을 명백하게 볼 수 있다. 켈시의 불평과 위탁모의 비판적인 태도, 그리고 켈시가 더 이상 아들을 방문하지 않는다는 사실은 아마도 그녀가 아이에게 무관심하고 무책임한 엄마라는 기관의 기존의 생각을 확고하게 한다. 어느 날 아들을 돌려 받고 "그냥 데려 오겠다"는 그녀의 생각은 순진하고, 그런 때가 오면 모든 것이 잘 될 것이라는 그녀의 기대는 더더욱 그렇다. 만약 그녀가 친엄마보다 위탁가족과 더 친숙하고 엄마가 바뀐다는 사실에 놀라고 어리둥절해 있는 어린아이의 엄마 역할을 갑자기 떠맡는다면, 부모로서 역할을 잘 하기는 결코 쉽지 않다.

켈시가 세살 된 아들의 위탁가족과 겪은 경험은 상당히 다르다. 이 위탁가족은 다음 절에서 기술할 훈련 프로그램에 참석하였다. 켈시와 위탁모는 강한 유대관계를 확립하였다. "줄리는 꽤 괜찮은 사람이에요"라고 켈시가 말한다.

"처음 여기 왔을 때, 나는 불손한 태도를 가지고 있었어요. 난 아무와도 말하고 싶지 않았어요……. 왜냐하면 그들이 내 아들을 데리고 있었기 때문이지요! 난 모든 것에 대해 불평하곤 했어요. 이게 싫다, 저게 싫다면서요. 그리고 분명히 아이가 넘어져 긁힌 자국인지 알면서도…… 그리고 내가 데리고 있을 때도 아이가 넘어지곤 했다는 것을 알면서도 '아이에게 긁힌 자국이 왜 있지요?' 라고 따지듯이 묻곤 했어요……. 나는 단지 화를 내기 위해서 어떤 것에 대해 계속 따지곤 했어요. 그러면 줄리는 나에게 와서 말했지요, '켈시, 당신은 남자아이가 어떤지 잘 알잖아요! 자, 이제 그만 하시는 게 어때요?' 나는 여전히…… 화내고 불평하고……그러면 그녀는 '자, 버디를 데리고 가서 점심을 먹읍시다'라고 말하곤 했어요."

두 아들이 집에서 분리되었을 때 그녀는 두 위탁가족에게 똑같은 분노감을 느꼈지만, 켈시는 이 위탁가족의 따뜻함과 유머, 그리고 사실상 그녀의 분노를 수용하는 태도에 긍정적으로 반응한다. 그녀는 위탁모가 켈시와 그녀의 아들과의 관계를 위한 여지를 만들고, 켈시의 능력을 격려하며, 어린아이를 사회화시키는 구체적인 과제를 다루는 모델을 제공하는 작고 효과적인 방식으로부터 도움을 받기 위해 계속 앞으로 나아간다.

켈시는 다음과 같이 말한다.

"때로 버디가 줄리에게 어떤 것을 요청하면 그녀는 말할 거예요, '엄마한테 가서 옷옷을 벗겨달라고 부탁하렴……. 또는 엄마에게 욕실로 데려다 달라고 부탁하렴.' 내가 그녀에게 뭔가를 요청할 때 쩔쩔매지 않는다는 것을 나 스스로도 잘 몰랐어요……. 그녀가 아이에게 배변 훈련을 시켰고, 그러면 그녀는 내게 그것에 대해 말하곤 했어요……. 그래서 나는 그녀에게 물었지요, '당신은 버디가 어떻게 그걸 하게 만들었나요? 그리고 어떻게 버디를 정해진 시간에 잠자리에 들게 하나요?' 라고요. 왜냐하면 나와 있을 때, 버디가 자기 싫어하면 나는 아이를 자게 만들 수 없을 거거든요, 알겠어요? 그러면 그녀는 당신이 엄마라는 것과 잠자러 갈 시간이라는 것을 아이가 알게 해야만 한다고 말했죠. 그리고 때때로 버디는 저에게 화를 내며 말할 거예요, '난 엄마가 미워요!' 라고요. 그러면 난 그녀에게 내가 어떻게 해야 하는지 묻죠. 난 그녀에게 여러 가지를 묻고, 그러면 그녀는 그녀가 아이에게 어떻게 하는지를 말하죠. 그래서 아이가 집으로 되돌아오면 나는 똑같이 할 수 있어요."

이 두 가지 경험의 차이는 위탁부모의 성격이 한 가지 요인인 것은 확실하지만, 단지 위탁부모 성격만이 문제가 되는 것은 아니다. 그것은 이해, 깊은 동정심, 그리고 아이 다루는 기술의 견지에서 위탁가족이 얼마나 잘 준비 되었는지와 이런 식의 접촉을 가능하게 만드는 기관의 정책과 전문가의 지지의 작용이다. 위탁보호 양육 직원을 훈련시키는데 있어서, 그들의 부정적인 태도를 변화시키고 협동을 가능하게 만드는 구조와 기술을 변화시키는 것은 필수적이다.

원가족에게 힘을 부여하는 것은 결정적으로 중요하다.

협동적인 관계망은 각 구성원들의 역할에서 합리적인 평등성에 따라 다르다. 아동이 배치 받기 위해 집에서 분리되었을 때 원가족은 삼각관계의 가장 낮은 위치에 있게 된다. 우리 사회는 위탁가족은 유능하고, 원가족은 부적합하다는 판단을 하였고, 위탁가족이 위에 있다고 인정하는 위계체계를 확립하였다. 배치에 관한 법적인 결정은 정당화될 수 있다. 그러나 일단 그 결정이 이루어지고 만약 아동이 자신의 가족과 재결합하게 될 것이라면, 그 가족을 무능하게 만드는 과정은 반대로 되어야만 한다. 만일 어른들이 자녀들과의 관계에서 권리와 책임감을 가지고 있고, 자신들의 삶과 운명과의 관계에서 어떤 역할을 할 수 있다는 감각을 되찾을 수 없다면, 가족은 배치의 기간을 성공적으로 잘 감당하기가 어렵다.

가정에서 아동의 분리 그 자체는 자녀를 사랑하는 부모들에게 우울한 일이고, 그것은 다수에게 그 가족 특유의 무력감을 더한다. 가정에서의 분리와 배치 과정은 그들이 패배감을 느끼게 만든다.

넬다는 4명의 자녀를 두고 있다. 19세 된 장남은 고정된 직업을 가지고 스스로 자기 생활을 꾸려가고 있고, 세 명의 아이들은 엄마와 함께 산다. 토미는 14세이고, 학교에 다닌다. 라피는 네 살이고 경한 정도의 정신장애를 가지고 있다. 그리고 대몬은 허약한 유아이고, 성장 지연을 보이고 있다. 넬다가 아기를 병원에 데리고 갔을 때, 간호사는 매우 놀랐고, 아동학대를 의심하여 보호 서비스에 이를 알린다. 가정 조사를 나온 사회복지사는 부엌 안에 쓰레기가 가득 찬 쓰레기봉투가 놓여 있고, 냉장고에는 음식이 거의 없으며, 가난과 무질서한 가정의 전반적인 분위기를 기관에 보고한다. 다음 날 사회복지사는 경찰과 함께 다시 와서 법원 청문회에 출석하라는 통고가 올 것이며 아기를 위한 것이라는 설명과 함께 정신이 혼란해지고 놀란 엄마를 남겨 두고는 세 아이를 데려간다. 아동은 그들의 욕구와 이용 가능한 시설 여부에 따라 배치된다. 아기는 시립 병원에, 4살인 라피는 정신장애 아동을 위한 특수 위탁보호 양육으로 인준 받은 교외에 위치한 위탁가족으로, 그리고 14세인 토미는 집에서 분리된 청소년을 위한 멀리 떨어진 기관으로. 이런 식의 지역적인 배치는 자녀 방문에 대해 그녀를 주춤거리게 한다. 엄마가 어떻게 아이들 모두와 계속해서 접촉할 수 있는가?

그러나 이 사례에 대한 청문회에서 넬다가 자신을 변호할 수 있는 기회는 전혀 주어지지 않았다. 넬다는 쓰레기봉투는 19세 된 아들이 늦게 와서 치우기로 되어 있었고, 그 날 오후에 식료품을 사러 가려고 했다는 것을 설명하고 싶어한다. 근처에 사는 동생이 도움이 되고 있고, 동생은 넬다가 집안 청소를 하는 동안 때때로 아이들을 데려가 돌봐준다는 것을 설명하고 싶어한다. 그녀는 자신이 어떻게 생활을 조직적으로 꾸려나가고 있고, 어떻게 대처하는지를 설명하고 싶어한다. 그러나 힘을 가지고 있는 사람 중 아무도 그녀 말을 듣지 않을 거라는 사실에 그녀는 분노하고 우울한 채로 남는다.

재결합을 위한 계획으로 넬다가 부모역할 훈련에 참석하고, 개인상담을 받도록 하며, 그리고 아동을 정기적으로 방문할 것을 요구한다. 만약 이런 것들이 조건이라면, 그녀는 기꺼이 참석하고, 그 계획들을 따른다. 그러나 신뢰할 수 있는 사람과 면담할 때, 넬다는 자신이 혼돈 되고 희망이 없다는 감정을 인정한다. 여기저기로 자녀들을 방문해야 하는 긴 여행은 그녀를 지치게하고, 부모역할 훈련도 자신과 별로 상관없는 것처럼 보인다. 무엇보다도 그녀는 상담할 때 당혹스러워진다. 그녀는 무엇이 잘못되고 있는지, 무엇이 자신에게 기대되는지, 또는 그녀 자신이나 누군가가 재결합을 위한 그 모든 계획들이 성공적이라는 것을 언제, 어떻게 판단하는지 이해하지 못한다. 아무도 그 이유나 목적을 설명하지 않았다. 법원 처방대로 무거운 걸음을 하게 되는 사람들은 이런 방식으로 기운이 빠지며 무능력해지고, 적어도 그 체계가 아이들을 되돌려보낼 때나 만일 돌려보낸다면 넬다가 더 능력 있고 자신감 있는 사람이 되기는 쉽지 않다.

과정은 다를 수 있다. 넬다가 위의 두 아이들을 성공적으로 키웠다는 사실은 고려되어야만 하는 중요한 부분이다. 학교에 다니고 있고, 일탈행동도, 그리고 약물을 복용하고 있지도 않은 열네살 짜리 아이는 아마도 집에서 데려갈 필요가 없었다. 두 어린아이들에 대한 배치가 정말로 필요했다면 엄마가 정신적으로 장애가 있는 아이를 더욱 효과적으로 돌볼 수 있도록 그녀를 준비시키면서 엄마를 파트너로 만드는 방식으로 조정되었을 수 있다. 넬다는 아이들이 배치되어 있는 동안 엄마에게 이행하도록 기대되는 과제들과 더욱 개별화된 활동 프로그램들에 관해 더욱 상세한 설명을 들을 필요가 있었다. 그녀는 특히 자기 아이들 양육과 교육에 관계 있는 병원 스탭과 전문화된 위탁모와의 지속적인 접촉으로부터 도움을 얻을 수 있었을 것이다. 그것은 더욱 유용하였을 것이고, 일반화된 부모역할 훈련보다 더 의미 있는 것처럼 보였을 것이다. 넬다는 더 많은 힘을 가지고 있다는 느낌과 두 어린 자녀인 라피와 대몬을 양육하는 구체적인 방법과의 경험을 헤쳐나갈 필요가 있었다.

위탁보호 양육 체계는 부모에게 도움이 되기 위하여 배치 과정과 재결합 요건 설정 방식을 다시 생각하여 재조직되어야 한다. 일단 아이가 배치되면, 부모에게 힘을 부여하는 것은 초기면접과 방문 절차를 통해, 그리고 사회복지사들과 위탁부모가 아동의 가족과 갖는 상호작용을 통해 기관의 손안에 있게 된다. 친부모를 포함하고 그들의 강점을 부각시키는 작은 움직임의 예로서 다음과 같은 상황이 있다. 두 어린 소년이 위탁가정에 배치되어 있고, 부모는 자녀들이 배치되기 3개월 전부터 아이들을 보지 못했다. 훈련자는 스탭들과 일해오고 있고, 위탁보호 양육 사회복지사는 부모와 위탁부모 역시 두 아이들을 데리고 기관으로 오도록 하였다. 모임에 참석한 사람은 사회복지사, 훈련자, 아동, 그리고 친부모와 위탁부모이다.

그들이 들어갈 때, 위탁모는 한살 짜리 아기를 무릎에 올려놓고 그의 방한복을 열고 기저귀 쪽으로 손을 가져간다. 사회복지사는 아동의 엄마가 할 것을 제안한다. 위탁모는 기꺼이 그렇게 하고—전에는 한번도 그런 일이 없었지만—아기를 넘겨준다. 이 두 가족 사이의 의사소통의 중요성에 대해 잘 알고 있는 사회복지사는 아동의 친부모가 아이들이 살고 있는 새로운 환경을 상상할 수 있도록 위탁가족에 대해 설명하도록 위탁부모에게 제안한다. 위탁부모는 그들의 네 자녀와 6세 난 막내가 이 두 소년에게 특별한 친구라는 사실을 설명한다. 대화는 우호적이고, 친부모를 안심시키며, 그들의 긴장을 감소시킨다. 동시에 위탁부모가 위탁 아동 중 큰 아이를 태어난 후부터 줄곧

가족이 불렀던 "키코"라는 이름 대신 공식 기록에 있는 이름인 "케니"라고 부르는 것을 알았다. 그리고 그가 위탁가족 환경에 서서히 적응하고 있다는 것이 명백해진다. 더군다나 그들은 "우리는 지난주까지 이 아이가 걸을 수 있다는 사실을 몰랐어요, 아이가 아침에 일어나 방에서 개를 쫓아 왔다 갔다 했을 때서야 알게 되었어요!"라고 말한다. 그들이 그렇게 말하지는 않았을지라도, 이 가족은 명백하게 두살 짜리를 걷고 말하는 것이 늦은 지체된 아이로 취급해왔고, 이제서야 그의 이름도 알게 된다.

훈련자는 아이가 갑작스런 생활의 변화에 매우 놀랐음이 틀림없다고 말했고, 엄마와 키코의 발달에 대해 대화를 시작했다: 아이가 언제 앉았죠? 아이가 할 수 있는 말은 무엇이죠? 엄마는 인정받는 전문가가 되었고, 훈련자는 위탁부모에게 그들이 정말로 모르는—모두가 동의하였던 점인—아이들의 조기 발달에 대해 친부모가 많은 것을 안다는 의견을 말했다. 두 가족은 지금 모두가 공유할 어떤 것 안에서 협조적인 체계를 구성하려는 순간에 있다.

그 상황에서 훈련자와 사회복지사는 두 가족 사이의 상호작용을 격려하고, 그들에게 새로운 평형상태를 가져오게 하는 변화의 원동력이었다. 그러나 위탁가족들이 훈련받을 때, 그들은 힘을 부여하는 일차적인 매개체이고 빈번하게 창조적이고 효과적이 된다.

우리는 훈련받은 위탁부모 집단에게 유아를 위탁보호 양육하고 있을 때 아이들의 친부모를 어떻게 포함시키려고 하는 지를 물었다. 위탁부모는 아이를 먹이고 닦이며 달래는 사람이기 때문에, 위탁부모 자신이 어른과 아이들을 서로 묶는 그런 돌봄을 아이에게 제공하면서 어떻게 그들이 함께 만날 때는 엄마가 아기에게 연결되고 있다고 느끼도록 돕는가?

이에 대해 마르타는 말한다.

"나는 즉시 엄마에게 아기와 우유 병, 약간의 음식, 그리고 기저귀를 주어요.

자, 당신 아기예요. 나는 그녀에게 그렇게 말하지는 않지만……. 나는 잠깐 그녀와 있다 가볍게 대화하고, 그리고는 그 자리에서 물러나요. 난 항상 나가요."

지나도 고개를 끄덕이며 말한다.

"나도 똑같이 해요. 욕실로 가거나…… 그리고 약 10분 내지 15분을 문밖에서 있을 거예요, 왜냐하면 나에게 그 엄마는…… 이것은 지금 그녀에게 낯설지요, 그녀가 아기를 안고 있을 때 나는 단지 그녀가 알게 하려고…… '어머, 아기 머리를 빗겨야겠네요. 아기 머리를 빗겨주시겠어요? 금방 돌아올게요. 그리고 기저귀를 갈아주시겠어요? 난 욕실로 가야 해요.' 그녀가 할 수 있기를 원한다고 말하지는 않지만……. 하지만 그녀는 자신이 엄마라는 것을 알아야만 하지요, 그뿐 아니라, 아이 역시 그녀가 아기의 삶에서 중요한 누군가라는 것을 알아야만 해요."

원가족에게 힘을 부여하는 것은 인도적이다. 대부분의 부모는 자녀에게 잘못된 양육을 했거나 통제를 잘못했을지라도 자녀를 사랑한다. 그리고 그들은 일반적으로 가족으로 남아 자녀를 잘 기르고 싶어한다. 가족에게 힘을 부여하는 것은 또한 현실적으로 더 낫다. 왜냐하면 가족을 복구시키는 것이 계속적으로 위탁가족을 찾고, 아동을 한 위탁가족에서 또 다른 위탁가족으로 배치하는 파괴적인 움직임보다 그 체계를 위해 더욱 실행 가능한 방법이기 때문이다. 결국 이것이 심리적으로 아이들에게 더 좋다. 존중받고 있다고 느끼고, 자신의 삶에 대한 약간의 통제력을 가진 가족만이 자녀를 키우는데 더욱 기능적인 환경이 될 수 있다.

위탁보호 양육은 주요 이행기에 의해 특징 지워지며, 이런 이행기는 특별한 관심을 요구한다.

이행기는 가족 삶의 주기뿐 아니라 어느 개인의 삶에서나 불가피하다. 앞절에서 제시한 것처럼, 이행기는 아기의 출생이나 가족의 생계를 책임지는 가족원의 갑작스런 실직 같은 예측하지 못한 충격적인 일 같이 삶의 과정에서 정상적이고 있을 수 있는 것이다. 그것이 무엇이든 간에 이행기는 항상 사람들이 새로운 환경에서 기능할 수 있도록 익숙한 패턴의 재조직화를 요구한다.

위탁보호 양육 상황은 배치와 재결합의 관점에서 뜻깊은 이행기로 특징지워진다. 자주 그 길을 따라 다른 움직임들이 일어난다. 이런 이행기는 격변과 취약함의 시기이다. 그것들이 어떻게 다루어지는가가 사람들이 적응하고, 미래 일어날 일의 진로를 만들어 가는 방식에 영향을 미친다.

위탁보호 양육기관과 함께 일하는데 있어서, 우리는 관련된 모든 사람들에게 첫 번째 주요 이행기인 초기면접의 성격과 관련해 상당한 작업을 한다. 우리는 모든 관계된 당사자들을 포함하고, 그들간의 관계를 지지하는 절차를 개발하며, 미래를 위해 함께 계획하는 협조적인 삼각관계 확립에 초점을 두고 있다. 우리는 또한 스탭들이 마음 속에 더 큰 그림을 갖도록 요구한다. 이행기는 아동뿐 아니라 위탁가족과 원가족에게 역시 영향을 미친다. 아동의 행동은 분리에서 오는 정신적 외상과 새로운 상황의 낯설음을 반영할 수 있다. 위탁 아동이 새로운 가정에 들어갈 때, 위탁 가정은 확장되고 재조직화 되어야만 한다. 시간과 에너지가 성인들에 의해 다르게 분배되고, 새로 들어온 다섯살 아동은 가족의 일상적인 생활 속에 있는 모든 사람의 공간뿐 아니라 그 가족의 네살 아들과 이미 거기서 살고 있는 일곱살의 위탁 아동 사이의 평소 관계도 방해한다.

원가족에게도 그 변화는 역시 굉장히 크다. 그들은 아이가 없는 삶에 적응해야만 하고, 자녀 방문, 생활방식, 부모역할 훈련, 그리고 아이를 되찾기 위한 선행조건인 주택 개선에 관한 의무들을 이행해야만 한다. 그래서 부모들이 갖는 적대감이나 위축은 초기 반응으로써 놀랍지 않고, 그리고 아동의 경우에서처럼 이런 반응은 고정된 태도라기보다 오히려 자녀 분리에 따른 정신적 외상을 반영할 수 있다. 켈시의 의견은 아이들이 집에서 분리되었을 때의 그녀의 "태도"와 그 태도가 더 좋아지는 과정을 기술한다.

배치 동안의 방문은 또한 작은 이행기이고, 그 부담은 주로 아동이 갖게 된다. 훈련시 우리는 한 가족에서 다른 가족으로, 그리고 다른 가족에서 원래의 가족으로 다시 되돌아가는 아동의 움직임을 생생하게 표현하려고 이것을 구체적인 이미지(〈그림 5.1〉 참조)로 설명한다.

그림에서 보는 바와 같이 아동은 "배낭"을 지고 다닌다. 배낭 속에는 원가족의 기대와 패턴이 들어 있고, 아동은 그것을 위탁가족으로 가지고 가고, 또한 위탁가족의 기대와 패턴 역시 들어 있는 "배낭"을 메고 원가족 방문시마다 이를 지고 간다. 아동은 모든 주어진 상황에 따라 왔다갔다하고, 어떻게든지 그 혼합물을 가족이라는 세계의 마음 속 지도안에 통합시키면서 각 가족

〈그림 5.1〉 위탁보호 양육 배치 동안의 방문

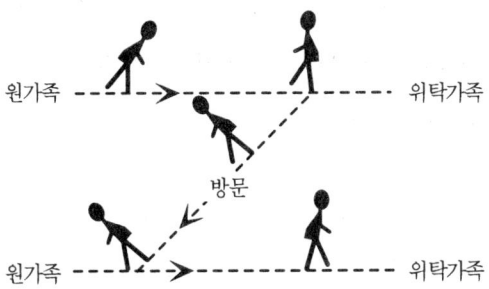

의 패턴에 적응해야만 한다.

결국 가족이 재결합하게 된다면, 이행기는 환영할 만하나 그렇게 단순하지 않다. 그것은 위탁가족에게는 상실이고, 원가족에게는 도전이다. 친부모가 이전에 부모로서 부적합하다고 판단되었을지라도, 재결합은 다시 자녀를 잘 키울 수 있는 실행 가능한 상황을 만들어내야만 한다. 그것은 불안을 유발하고 어려운 일이다. 배치 기간 동안, 친부모와 아이들은 사람들이 관계를 성립하고, 권위를 명확히 하며, 가족의 규칙을 정하고, 서로 신뢰를 쌓아가게만드는 매일의 일상적인 접촉을 경험할 수 없었다.

1995년도의 신랄한 영화가 생각난다. Losing Isaiah에서, 어린 흑인 아동은 그가 계속 살아온 백인 가정으로부터 이전에 서로 접촉이 없었고 이제 되찾을 아들의 양육을 불안해하고 있는 생모에게로 옮겨간다. 이 상황에 명확하게 옳거나 잘못된 것은 없으나 인종적인 문제와 개인적인 불확실성은 깊게 드러난다. 아동의 우울감이 너무 깊고 심각해서 두 엄마는 결국 함께 와서 그의 상실이 진정될 수 있고, 그의 정서적인 유대감이 확장될 수 있는 이샤를 위한 세계를 만들지 않을 수 없었다.

우리는 인종 문제가 아닐지라도 단지 이행기 자체가 가지는 있는 어려움들이 드러나는 실제 상황들을 보았다. 한 예로, 마고는 지금 거의 네살이고, 청소년 엄마인 질이 보호 서비스에 도움을 구한 이후로 3년간 배치되었다. 그 기간 동안 마고는 할머니 집에서 엄마와 확대가족을 만났다. 재결합은 멀지 않은 시기로 잡혀 있었고, 그리고 위탁보호 양육 스탭은 위탁가족과 원가족을 함께 오도록 하였다.

양쪽 모두 좋은 뜻을 가지고 왔다갔다하며 방문하였으나 재결합이 어려울 것이라는 것이 확실해졌다. 위탁가족은 마고보다 조금 더 나이 많은 남자아이를 함께 데리고 있었고, 그 둘은 놀이 친구로써 함께 자랐다. 서로 헤어지는 것이 고통스러울 것이 예상되었다. 게다가 질은 임신 중이었고, 현재 약혼

상태로 곧 결혼 예정이었다. 질과 약혼자 케빈은 뱃속의 아기와 가족을 형성 중일 것이다; 마고를 그 가족 속으로 흡수하는 것은 그들의 과제를 복잡하게 만들 것이다. 스탭은 그 커플이 도움이 필요하다는 것을 알았다.

이런 비슷한 이야기들은 구체적인 내용에서는 조금씩 다르지만, 문제의 복잡성이나 기쁨과 고통이 뒤섞여 있다는 점에서는 위탁보호 양육 체계의 어디에나 마찬가지로 있다. 이행기는 삼각관계 체계간의 지속적인 협동을 필요로 하는 중요한 기간이라는 인식이 매우 중요하다. 성공적인 결과는 조심스런 계획, 적응에는 시간이 걸린다는 이해, 그리고 아동이 집으로 되돌아가고 그 상황이 안정될 때까지 그들을 지속적으로 돕는 스탭의 헌신에 따라 달라진다.

발달적인 이슈에 대한 고려가 위탁보호 양육 서비스로 통합되어야만 한다.

아동의 발달 단계는 모든 측면에서 위탁보호 양육 경험에 결정적이다: 새로운 사람들을 받아들이는 반면, 원가족에 소속되어 있다는 느낌을 유지할 가능성뿐 아니라, 분리의 영향과 새로운 가정에서의 적응. 현실은 영아, 걸음마기 아동, 학령기 아동, 그리고 청소년에게 매우 다르다. 더 쉽거나 더 어렵거나 한 단계나 다른 단계의 문제로서가 아니라, 인지적인 이해와 정서적인 초점이 서로 다른 수준에서 처리된다.

위탁보호 양육 배치는 일반적으로 아동의 연령과 위탁가족 사이의 적합성에 대한 어떤 관심에 따라 조정된다. 어떤 위탁가족은 아주 어린아이들을 잘 다루는 것으로 알려져 있다. 또 다른 위탁가족은 학령기 아동이나 청소년에게 더 적합한 것으로 간주된다. 대부분의 기관들 또한 연령에 따라 다른 아동의 발달적인 욕구에 대한 교육 자료를 가지고 위탁가족들을 준비시킨다.

이런 것들이 얼마나 양심적으로 이행되건 간에, 결국 그것은 위탁가족과 아동에게 초점이 맞추어진다는 점이 유용한 첫 번째 단계이다. 발달적인 관심은 새롭게 형성된 삼각관계에 상관 있는 것으로 고려되지 않는다. 우리의 견해로는 아동의 성장과 발달 이슈는 두 가족이 책임을 공유해야 할 문제이다. 그들은 아동의 변화를 토의하기 위하여 함께 일해야만 하고, 새로운 문제들을 해결해야만 하며, 아동의 두 세계 속에서 어떤 일관성을 만들어야만 한다. 두 가족간의 협동은 분리기간 후, 성장하고 변하여 집으로 되돌아올 아동을 잘 다룰 수 있게 할 가능성을 높인다.

발달적인 흐름은 각 단계별로 각각 다른 과제들을 전면으로 부각시킨다. 영아에게 기본 이슈는 애착이다: 특별한 사람에게 주어진 아동의 안전감, 그리고 이 아동에 대한 성인의 정서적인 투자. 엄마와 영아가 너무 일찍 분리될 때, 기본 애착은 위태로워진다. 예로, 엘레나는 지난 해 내내 병원 입·퇴원을 반복하였고, 2개월 때 위탁가족으로 배치된 그녀의 아기는 위탁모와 유대가 형성되었다. 방문시 엘레나가 아이를 안으려고 들어올리자 아이는 울고 떼쓰며 위탁모에게 가려고 한다. 만일 아이가 생모와 함께 살 거라면, 두 엄마는 생모와 아이가 계속 정서적으로 연결되도록 함께 노력해야만 하고, 사회복지사는 그 과정 동안 엘레나가 위축되고 의기소침해지는 감정을 잘 다룰 수 있도록 도와야만 한다.

영아기를 지난 아동들에게 있어 발달적인 도전은 어떤 행동에 대한 현실적인 제한을 설정하고, 자율성과 통제 사이의 균형을 확립하는 것이다. 켈시는 버디를 잠자리에 들게 만들고, 어린이용 변기에 변을 보게 훈련시키는 것, 또는 3세 아동의 자기 주장성을 언제 수용해야 하고 언제 선을 그어야 하는지를 아는데 있어서 거의 경험이나 기술이 없었다. 위탁모와 그녀의 관계는 어린아이를 양육하는데 있어 관련되는 문제들을 어떻게 조절하는 가를 배우기 위한 틀이었다.

학령기 아동의 발달적인 이슈들은 가족과 학교와의 관계 모두에서 발생한다. 8세와 9세 아동은 가정 안에서 합법적인 특권과 책임감을 갖는다. 가족들은 이것을 다르게 다루고, 위탁 아동은 그의 "배낭"에 두 모델을 넣어 가지고 다닌다. 두 가족에게 그들의 기대와 차이에 대해 말하는 것이 중요하다. 예를 들면 마리의 엄마는 종교적이었고, 그녀의 10세 딸이 교회와 주일학교에 가기를 원했다. 역시 종교적인 위탁모는 그녀의 요청이 받아들일 만하다고 생각했다. 그러나 이 가족이 다니는 오순절 교회과 교회(Pentecostal church)는 친부모에게는 편안하지 않았다. 따라서 양 가족은 그 딜레마를 해결할 필요가 있었다.

마리는 또한 학교를 옮겼고, 새로운 학교환경의 경험과 진행은 그녀 삶의 중요한 부분이었다. 집에서 분리된 아동의 친부모들은 자녀가 다니는 학교와 어떻게 접촉을 해야 하는지 잘 모른다. 그들은 이것을 문제 삼지 않고, 기관이나 학교 모두 부모가 알고 개입할 권리를 가지고 있다고 생각하지 않는다. 특별히 두 가족간의 접촉을 통해 이루어지는 마리의 학교 상황에 대한 개방된 의사소통은 이 삼각 관계망의 과제이다.

청소년의 발달적인 이슈들은 우리들에게 익숙하고, 또한 우리들을 주춤하게 한다: 지역사회에서 약물, 성, 갱단, 학교, 그리고 폭력 문제뿐 아니라, 가족 속에서 독립성과 책임감의 혼합이 그것이다. 청소년들은 자주 어른들이 그들을 통제할 수 없기 때문에 가족에게서 분리된다. 약물 프로그램, 개별상담, 또는 부모와 청소년을 위한 기술 훈련 등의 문제보다 재결합을 위해 가족이 자격을 갖추도록 돕는 것이 낫다. 그들은 함께 사는 실행 가능한 방식을 발달시켜야만 한다. 위탁가족이 원가족을 빼놓고 청소년의 발달적인 이슈에 대해 작업을 하는 것은 옳지 않을 뿐 아니라 생산적이지도 않다. 그리고 만일 그들간에 접촉이 없다면, 가족의 성공적인 재결합을 기대하는 것은 비현실적이다.

**친족 위탁보호 양육은 특별한 종류의 서비스를 요구하는 위탁
보호 배치의 특별한 경우이다.**

생태학적 모델의 대부분의 측면들은—협동, 힘 부여하기, 이행기에 대한
초점, 발달 과제에 대한 관심, 그리고 확대 체계 안에 있는 모든 성원들의 필
요한 개입—모든 위탁보호 양육 상황에 적용된다. 그러나 친족 위탁보호 양
육은 한 가지 방식에서 결정적으로 다르다. 아동이 친척집으로 배치될 때, 배
치는 새로운 체계를 만들지 않는다. 그것은 오히려 이미 서로를 알고 있고,
관계하고, 권위를 지니며, 갈등을 해결하는 기존의 패턴을 가지고 있는 가족
구성원들의 현실을 변화시킨다.

친족 양육은 일반적으로 아동에게 명백한 심리적인 이점을 가지고 있는
배치에서 선호하고 있는 형태이다. 그것은 분리로 인한 정신적 외상을 감소
시키고, 사람과 장소가 완전히 다른 완전히 새로운 세상에 적응을 요구하지
않는다. 아동을 그들이 익숙한 친척에게 배치하는 것은 또한 "위탁가족"이
계속 아동의 삶에 등장하게 되고, 아동이 가정으로 되돌아갈 때 부모에게 자
원으로써 기능하게 될 가능성이 많다.

그러나 상황이 항상 단순한 것은 아니다. 확대가족은 해결의 부분일 뿐 아
니라 문제의 부분일 수도 있다. 예로, 알바 할머니는 오랫동안 딸의 친구들과
딸의 생활방식을 인정하지 않았다. 알바 할머니가 알바를 돌보게 되었을 때,
그녀는 엄마와 아이가 서로 방문하는 것을 어렵게 만든다. 그녀는 방문 스케
줄과 관련하여 딸과 다투고, 딸이 알바를 다루는 방식을 비판하며, 딸의 친구
들이 딸의 삶을 망치고 있다며 볼 때마다 이를 지적하곤 한다. 가족원들이 서
로 걱정하고, 아동을 위해 최선을 다하고 싶어할 때조차도 이런 상황에서 가
족간의 긴장이 팽팽해지는 것은 보편적인 일이다. 만일 배치와 재결합이 성
공하려면, 역할 혼돈, 파괴적인 패턴, 그리고 경계선 이슈들이 밝혀지고 해결

되어야만 한다. 협동적 체계의 생성은 아직 일차적인 목적이나 전문적인 개입의 성격은 위탁보호 양육 사례들에 전형적이라기보다는 전통적인 가족치료에 더 가까울 수 있다.

더 일찍 의뢰된 질과 마고의 상황은 재결합의 관점에서 역할과 경계선이 혼돈 된 예를 보여준다. 마고가 그녀의 가족과 방문할 때마다 방문지는 항상 그녀의 할머니 집이었고, 거기서 질은 딸 마고를 만나 오후 시간을 함께 보내곤 했다. 위탁보호양육 사회복지사가 가족 재결합에 대해 토의하는 시간을 가졌을 때, 질과 그녀의 엄마는 서로에게 다른 기대를 하고 있다는 것을 명백하게 알게 되었다. 질은 그들 모두를 "하나의 큰 가족"으로 보았다. 그녀는 마고가 자신과 약혼자 케빈이 자주 방문할 수 있는 마고의 할머니 집으로 돌아오기를 기대하였다. 질은 자신이 엄마 집을 오래 전에 떠났으나 "마음까지 떠난 것은 아니었다"라는 자신의 생각을 말하였다. 그러나 마고 할머니는 놀라며 "네가 집을 떠났을 때, 난 네가 완전히 집을 떠났다고 생각했다!'고 말했다. 그녀가 이 어린 소녀를 사랑했을지라도, 그녀는 3명의 다른 자녀가 있었고, 심각한 경제적인 문제가 있었다. 그녀는 비공식적이지만 친족 위탁부모로써 손녀 마고를 끝까지 키우는 양육자가 될 생각은 없었다.

먼저 단기의 성공적인 치료 과정을 질과 그녀의 엄마에게 제공하며 그들 사이의 경계선과 역할에 초점을 맞추었다. 마고에게 큰언니 같이 되고자 했던 질의 견해는 미성숙하였고, 그것은 그녀의 엄마에게 너무 무거운 부담을 주었다. 그것이 명확해졌을 때, 케빈이 그 모임에 참석하였고, 그와 질은 그들 4명의 가족을 위한 계획을 하기 시작하였다. 그들은 사회복지사와 함께 아기 출생과 관련해 언제 마고를 집으로 데려 오는 것이 가장 좋을 지, 마고가 어떻게 반응할 수 있는지, 그리고 그들이 이 복잡한 이행기를 어떻게 다룰 수 있는지에 대한 질문들을 탐색하였다. 할머니는 지금 관심은 갖고 있지만 중심이 아닌 주변의 관찰자였고, 몇 세션 후에도 그 어린 커플은 마고의 할머니 없이 치료 과정을 계속해나갔다. 위탁보호 양육 맥락이지만, 가족치료자들은 이것은 새로운 단계의 가족 평형상태를 이루기 위한 과정에서 부모와 어린 성인 자녀가 기능과 경계선을 명확히 해야만 하는 가족치료에서 흔한 그런 상황으로서 인식할 것이다.

위탁보호 양육 환경에서의 훈련

여기서 저기로 어떻게 갈 것인가? 이에 대한 개념과 목적은 이 작업의 토대가 될 수 있지만 훈련 과정은 별개의 일이다. 훈련 과정은 변화와 일련의 계획, 그리고 기관 특유의 구체적인 과제와 구조를 인식하는 것에 대한 이론을 요구한다. 위탁보호 양육기관들은 다른 서비스 환경과 마찬가지로 일선에서 일하는 사회복지사와 관리자들로 구성되어 있다. 그래서 훈련은 클라이언트와 함께 일하는 기술과 절차적인 방침 모두에 영향을 미쳐야만 한다. 이런 기관의 유일한 특징은 기관 구조가 기초 과제들을 수행하는 것은 물론이고, 전문가 스탭을 비롯하여 아동의 가족과 협조적으로 일할 수 있게 훈련되어야만 하는 위탁가족들 또한 포함한다는 것이다.

여기서 우리는 위탁보호 양육 환경에서의 훈련과 자문을 위한 우리의 계획을 제시하고자 한다. 그 계획은 10년 이상 동안 위탁보호 양육기관과 함께 일해온 우리의 경험을 밑바탕으로 한 생태학적 모델을 기초로 한다. 이러한 경험의 결과로, 우리는 또한 생태학적 접근에 흥미를 가지고 있는 센터들이 사용하기를 바라며 위탁부모를 위한 훈련 매뉴얼을 발간하였다(P. Minuchin 등, 1990). 이 매뉴얼은 1990년에 발간된 이후, 이런 식의 훈련이 전국적으로 필요하다고 제안하면서 미국 각 주의 여러 기관들과 정부 부서가 사용하고 있다.(〈부록 5.1〉의 목차 내용을 볼 것)

〈표 5.1〉은 훈련 계획과 전후 관련 순서의 개요를 보여준다. 이것은 5단계로 나뉘어져 있고, 위탁보호 양육 스탭과 위탁부모들은 별도로, 그리고 또 함께 훈련한다는 것을 알 수 있다. 그리고 관리자들과의 간헐적인 접촉을 볼 수 있을 것이다. 뒤이은 논의에서 우리는 절차의 순서와 이 훈련을 초기에 세 기관에서 적용하면서 우리가 경험하였던 것 중 일부를 기술할 것이다.

〈표 5.1 훈련 계획과 전후관련 순서〉

	위탁양육 사회복지사	위탁부모	관리자
1단계 관리자와 접촉; 훈련을 위한 준비			토의, 계획, 계약
2단계 스탭 훈련; 4~6회 모임	틀과 개념: 활동, 테입, 역할극, 시범		↑
3단계 지속적인 스탭 훈련; 위탁부모 훈련 시작,	기관 사례 가지고 작업; 가족지도 그리기, 계획, 면담, 기술 고양	틀과 개념: *위탁부모를* *위한 훈련* *매뉴얼*	정책은 초기면접 3~4회 모임 방문, 사례 조정, 사례 이슈에서 생기는 문제에 대해 토의
4단계 스탭과 위탁부모 팀 훈련; 기술 고양	혼합된 훈련; 초기면접, 방문, 퇴소, 팀 협동, 역할 조정; 기관 가족과 팀으로서 만남		↓
5단계 훈련은 기관 내 직원 개발이 된다	위탁양육 스탭은 지도자 가 됨; 새 스탭과 위탁 부모를 훈련함	위탁부모가 새 위탁부모 훈련에 참여한다	

관리자들과의 접촉

우리는 외부 훈련자로서 기관에 들어가 첫 번째 모임을 기관장, 실행 임원들과 하였다. 그들은 이 프로젝트에 대해 더 상세한 것을 알고 싶어했고, 우리는 그들이 이 훈련에서 성취하기를 기대하는 것이 무엇인지, 그리고 이 훈련이 어떻게 기관이 기능하는 방식에 맞을 것인지 알 필요가 있었다. 이런 첫 번째 접촉 동안 우리는 또한 훈련의 조건들을 결정하였다: 누가 참여하고, 어디서 만날 건지, 우리가 필요로 할 장비는 무엇인지. 토의는 구체적인 것들을 준비하고, 조정하며, 관리자들과의 연결을 확립하는데 도움이 되었다.

관리자들의 동의에 따라 우리는 일반 스탭에게 우리 견해의 요점에 대해 설명하고, 훈련계획을 발표하며, 그들의 질문에 답변하는 일반적인 발표로 시작하였다. 기관이 꽤 커서 집중적인 훈련이 핵심 집단의 참여자들에게만 제한될 때, 나머지 스탭들은 무엇이 진행될 것이고, 나중에 기관 전체에 무엇이 확산되기를 우리가 바라는지 아는 것이 중요하다.

관리자들과의 첫 번째 모임에서 우리는 먼저 사회복지사와 위탁부모들 중 예비 집단에게 이 훈련을 할 것임을 분명히 하였고, 예비 집단 선정은 기관이 알아서 하기로 하였다. 예비집단 선정은 기관에 따라 다른 식으로 이루어졌다: 어떤 기관은 특정한 사람들을 먼저 골라 그들이 참여하고 싶은 지를 나중에 확인하는 방식으로 선정한 반면, 어떤 기관은 위탁보호양육 사회복지사들 중 자원봉사자를 찾았다. 또 다른 기관에서는 선택된 사회복지사들이 훈련에 참여할 위탁부모들을 골랐다; 다른 기관에서는 위탁부모들을 별도로 선정하였다. 어떤 기관장은 선정 과정에 활동적이었고, 또 다른 기관장은 슈퍼바이저와 훈련 스탭이 대상자를 선정하게 하였다.

따라서 1단계는 각 상황에서 다르게 보일 것이다. 기관 내부 훈련자는 관리자와 만나 기관에 대해 알기 위해 초기 접촉을 할 필요는 없다. 주 정부 차원의 훈련 담당 스탭은 관리자와 직접적으로 일하지 않는다. 훈련자는 자신의 세팅에서 알고 있는 절차를 가지고 시작할 것이다. 그러나 훈련이 진행됨에 따라 일부 이슈들은 정책과 절차에 대한 검토를 요한다는 사실을 이해하는 것이 중요하다. 우리는 초기면접, 방문, 그리고 사례 조정과 같은 문제들을 토의하기 위해 간격을 두고 관리자들과 다시 만났다. 어떤 기관 환경이건 간에 절차를 규정하는 관리자들과 접촉하는 것은 결정적으로 중요하다. 훈련은 개별 사회복지사들과 위탁부모에게 집중되지만, 정책을 만들고 새로운 방식으로 일하는데 방해가 되는 장애물을 제거할 책임은 관리자들에게 있기 때문이다.

스탭 훈련

집중적인 훈련은 위탁보호 양육 스탭과 함께 시작된다. 결국, 훈련은 사회복지사와 위탁부모가 서로의 견해를 공유하고 서로를 보완할 수 있는 팀 접근의 발달에 초점이 맞춰지지만, 그들의 역할이 같은 것은 아니다. 위탁보호 양육 사회복지사들은 전문가로서의 책임감을 가지고 있고, 우리가 제시하는 접근 방법은 어떤 점에서는 그들이 전부터 일했던 방식과는 다를 것이다. 그들은 위탁부모들이 훈련에 합류하기 전에, 자료에 대해 토의하고 그들 자신들만의 집단에서 기술을 수행해보는 것이 중요하다.

1단계에서 우리는 태도와 틀에서의 변화를 위한 기초를 다져 놓는다. 이 단계에서 우리는 스탭들이 위탁보호 양육과 관련되어 있는 사람들에 대한 이해를 넓히고, 행동이란 상호작용의 기능이라는 것과 원가족과 위탁가족 둘 다 반복적이고 관찰할 수 있는 패턴들을 확립한다는 것을 이해하기를 기대한다. 대부분의 위탁보호 양육 사회복지사들은 특히 아동에게 관심이 있기 때문에—아동은 정말로 그 상황의 핵심에 있다—우리 또한 두 가족의 구성원이며, 한 가족에서 또 다른 가족으로 옮겨가야만 하는 사람으로서 아동의 경험에 초점을 맞춘다.

이런 기초를 다지기 위한 도구는 훈련자가 선호하는 것과 훈련자에게 이용 가능한 자료뿐 아니라, 훈련받는 집단에 따라 다르다. 우리는 연습, 비디오 테입, 교훈적인 정보, 유인물, 토의, 역할극, 그리고 시범을 사용하였다. 대부분의 연습과 역할극 시나리오는 위탁부모를 위한 훈련 매뉴얼 속에 들어있고, 매뉴얼은 위탁부모 훈련뿐 아니라, 자신의 접근방법의 폭을 넓히고 새롭게 하는데 관심 있는 전문가 집단에게도 유용하다.

예로, 우리는 가족 생활의 실제적인 것들에 대해 스탭들과 함께 일하기 위해 매뉴얼의 첫 번째 세션에 기술한 활동들을 사용해왔다. 우리는 각 참여자가 가족구성원과 가족의 구조를 간단하게 그릴 수 있도록 나이를 쓰고, 성별 상징을 사용하여 그/그녀의 가족 지도를 작성하도록 요청한다. 그런 다음, 소집단 안에서 가족 지도를 서로 바꾸어보게 한 후, 그 사람의 가족에게 현 단계의 생활이 요구하는 한 가지 발달과제가 무엇인지 "추측"하도록 요청한다(예로, "당신은 학교에 다니는 아이 둘이 있군요; 아마 당신은 아이들의 숙제에서 눈을 뗄 수 없고, 아이들이 어떻게 하고 있는지 계속 지켜봐야만 하겠군요." 또는 "당신은 아버지와 함께 살고 있는 것으로 보이고, 아버지는 젊지 않으시군요; 아마 당신은 그를 돌봐야만 하겠군요"). 그런 다음 우리는 다섯 살 짜리 남자 위탁 아동을 데리고 있는 가족에게 이런 연습을 계속하고, 각 참여자는 그 가족에게 있음직한 반응들에 대해 토의한다: 그 가족은 아동에게 무엇을 기대하는가? 아동이 따라야만 하는 규칙들은 무엇인가? 만일 아동이 두목 행세를 하거나 공격적이라면, 그 가족의 구성원들은 각자 어떻게 반응할 것인가? 그가 놀랐다면 누가 그를 도울 것인가?

우리는 10세 된 토니와 8세 된 월리스 두 형제가 위탁 가정에 함께 새로 배치된 내용의 역할극(매뉴얼의 3세션에 있음)을 가지고 연습할 수 있다. 역할극 시나리오에서 위탁모는 윌리스에게 말하고 있으나 윌리스는 그녀를 쳐다보거나 대답하지 않고 있고, 그 집의 11세 된 딸 글로리아는 그를 놀리기 시작한다. 역할극은 역할극 실연자가 어떤 식으로 하든 간에 토니가 소리 높여 말하는 것으로 시작하고, 거기서부터 계속된다. 그 활동은 위탁가족의 기대와 원가족에서의 소년의 본래 역할, 그리고 형제관계에 대한 토의를 자극하기 위한 의도를 가지고 있다. 아동이 한 가족으로부터 또 다른 가족으로 지고 온 "배낭"에 대한 관계가 토의를 조직화하는 유용한 방식이다.

우리는 훈련시 예를 제시하고 토의하는데 비디오 테입에 많이 의존해왔다. 모든 훈련자가 가족모임을 하는 비디오 테입을 쉽게 얻을 수는 없지만 이것은 뛰어난 교재로서 비디오 테입을 찾거나 만드는데 수고할 가치가 충분히 있다. 만일 전문 스탭이 이 테입을 통해서 "가족치료 하는 방법"을 배우기를 기대한다면, 특별히 그런 테입에 관심 있을 수 있으나 특별히 시작 단계에서는 치료가 요점이 아니다. 중요한 특징은 가족원들의 상호작용이다. 비디오 테입은 행동이 어떻게 순환하고 보완적인지와 패턴이 어떻게 반복되는지를 보여줄 수 있다. 훈련자는 참석자들이 놓친 부분을 다시 볼 수 있도록 VCR 기계의 일시 정지, 멈추기, 되감기 버튼을 자유롭게 사용해 앞뒤로 왔다 갔다 하며 가족에 대한 초점을 강화할 수 있다. 이런 식으로, 집단은 무슨 일이 일어나고 있는지를 보기 위해 되감기를 할 수 있고(예로, 딸은 엄마가 아들을 꾸짖고 그가 폭발하는 것처럼 보이기 시작할 때마다 주제를 바꾼다), 그러면 다음 세션 중 다른 곳에서 똑같은 패턴을 찾을 수 있다.

사회복지사들은 자주 자동적으로 병리적인 것에 초점을 맞추기 쉽기 때문에, 우리는 가족에서의 강점과 자원의 징후들을 지적하기 위하여 비디오 테입을 사용해왔다. 그리고 사회복지사들이 비언어적 패턴보다는 내용을 듣는데 익숙하기 때문에 가족 기능에 대해 너무나 많은 예를 보여주는 비언어적 패턴에 대한 그들의 관심을 이끌어내는데 비디오 테입이 도움이 된다는 것

을 알게 되었다: 누가 토의를 이끄는가, 누가 다른 사람을 위로하는가, 누가 논쟁을 빗나가게 하는가, 신체 언어를 통해 어떤 메시지가 전달되는가 등. 가능하다면, 어디이건 우리는 기관의 클라이언트로서 같은 집단을 반영하고 위탁보호 양육 아동이 있는 가족의 전형적인 문제를 포함하는 내용의 비디오 테입을 가지고 교육하였다: 편부모 가족, 십대 임신 문제, 약물 의존, 신체적 또는 성적 학대, 그리고/또는 에이즈에 감염된 가족.

　기본 생각에 대한 검토와 탐색을 한 후, 우리는 가족들과 함께 일하는데 필요한 기술 쪽으로 나아간다. 우리는 정서적으로 연결하기(connection), 힘 부여하기(empowerment), 더 구체적으로는 합류하기(joining), 강점 찾기(searching for strengths), 그리고 보완성(complementarity)을 강조한다. 합류하기는 훈련된 사회복지사들에게 비교적 쉽게 된다. 강점 찾기와 보완성은 가족에게 힘을 부여하는 두 가지 형태로서 합류하기보다 더 사용하기가 어렵다. 여러 가지 위기에 처한 가족이 가져오는 문제들의 배경을 보면서도 병리를 강조하는 전문가적인 전통에 익숙하기 때문에 스탭들은 때때로 강점과 자원에 초점을 맞추는데 어려움을 갖는다. 전문성과 천성으로 남을 돕는 사람들에게 있어서 자신은 뒤로 물러나 다른 사람들이 통제와 조처들을 취하도록 하게 하는 것 또한 어려울 수 있다. 그러나 보완성은 전문가들이 적극적일수록 클라이언트들은 더욱 수동적이 되고, 역으로 스탭이 더 많은 여지를 남겨놓을 때 클라이언트가 더 적극적인 역할을 한다는 것을 의미한다. 가족 강점을 강조하고 능력을 보류하려는 노력 모두 위탁보호 양육 사회복지사들에게는 중요한 기술들이다.

　앞서 기술한 "키코"와 그의 남동생인 아기, 그리고 그들의 위탁부모와 친부모를 포함한 모임은 합류하기와 힘을 부여하기에 대한 좋은 예다. 위탁보호 양육 사회복지사는 친엄마가 아기를 돌보도록, 그리고 위탁부모가 자신들의 집과 가족에 대해 아이의 부모에게 설명하도록 제안하였다. 또 훈련자는 엄마가 아기의 조기 발달에 대해 위탁부모들과 함께 나누도록 제안하였다. 이 세션은 가족들 뿐 아니라 스탭을 훈련시키는데도 유용한 많은 측면을 가졌다.

스탭이 보았던 것은 전문가적 능력을 보류하고, 보완성의 보통의 패턴을 재균형화하며, 자격 박탈에 익숙해져버린 사람들에게 힘을 부여한 일종의 개입이었다. 훈련자는 간단한 제안과 행동을 통해 사회복지사를 위한 여지를 만들었고, 사회복지사는 위탁부모를 위한 여지를 만들었으며, 위탁부모는 친부모를 위한 여지를 만들었다. 덧붙여, 스탭은 세션을 시작할 때의 긴장과 신중함이 시간이 가면서 친숙함을 증가시키고, 서로 정보를 공유하는 결과로서 흩어져 없어지는 것을 보았다. 결국 그들은 초기면접 과정의 결함을 토의할 수 있는 기회를 가졌다. 만약 처음에 가족을 그런 모임에 오게 했었다면, 키코는 걷고 말할 수 있고 자신의 이름을 알았으며, 그의 퇴행적인 행동은 분리와 배치에 대한 반응이었다는 사실이 명백해졌을 것이다.

훈련자는 보통 교육 목적을 위해 어떤 가족을 활용할 것인지를 결정하지 않는다. 그러나 초기면접 과정 중에 있는 가족들과 퇴소의 시점에 있는 가족들을 찾는 것이 중요하다. 그것은 스탭이 어떤 특별한 단계에 있는 가족에게 힘을 부여하는데 가장 효과적일 절차들에 대해 토의하게 한다.

위탁부모 훈련

위탁부모에 대한 훈련은 별도로 시작된다. 한 가지, 위탁부모들은 그들 자신의 관점을 가지고 있고, 다른 집단과 만나기 전에 특별한 과제의 현실을 탐색할 수 있어야만 한다. 또 한가지는, 그들은 이런 첫모임에서 구조내의 위치에 대한 풍조를 변화시켜야만 한다.

대부분의 기관에서 위탁부모들은 적극적으로 이 일을 하도록 요청되고,

그들의 기여는 공공연히, 그리고 기꺼이 인정된다. 이런 위탁가족들이 없다면, 아동들은 가정으로 배치될 수 없고, 위탁가족의 중요성은 위탁보호 양육 체계 전체를 통해 이해된다. 그럼에도 불구하고 그 일의 정의와 선발, 유도, 훈련, 그리고 판단의 과정은 자주 제한된 기능(아동 양육)과 빡빡한 통제(기관의 규칙과 의무사항들에 대한 복종)의 메시지를 전달한다. 감시와 통제를 통해 아동을 보호하고자 하는 동기는 확실하지만, 훈련 과정은 자주 귀중한 기회를 놓친다. 훈련은 필요한 정보를 전달하고 있는 동안에도 위탁부모에게 힘을 북돋아주어야만 하고, 서비스 팀의 중요하고 공헌하고 있는 성원인 그들에게 힘을 부여해야만 한다.

거의 어떤 기관이든 새로 모집된 초보자나 숙련된 위탁부모 둘 다 가지고 있다. 초보자를 위한 훈련은 기관의 절차들과 아동 양육의 상세한 부분에 대한 정보까지 포함해야 하지만, 처음에 원가족의 중요성과 그들 자신의 역할에서의 활기와 힘의 중요성을 강조하면서 위탁보호 양육에 대한 그들의 견해를 형성하는 것 또한 중요하다. 초보 위탁부모들은 특히 이 단계에서 마음이 개방적일 수 있어 만일 그들이 원가족에 대해 매우 비판적이거나 존중하지 않는 태도를 가지고 있다면, 초기에 이런 태도를 발견하는 것이 가장 중요하다.

숙련된 위탁부모들은 자주 수년씩에 걸쳐 많은 아동들을 데려갔다 보내곤 하였고, 그들은 일상적인 것에 대해 매우 잘 안다. 그들은 위탁 아동을 양육하는 것에 대해 특별히 지혜롭거나, 또는 새로운 관점에 대해 특히 저항적일 수 있고, 그리고 대부분은 조금 지혜로우며 동시에 조금 저항적이기 쉽다. 만일 기관이 응집성 있는 접근법을 개발한다면, 숙련된 위탁부모 또한 그 이상의 훈련을 위한 후보자로서 고려해야만 한다. 이 집단에서 훈련은 태도를 탐색하고, 역할을 확대하며, 축적된 경험의 결과에 경의를 표하는 일이다. 동시에 훈련 경험은 그들이 기관의 위계체계에서 조금씩 위로 올라가고 있다고 느끼게 해야 한다.

*위탁부모를 위한 훈련 매뉴얼*은 적절히 수정하여 새집단과 숙련된 집단 둘 다에서 적용할 수 있다. 매뉴얼은 이 장에 기술된 개념을 제시하는 이론적인 절과 이어 8회의 훈련 세션을 시행하는 지침으로 구성된다. 각 세션 별 중심 주제와 훈련 활동들은 〈부록 5.1〉에 있다.

처음의 4세션은 가족들의 다양성과 강점, 그리고 아동이 배치될 때 아동과 두 가족의 경험을 특별히 강조하며 가족들을 이해하기 위한 틀을 만든다. 활동은 앞서 기술한 범위를 포함한다: 가족 지도 그리기, 역할극, 소집단 작업, 그리고 가족과 위탁보호 양육 경험에 대한 짧은 사건들에 대한 토의. 그들의 이런 활동이 끝날 때까지 참여자들은, 일반적으로 그들 가족 스스로의 영향과 아동의 가족에 대해 더 넓은 이해를 하게 된다. 그들은 아동 원가족에 대해 잠재적으로 강점 지향적으로 되고, 분리와 배치의 외상적 특징을 더 잘 볼 줄 알게 된다. 대부분의 위탁부모들은 보통 자신의 자녀를 두고 있기 때문에 아동의 발달적인 특징들에 대해서는 약간의 기본적인 이해를 가지고 있다. 그러나 위탁 배치의 맥락 안에서 아동의 발달에 대한 검토는 특정한 연령의 아동이 자신의 자녀와는 다르게 행동할 수 있다는 것을 상기시킨다; 위탁 아동은 자주 어려운 경험을 해왔고, 또한 뿌리채 뽑혀왔다.

일단 기본적인 태도가 약화되고 차례로 모두가 아이디어를 내도록 격려된다면, 위탁부모들은 친부모의 어려운 처지와 그들의 관점에 동일시하는 쪽으로 움직일 것이다. 그들은 빈번히 정서적인 연결을 확립하고, 가족들에게 아동을 돌보는데 있어서 더 큰 역할을 제공하며, 중요한 결정들을 하기 위한 창조적인 제안들을 만들어낸다.

우리는 방문 주제를 완전하게 탐색하는 것이 결과가 좋다는 것을 알게 되었다(매뉴얼의 5세션을 참조). 가족과 아동 사이의 방문은 위탁보호 양육의 생명줄이고, 두 가족 사이의 접촉은 필수적이다. 기관의 방문 방침은 융통성 있고 사례별로 타협에 개방적이어야만 한다. 위탁부모들은 삼각관계에서 원가족 방문과 관계해 가장 경계하는 성원이며, 동시에 가장 개방적이며 창조적일 수 있다. 만약 초보자라면 그들은 부정적인 고정관념을 가지고 있거나, 지나치게 관여하는 부모로 인해 문제가 있었던 일화들을 이미 들었을 수 있다. 만일 숙련된 위탁부모라면, 그들은 방문을 제한하고 위탁가족을 아동의 친척으로부터 보호해야 한다고 강조하는 위탁보호 양육기관의 일상들에 익숙하게 되었을 지도 모른다. 반면에 일단 그 주제가 소개되면, 우리는 위탁부모들의 수용적이나 동시에 사무적인 반응을 보았고, 기관의 방침에 따라 일상적인 방문에 대한 대안들이 제안되어 왔다: 공원에서의 야유회, 양쪽 집 아이들과 햄버거 집에서 갖는 모임, 생일 파티를 함께 하고, 전화를 하며, 사진을 교환하고, 그리고 편지를 교환하는 것. 우리 프로젝트의 한 부분인 위탁엄마들에게 위탁 아동과 원가족 사이의 접촉의 중요성에 대한 우리의 생각은 이해되고 있는 것처럼 보였다. 한 위탁부모는, "만일 아이들이 당신이 그들의 친엄마를 좋아한다는 것을 안다면, 아동을 더 다루기 쉬울 것이다" 라고 말했다.

어떤 면에서 위탁부모들은 사회복지사보다 더 세상 물정에 밝고, 이런 집단의 삶의 조건들에 대해 더 수용적이다. 매뉴얼(5세션)에 있는 한 연습문제는 엄마가 약물 관련 문제로 체포되어 6개월간 감옥에서 복역 중일 때 7세 남자아이가 위탁보호 양육으로 배치된 상황에 대해 기술한다. 위탁부모 집단에게 이 기간 동안 아이가 엄마를 방문하도록 감옥으로 데려갈지 여부와, 데려간다면 어떻게 할 것인지를 토의하도록 요구하였다. 이 상황은 간단치 않은 문제다. 사회복지사들은 자주 이런 생각에 특히 어려움을 느꼈지만, 새로 선발된 위탁부모 집단은 직접적이고 활발하게 토의에 임하였다. 모두가 그 상황을 쉽게 느끼지는 않았으나, 이런 대도시 주변의 저소득층이 사는 지역 집단의 사람들은 그들 이웃의 현실에 꽤 익숙하였다. 그들은 아동에게 엄마가 어디 있는지 모르게 할 수 없고, 이 우울한 어린 소년이 엄마를 만나 대화하는 것이 중요하며, 그들이 감옥에서의 절차와 분위기에 미리 아이를 준비시킬 필요가 있다는 것에 동의하였다.

우리는 그들 자신의 집단 안에서, 위탁부모들이 스탭은 알 수 없는 특별한 정보를 가지고 있다는 그들의 신념뿐만 아니라, 그들의 역할에 대한 분명한 개념을 표현하는 것을 들었다.

마이라는 다음처럼 말한다.

"무슨 일이 있는 지는…… 기관이 항상 친엄마가 하고 있는 것을 볼 수 있는 것은 아니에요. 그건 *우리예요*……. 우리는 관찰해야만 하는 사람들이죠……. 대부분의 시간 동안, 위탁 엄마들은 가족들을 더 잘 이해하고, 사회복지사들보다 부모를 더 잘 알죠. 그래서 정말로 그건 우리에게 달렸어요."

카라는 그 상황을 다른 각도로 본다. 그녀는 말한다.

"일부 사회복지사들은 친엄마를 아동에게 *나쁜* 영향을 미치는 사람으로 보고 있고, 그들은 이것을 느껴요. 그들은 어리석지 않아요!"

재나인은 덜 확실하게 말한다.

"음, 만일 부모가 약물중독자거나 뭐 그런 사람이라면……."

그러나 카라는 강하게 느낀다.

"그들이 약물중독자이건, 또는 무엇에 중독되었던지 간에, 그들은 아직도 그 아이의 엄마예요! 그들은 나나 당신 같이 똑같은 인간이에요. 부모가 얼마나 나쁘건 간에 아동은 엄마나 아버지에게 돌아가고 싶어해요. 당신이 가장 나쁜 부모를 찾아내도 아이는 여전히 친엄마에게 되돌아가고 싶어할 거예요."

매릴린은 이 토의에 자신이 관찰한 한 가지를 더 덧붙인다.

"자, 당신은 일부 훌륭한 사회복지사를 만났지만, 또 일부 사회복지사는 별로죠. 당신은 부모들을 아이들과 철두철미하게 재결합시키기 위해 일하는 사람을 만났지만, 또 일부 사회복지사는 '오, 그녀는 단지 마약중독자예요……. 그녀는 단지 마약중독자라구요' 라고 말하죠."

사회복지사들은 훈련을 위해 두 집단이 함께 모일 때, 위탁부모들이 스탭에 대해 일부 표현하지 못하는 비판을 가지고 있다는 것을 인식하는 것이 유용할 수 있다.

팀: 훈련 스탭과 위탁부모가 함께 하기

스탭과 위탁부모들이 팀으로서 만날 때, 어떤 태도와 기술들은 이미 자리가 잡혀있다. 지금 그들의 과제는 두 가지다. 협동적인 팀을 형성하는 것과 원가족과 함께 일하는 것.

팀은 힘이 있고 복잡하다. 두 사람이 함께 일할 때, 그들은 자주 서로의 강점을 보완하나, 또한 지위, 영역, 그리고 역할의 문제들이 있다. 만일 팀 구성원들의 지위가 시작부터 다르다면 협동하기가 아주 어려워질 수 있다. 원가족과 함께 일하는데 중요한 어떤 기술들은 이런 상황에서도 잘 사용될 수 있다: 합류하기, 서로에게 경청하기, 힘을 부여하기, 그리고 보완적인 역할을 할 능력. 스탭들과 위탁부모들은 일하는 영역에 대한 자신의 이해에 대하여 토의하고, 혼돈에 대해 말하며, 자율성과 상호 의존성의 성격을 탐색할 필요가 있다.

훈련의 이 단계는 기본적으로 개인이 적극 참여하는 단계이다. 사회복지사와 위탁부모로 구성된 팀은 기관과 연결되어 있는 원가족과 모임을 가질 것이다. 각 사례에서 팀의 과제는 아동의 가족이 삼각관계에서 중심이고 존중받는 성원으로서 기능 할 수 있는 협동적인 관계망을 만드는데 있다. 함께 일하면서 스탭과 위탁부모들은 자연스럽게 어떤 역할을 나누어야 하는지, 서로 혼돈이 있는 부분은 어딘지, 그리고 그들이 해결해야만 하는 문제들이 무엇인지를 이해하게 된다.

공유된 관점을 견고히 하고, 기관 가족들과의 모임을 준비하는 많은 방식이 있다. 앞서 보고된 켈시의 의견은 훈련 중인 사회복지사와 위탁부모가 함께 받는 훈련 집단에 전달되었다. 켈시는 부모로서 자신의 경험에 대해 말하고, 절차들이 개선될 필요가 있다는 제안을 하기 위해 초대되었다. 이 모임은 스탭과 위탁부모들이 부모들의 욕구와 좌절, 그리고 부모의 민감성에 대해 상세하게 들을 기회를 제공한다. 그녀의 설명은 위탁부모의 행동이 아동의 친척들에게 미치는 영향과 어린아이를 양육하며 생기는 문제들, 그리고 부모들이 자신감을 배우는데 있어 모델이며 촉진자인 위탁모가 가족의 효과적 재결합 가능성을 증가시킬 수 있는 방법을 모색하기 위한 토의를 하였다. 그 토론은 또한 사회복지사가 해야 할 역할을 제안하였다: 두 가족간의 관계를 감독하고, 그들간의 관계가 악화되는 상황에 개입하는 것이다.

그들의 역할과 협동을 탐색하기 위하여, 팀이 일련의 다른 문제들을 제시하는 다양한 기관 가족들과 만나는 것이 중요하다. 한 사례에서 3형제를 둔 친엄마가 현재 기관과 사이가 틀어졌고, 그 상황은 사회복지사와 위탁부모들에게 해결하기 복잡한 문제를 안고 있었다.

재나는 자신의 삶이 위기에 봉착했을 때, 자발적으로 자신의 세 아들을 위탁보호 양육기관으로 데려갔다. 아이들은 곧 두 다른 위탁가족으로 배치되었고, 재나는 방문을 위해 정기적으로 기관에 왔다. 어느 날 그녀는 그 환경이 답답하고 시끄럽다고 생각하고 아이들을 밖으로 데리고 나갈 수 있게 해 달라고 요청하였다. 그러나 기관의 방침에 따라 그 요청은 거절당했다. 재나는 화가 났고, 상황이 악화되면서 그녀는 기관과 접촉을 끊고 더 이상 아이들을 방문하기 위해 오지 않았다.

위탁보호 양육 사회복지사와 두 명의 위탁모가 훈련 프로젝트의 한 팀이기 때문에 그들은 훈련자와 그 상황을 토의하였다. 그들은 이웃이고, 그녀의 아이들이 그들의 집에서 살고 있었기 때문에 기관의 스탭보다는 오히려 그 두 위탁모가 재나를 접촉할 책임이 있다고 결정되었다. 재나는 모임에 오는 데 동의하였다. 그 팀은 위탁부모가 그 모임을 이끌어나가고, 그러나 사회복지사 역시 참석하여 필요시 그들을 돕기로 계획을 세웠다. 모임의 목적은 접촉을 확립하고, 재나와 기관 사이의 교착상태를 깨며, 협동적인 관계망을 형성하기 위한 것이다.

모임은 위탁부모인 클라라와 로라 사이에 재나가 앉아 있는 상태에서 시작되었다. 사회복지사 모두가 참여하였고, 그녀는 옆에 가볍게 앉아 있었다. 사람들이 모두 자리를 잡았을 때, 재나는 팔짱을 끼고 웃지 않고 경계하며 조용히 앉아 있었다.

클라라가 먼저 말했다. 그녀는 장남인 12세 바비와 5세 난 막내 말콤 두 아이를 양육하고 있었다.

"재나, 내가 당신에게 말하고 싶은 것은…… 당신은 아주 예쁜 두 아들을 두고 있다는 거예요."

친절하고 상냥한 시작이었다. 재나는 웃고 고개를 끄덕이고 조금 긴장을 푼다.

로라는 제임스가 다루기 힘들다고 농담을 한다. 제임스는 10세이고, 다루기 어려운 아이이기 때문에 형제들과 따로 배치되었다. 재나는 사람들이 모두 장남과 막내를 귀여워한다는 것과 하지만 제임스는 중간 아이로 더 힘들었다고 말한다.

이제 클라라가 묻는다, "당신은 내가 당신의 아들들을 돌보는 방식을 좋아하나요?"

그녀는 재나가 자신의 기준을 가지고 있고, 그녀는 누군가가 자신의 아이들을 어떻게 돌보고 있는지를 판단할 권리가 있다는 것을 당연하게 여기고 있다. 재나는 클라라의 질문에 그렇다고 대답하고는, 가벼운 농담조로 클라라가 아이들을 너무 예뻐해 아이들을 버릇없게 하고 있다는 것도 알고 있다고 말한다. 이에 그들 둘 다 웃는다. 그런 다음 클라라는 심각한 어조로 계속 말한다. 그녀는 말콤이 처음 그녀 집으로 살러 왔을 때 어려움이 많았던 것에 대해 말한다. "그 아이는 매우 감정적이었어요. 정말로 그에게 많은 시간을 줄 필요가 있었지요……. 그 아이는 지금 더 강해졌어요."

이 시점에서 재나는 활발한 참여자가 된다. 그녀는 아이들과 그들에게 그녀를 떠날 준비를 시키는 문제에 대해 말한다. 그녀는 책임감 있고, 매우 똑똑한 바비에게는 아무 것도 숨기지 않았다는 것과 두 큰 아이들에게는 그 상황을 설명했지만 말콤은 너무 어려서 이해하지 못한다는 것을 안다고 말한다. 재나가 계속해서 말할 때, 그녀가 지적이고, 아이들에 대해 걱정하며, 아이들의 성격과 개별적인 차이를 잘 알고 이에 맞출 줄 아는 관찰력이 예리한 부모라는 것이 명백해진다.

로라가 자신과 잘 싸우곤 하는 제임스와의 어려움에 대해 말하기 위해 끼어든다.

그녀는 말하기를 "그래서, 전 지금 그 애와 작은 문제를 가지고 있어요. 당신이라면 그 아이가 성질을 부릴 때, 그 아이가 하는 방식은…… 제 말은, 당신은 그 문제를 어떻게 다루었나요? 당신은 어떻게 했지요?"

이 말은 재나에 대한 존경과 신임의 표시이다. 로라는 재나가 자신의 아들을 다루는데 경험이 있고, 아마도 어떤 도움이 될만한 생각들을 가지고 있다는 것을 인정하면서 아동을 돌보고 다루는 문제를 해결하는데 도움을 구하고 있다. 그것은 아동을 위해 자원을 모을 수 있는 협조적인 성인 체계를 구성하는데 있어서 첫 번째 단계이다. 재나는 친절하게 반응한다. 그녀는 제임스가 자신에게도 똑같은 방식으로 행동해왔다는 것과, 그는 사람들이 자신에게 무엇을 하라고 지시하는 것을 좋아하지 않는다고 말한다. 그런 다음 그녀는 자신이 그 아이를 어떻게 다루었는지를 설명한다.

15분 동안 이 세 부모들은 아이들과 그 상황의 현실들을 토의하고 있었다. 위탁부모들의 행동이 자발적일지라도, 그것은 위탁 아동의 가족과 정서적으로 연결되는 것이 중요하다는 그들의 이해에 기초하였고, 그들이 존경과 관심을 전달하기 위해 개발해온 기술들이 반영되었다. 그 결과, 그들은 매우 짧은 시간에 그 엄마의 강점과 지식을 알아낼 수 있었고, 건설적인 의사소통 과정을 시작하였다.

사회복지사가 참석은 하였지만 그들 간에 새로운 관계가 펼쳐지도록 거의 모임 내내 침묵하였다. 만일 위탁부모들이 덜 기술적이었거나 재나가 덜 반응적이었다면, 그녀는 반드시 더 적극적인 역할을 하였을 것이다. 그러나 그런 경우가 아니었기 때문에 그녀의 역할은 뒤로 물러서 있는 것에 의해 모임을 촉진하는 것이었다. 앞으로 어떤 일들이 벌어지면, 그녀는 진전을 평가하고, 필요시 조정인으로서 처리하는 역할을 하며, 그 사례를 앞으로 나아가게 할 중심적인 책임을 가질 것이다.

우리는 경험을 통해, 문제가 생길 때 기관 사례들에 대해 함께 일하고, 시간이 가며 그들의 기술을 연마하면서 전문적인 사회복지사와 위탁부모들이 함께 배울 수 있고, 협동적인 팀을 구성할 수 있다는 것을 알게 되었다. 그러나 그러한 팀들은 기관 구조 속에 놓여 있고, 팀 노력의 성공 여부는 부분적으로 정책과 절차들에 대한 행정적인 검토에 따라 달라진다.

관리자들과의 지속적인 접촉

훈련을 진행하면서 우리는 관리자, 슈퍼바이저들과 간헐적이나 지속적으로 접촉을 했다. 특정한 사례들은 자주 정책에 대한 질문들을 전면으로 부상시켰다. 예로, 재나의 사례에서 가족 방문에 대한 정책을 재검토하도록 요구되었다. 재나는 책임 있는 엄마였고, 아이들을 공원으로 데리고 나갈 수 있게 해달라는 요청은 합리적인 것이었다. 만일 기관이 경직되고 규칙만을 주장한다면 재나와 두 위탁모 사이의 접촉은 확실히 위험해질 것이다.

우리는 얼마나 많은 절차들이 법보다는 오히려 습관의 문제이고, 그것들이 얼마나 자주 "최악의 사례"를 염두에 두고 정해진 것인지에 인상 받았다. 많은 위탁보호양육 기관들은 통제의 필요성과 기관이 이 일을 수행하는데 있어서의 계획과 조직의 문제, 그리고 아동과 위탁부모들에 대한 보호의 필요성을 주장하며 친부모의 자녀 방문은 오직 기관에서만 가능하도록 제한하는 방침을 정하였다. 정책은 기준선으로서 이해할 만하나 그것을 확장하고 더욱 융통성 있게 만들 수는 없는가? 어떤 조건 아래서는 융통성 있게 할 수는 없는가? 절차들을 사례별로 평가하거나, 연속적으로 진행시킬 수는 없을까? 예로, 만일 위탁부모가 동반한다면, 모든 참여자들이 그녀가 자의대로 가게 하는데 편안하게 느낄 때까지 재나가 아이들을 밖으로 데리고 나갈 수는 없을까?

우리는 새로운 절차에 대한 행정적인 뒷받침이 필요한 다른 상황들, 특히 초기면접, 사례 조정, 그리고 이행기 시점에서의 집중적인 서비스를 포함하는 상황들을 탐색하였다. 자주 아동이 배치되자마자 두 가족들을 함께 오게 하는 것이 가능하다는 것이 증명된다. 그리고 그것에 의해 분리의 정신적 외상을 감소시킬 수 있다. 그러나 공식적인 절차는 천천히 진행되고, 만일 책임 있는 당사자들이 아동과 가족, 그리고 궁극적으로 좋은 결과에 필수적이라고 믿을 때만 단지 초기면접 과정을 서두르고, 참여자들의 명부를 확대하는 것이 가능하다. 변화는 정책입안자로부터의 특별한 격려와 기관의 모든 수준에서의 지지를 요구한다.

기관 내에서의 구조적인 재조직화도 이와 똑같다. 우리는 정책 토의를 유발하기 위해 혼돈에 빠져 있는 예와 특히 고통받고 있는 사례들을 가지고 기관 내와 또 기관을 넘어서 사례 관리의 조정을 위해 논쟁하였다. 우리는 또한 이행기 동안 스탭의 시간을 별도로 할당할 수 있는지 그 가능성에 대해서도 토의하였다. 그런 순간들은 특별히 어렵기도 하고 특별히 변화 가능성도 높다. 긍정적이고 부정적인 발달의 잠재력은 새로운 체계가 형성 중일 때 가장 크고, 그래서 그 때의 과외의 노력은 특별히 생산적인 결과를 초래하기 쉽다.

여기까지 훈련에 대한 설명은 기관 스탭들을 관여시켜왔다. 가족, 스탭, 그리고 관리자들을 포함시킬 때 변화에 대한 장애가 증가할지라도, 기관 내에서의 정책, 절차, 그리고 기술의 정제는 합리적인 기대를 가진 목표이다. 이런 경계선들을 넘어서 다른 체계와의 접속에서의 도전은 우리를 더욱 의기소침하게 만든다.

삼각관계를 넘어서: 다른 체계와의 접합점에서 일하기

거의 모든 위탁보호 양육 상황에서, 기관의 경계선 밖의 체계들은 사례의 결정과 진전에 중요한 영향을 미친다. 다음의 위탁보호 양육 사례들에서 관련된 체계들의 관계망을 고려하기 바란다.

마리는 아들을 되찾기 위해 열심이다. 그녀는 법원의 명령대로 자녀양육 훈련교육에 참석하고, 상담을 받고 있고, 아들을 정기적으로 방문하고 있으며, 위탁가족과도 접촉을 잘하고 있다. 기관의 사회복지사는 그녀가 아이를 데려갈 준비가 되었다고 생각하나 아동보호서비스 사회복지사는 동의하지 않는다. 그녀는 법원 명령에 초점을 맞추고 있고, 마리가 해야 할 첫 번째 과제는 법원 명령을 완수하는 것이라고 믿는다. 법원 청문회가 계획되었다 취소되었고, 또 다시 잡혔다 연기되었다. 마리는 자신을 변호할 수 있다고 느끼는 똑똑하게 말할 줄 아는 여자이나, 그녀는 청문회가 있을 때마다 판사가 변호사와 보호서비스의 사회복지사와만 말하고 자신에게는 아무 말도 하지 않는다는 것에 불평한다. 그런 상황은 계속되고 마리는 깊게 낙담한다. 이런 상황에 포함되어 있는 것은 법적인 체계, 보호서비스, 상담과 교육서비스, 위탁보호 양육체계, 그리고 위탁보호 양육기관이다.

앤지의 아이들은 그녀가 주거형 약물 프로그램에 참여하고 있는 동안 위탁보호에 양육되고 있다. 그 프로그램은 그녀의 과거 경험과 감정, 그리고 치료공동체에서의 진전에 초점을 맞춘다. 그러나 앤지는 자신의 아이들과 파트너를 염려하고 있고, 전문가 스탭의 충고를 거역하며 프로그램을 중단한다. 이 상황에 포함되어 있는 것은 약물 재활 공동체, 복지 체계, 위탁보호 양육 체계, 그리고 위탁보호 양육기관이다.

노숙자인 알프레다는 3명의 아이들이 있다: 둘은 위탁보호 양육되고 있고, 하나는 그녀의 엄마와 함께 살고 있다. 여성 문제에 중심을 둔 활동적이고 효과적인 집단에 의해 조직화된 훌륭한 집이 그녀에게 가능하다. 그러나 그것은 혼자 방을 쓰게 되어 있는 거주 공간이다. 거기 살고 있는 대부분의 여자아이들은 위탁보호 양육되고 있다. 만일 알프레다가 이 주거상황을 받아들인다면 그녀는 아이들과는 재결합할 수 없다. 이 상황에 포함된 것은 공공주택 당국, 민간 주택 기관, 위탁보호 양육 체계, 그리고 위탁보호 양육기관이다.

넬다와 앤지는 특수 훈련을 받은 위탁가족에서 위탁보호 양육되고 있는 특별한 욕구를 가진 아이들이 있다. 넬다의 아들은 정신장애를 가지고 있고, 앤지의 딸은 신체장애를 가지고 있다. 각각의 아이들은 아동복지 체계를 통해 치료를 받고 있고, 위탁부모들 역시 가정에서 그들의 특수한 문제를 다룰 수 있도록 지도감독을 받는다. 그러나 가족이 재결합할 가능성이 있고, 적어도 그들이 자녀들과 언제까지나 계속해서 접촉할지라도 넬다나 앤지에게 이런 특수화된 작업에 참여하도록 제공되는 것은 아무 것도 없다. 이 상황에 포함된 것은 보호 서비스, 의료적·교육적 체계, 위탁보호 양육 체계, 그리고 위탁보호 양육기관이다.

17세의 머린과 그녀의 어린 아들은 위탁보호 양육을 받고 있다. 그들은 머린과 그녀의 아이를 좋아하고, 그들을 자신들의 가족으로 통합하기를 원하는 부부와 함께 살고 있다. 머린은 가족이 고도의 비조직화, 약물남용, 그리고 가정폭력이 있음에도 불구하고 그런 원가족과 지속적인 끈을 가지고 있다. 두 가족 사이의 접촉은 상호 불신이 특징적이나 청소년 임신 센터에서 온 사후관리 사회복지사는 그 두 가족을 함께 만나게 하려고 시도하고 있다. 머린은 아버지를 방문하는 것에 대해 위탁모에게 거짓말을 하며 긴장하고, 그것은 곧 발각된다. 위탁가족은 배신감과 분노를 느끼고, 보호서비스에서 온 사회복지사는 엄마와 아기를 또 다른 곳으로 옮기는 것을 고려한다. 이 상황에 포함된 것은 보호서비스와 청소년 임신 기관, 위탁보호 양육체계, 그리고 위탁보호 양육기관이다.

이런 사례들에는 보편적인 줄거리가 있다. 중심 인물들이 가족 속에 확고하게 새겨져 있을지라도, 체계나 서비스 어느 것도 그 사실에 반응하지 않는다. 주택 당국은 알프레다를 노숙자로서 본다. 약물 프로그램은 앤지의 심리적인 문제와 심리적인 대처 방법에 대해 치료한다. 보호체계와 위탁보호 양육체계는 머린과 그녀의 아기를 단지 클라이언트로써 간주한다. 그들 중 아무도 확대가족을 보지 않는다.

모든 체계 안에 문제가 있을지라도 몇 개의 체계가 함께 관련될 때 그것은 더 심각해진다. 한 체계가 또 다른 체계와 중복되는 중요한 때 좁은 관점이 방해물로 작용한다. 아무도 재활 전문가에게 그들이 위탁부모뿐 아니라, 장애 아동의 친부모도 코치해야 한다고 제안하지 않는다. 아무도 마리가 법정에서 그녀의 아이들을 위해 간청하거나, 그녀 가족의 자원들을 설명해야 한다고 생각하지 않는다. 정보는 자신의 관점에서 그 상황을 설명하는 아동 보호 사회복지사에 의해 판사에게 흘러간다. 이 중대한 때에 마리를 그녀 자신의 가족 맥락 안에서 고려해줄 여지가 없다.

그들이 가족 유지에 더 많은 것을 투자할 수 있도록 체계들 간의 의사소통에 어떤 영향력을 미치는 것이 가능할 것인가? 대답은 아니기도 하고, 그렇기도 하다. 위탁보호 양육기관의 경계선 안에서 수행될 수 있는 것이 더 큰 체계가 포함될 때는 쉽게 되지 않는다. 법체계 조직, 주택 당국, 아동복지 체계, 약물 프로그램, 그리고 빈곤한 사람들을 위한 의료적 서비스 안에서 포괄적인 변화를 만들어내기 위하여 사람들은 또 다른 수준에서 일해야만 한다. 그러나 자문치료자, 훈련자, 그리고 위탁보호 양육환경 안에 있는 스탭 사회복지사들은 기존의 체계에 영향을 미치기 위한 자원들을 가지고 있다. 그들은 서비스들간에 조정이 제대로 되지 않은 결과와 가족을 고려하지 않는 정책들의 값비싼 대가와 자기 패배적인 결과를 강조하면서 의식 고양을 시킬 수 있다. 그들은 기관 내에서 정책입안자의 지지를 구할 수 있고, 그리고 같은 목적을 가지고 일하는 다른 체계에 있는 사람들과 제휴할 수 있다.

1장에서 설명한 모임은 그런 노력의 예이다. 모임은 앤지와 그녀의 가족, 그녀의 두 아이의 위탁부모, 위탁보호양육 사회복지사들, 그녀가 갑자기 중단한 약물 프로그램의 전문가 스탭, 그리고 훈련 자문치료자를 함께 소집하였다. 그것은 탐색으로 즉 다른 관점과 모든 당사자들에게 중요한 복잡한 문제들에 대한 인식을 증가시키기 위한 노력이었다. 반대자의 입장이 얼마만큼 건설적으로 혼란스럽게 되었는지는 모른다. 그러나 토의는 시작이다. 그것은 몇 체계의 대표들이 상호작용을 하게 하였고, 통합된 서비스의 필요성을 강조하였다.

가족과 함께 일하는 다른 체계의 대표들을 함께 소집하는 것은 변화를 촉진하기 위해 큰 도움이 되는 절차이다. 위탁보호양육 사례에서, 아동보호 사회복지사들은 법적인 의무를 집행할 책임이 있고 상당한 힘을 갖는다. 그들은 위탁보호양육 사회복지사가 재결합이 바람직하다고 제안하더라도 그 제안을 거부할 수 있다. 만일 아동보호 사회복지사가 위탁보호양육 삼각관계의 구성원과 접촉한다면, 그는 의지할 수 있는 지지체계의 개발이나 자녀양육 기술에서의 증가와 같은 처방된 법원 과제물의 수행을 넘어서 중요한 새로운 강점들을 인식하게 될 수 있다. 그런 다음 그는 자신감을 가지고 기관 내에서 전문가 동료들의 판단을 경청할 수 있고, 그리고 부모가 아이들을 되찾기 위해 청원할 때 장애가 되기보다는 오히려 옹호자로써 기능하기가 훨씬 더 쉽다.

사례들이 특수하나, 그것들은 수정되어야만 하는 일반 정책과 절차에서의 결함들을 지적한다. 법원은 타당성을 가진 전문가 의견에 관심 있을 때조차도, 원고의 말을 직접적으로 들을 수 있도록 그들의 스케줄과 일상적인 것들을 변화시켜야만 한다. 공공이건 민간이건 간에 주택 당국은 사회적인 환경의 현실에 반응해야만 하고, 가족을 분리시키는 전문조항과 절차상의 문제들을 검토해야만 한다. 아동을 위한 교육적 · 의료적, 그리고 치료적인 서비스를 조직하는 의뢰 체계들은 아동의 주변을 둘러싸고 있는 관계망을 고려해야만 하고, 원가족과 위탁가족 모두와 함께 일해야만 한다. 그런 절차들은 결국 가족들을 더욱 친근하게 할 뿐 아니라, 경제적으로도 분별 있는 것으로써 증명될 수 있다.

위탁보호 양육과 가족 생활로 들어가는 관련된 체계들 사이의 접합점에서, 경계선에 도전하고, 참여자들을 서로 정서적으로 연결시키며, 통합적인 절차를 찾는 것이 중요하다. 지역사회 서비스 통합과 사례 조정을 향해 노력하고 있는 전국적인 움직임은 이런 방향으로 움직이고 있다. 진보한 위탁보호 양육 구조 안에서 사회복지사들은 그들의 노력으로부터 배울 수 있고 기여할 수 있을 것이다.

부록 5.1 위탁보호 양육에 대한 생태학적 관점에 기초한 위탁부모들을 위한 훈련매뉴얼

내용 목차

기관 관리자와 훈련자에게 보내는 공개 편지

1부 생태학적 견해와 위탁보호 양육
    가족 상호작용
    가족 패턴
    위탁보호 양육 상황
    위탁부모의 훈련

훈련의 주제와 기술
    기본 주제
      가족 유지
      확대가족에게 접근하기
      가족에게 힘을 부여하기
      발달 단계
      이행기
    기술
      합류하기
      가족 지도 작성하기
      보완성과 함께 일하기
      강점 찾기

2부 1세션 : 위탁가족이란 무엇인가?
훈련자에게(주제, 기술, 목적)

세션 활동내용

    1. 위탁가족 지도 그리기

    2. 위탁가족 : 발달적인 과제와 가족의 강점들

    3. 이행기 : 위탁가족이 아동을 받아들임

    4. 토의

부록

    가족 지도

    가족의 발달 과제

2세션 : 위탁 아동 : 새로운 가정으로 들어가기

훈련자에게(주제, 기술, 목적)

세션 활동내용

    1. 아동 발달

    2. 새 가정에 연결시키기

    3. 문제 행동 : 이해하고 돕기

    4. 토의

3세션 : 뿌리 : 위탁 아동의 원가족

훈련자에게(주제, 기술, 목적)

세션 활동내용

    1. 원가족을 이해하기

    2. 형제를 위탁가족 속으로 받아들이기

    3. 토의

4세션 : 여러 종류의 가족들 : 가족 모양과 인종

훈련자에게 (주제, 기술, 목적)

세션 활동내용

    1. 가족 모양

    2. 인종

3. 토의

5세션 : 방문 과 지속적인 접촉
훈련자에게(주제, 기술, 목적)
세션 활동내용
   1. 방문과 가족 접촉의 의미
   2. 가족 방문을 격려하기
   3. 방문 시간 : 방문 전, 방문 동안, 그리고 방문 후
   4. 토의

6세션 : 개별 사회사업가들과의 통합 : 기능과 새로운 역할을 탐색하기
훈련자에게(주제, 기술, 목적)
세션 활동 내용
   1. 기관에서의 위탁보호 양육 활동들 : 조직화된 서비스와 새로운 역할들
   2. 팀으로서의 개별 사회사업가와 위탁가족 : 원가족과의 접촉을 위한 속도와
      역할 설정하기
   3. 토의

부록 위탁보호 양육 활동들의 기록 예

7세션 : 개별 사회사업가들과의 통합 : 과정 수행하기
훈련자에게(주제, 기술, 목적)
세션 활동 내용
   1. 접촉을 준비하기
   2. 원가족과의 모임
   3. 문제를 협조적으로 해결하기
   4. 토의

8세션 : 집으로 되돌아가기
훈련자에게(주제, 기술, 목적)

세션 활동 내용
1. "집으로 되돌아가기" 이행기: 다른 관점
2. "집으로 되돌아가기" 이행기: 함께 계획하기
3. 훈련을 마치기

제6장 약물 남용과 임신
가족 중심적 주산기 프로그램

이 장은 임신한 가난한 여성, 그리고 약물에 의존적인 여성들의 치료에 초점을 두었다. 약물중독은 확실히 사회계급, 인종, 연령, 그리고 성별을 막론하고 광범위한 인구 집단에게 영향을 미치나 이 집단의 경우 더 심각한 문제라고 볼 수 있다. 그들은 2세를 낳고 양육해야 되는 사람들이다. 그들의 아기가 확실히 약물의 독성을 가지고 태어나건 아니건 간에, 엄마의 중독 관리는 여성과 그들의 아이, 그리고 사회에 대해 장기적 영향을 미치고 있다. 이러한 이유 때문에 우리는 가족 지향적 주산기 프로그램의 형성과 발달에 대해 자세히 설명하고자 한다.

가족 중심적 주산기 프로그램을 자세하게 설명해야 되는 두 번째 이유는 앞서 설명한 것과 똑같이 중요할 수 있다. 이 프로그램 형성과정의 역사는 그곳이 클리닉이나, 병원, 학교, 회사이건 간에 기존 체계에 새로운 접근법이 도입될 때마다 발생하는 이슈들을 설명해준다. 우리가 묘사하는 구체적인 위기, 타협, 그리고 해결책들은 이 특정한 세팅에 적합하나 그 경험은 다른 많은 상황들에 대한 함의를 가지고 있다.

주산기 프로그램은 약물남용자들을 위한 치료공동체 속에 자리잡았고, 이에 따라 주산기 프로그램은 도시에 있는 대규모 종합병원의 한 부서에 속하게 되었다. 프로그램 초기의 자문치료자와 훈련자로서 우리의 역할은 가족 구성요소(family component)를 발달시키고, 주산기 프로그램을 스탭의 치료 과정에 통합되도록 돕는 것이었다. 상호간의 협동이 진전될수록, 개입의 성격이 범위와 내용 면에서 달라졌다. 우리의 접촉은 주산기 직원을 넘어서 더 넓은 치료공동체 성원들로, 즉 주산기 병동에 있는 여성과 그들의 가족, 그리고 더 나아가 산부인과의 클라이언트와 스탭을 포함하기에 이르렀다. 이에 따라 훈련과 자문 과업은 더 복잡해졌다. 우리는 우리의 관점들을 변화시키고, 하부체계간의 갈등에 관여할 필요가 있었으며, 정기적으로 우리의 역할과 우선 순위를 재평가하기 위해 훈련과 자문을 잠시 쉴 필요가 있었다.

우리의 개입으로 성별 이슈가 두드러지기 시작하였다. 여성과 아이들로 구성된 주산기 프로그램은 주로 남성이 우세한 치료공동체 속으로 통합되었다. 성별 이슈들은 정치적인 문제로서가 아니라 다른 현실을 반영하는 문제로 발생했고, 우리의 가족 지향적 접근은 공동체 내 긴장감을 조성하고 해결책을 제공하는 이 모두에서 핵심적인 역할을 하고 있었다.

우리의 개입은 또한 어떤 훈련 프로그램에든 근본적인 질문을 던졌다: 새로운 접근법이 접목되기 위하여 무엇을 받아들여야 하는가? 지속되어온 절차가 변화를 반영하고, 스탭이 새로운 사람들을 이런 식으로 일하도록 훈련시키며, 그리고 프로그램이 이 접근을 시도한 사람에게 더 이상 의존하지 않고 지속되기 위하여 그것이 어떻게 제도의 부분이 되는가? 우리는 어떤 병원 세팅에서는 새 모델이 확장되고 유지되기도 하지만, 어떤 병원에서는 성장하다가 정점에 이르면 쇠퇴하는 것을 볼 수 있었다. 왜 그런 일이 일어났을까? 왜 어떤 병원에서는 지속되고, 어떤 곳에서는 지속되지 못했을까? 어떤 요소가 프로그램이 지속되도록 도움을 주는가?

다음 절들에서 우리는 세팅, 개입의 성격, 프로그램의 발달, 그리고 결국 그 접근법을 지속시키는데 더 적합한 세팅으로 이 모델을 확장시키는 것에 대해 논의할 것이다.

주산기 프로그램

주산기 프로그램(perinatal program)은 병원의 약물중독 부서 책임자에 의해 시작되었고, 외부 재원에 의해 후원 받는 특별한 프로젝트였다. 이것은 환각제나 코카인에 중독 된 임산부와 주산기 여성들을 위한 치료 서비스였다. 그리고 이것은 이미 시행되고 있던 주간치료 회복 클리닉에 새로 추가된 필수적인 프로그램으로 생각되었다. 한 명의 프로그램 조정자와 한 명의 상담자를 추가하면서 새로운 클라이언트 집단이 클리닉의 치료공동체 속으로 통합되었다. 공동체의 의학적 치료와 심리사회적 서비스, 그리고 자조에 대한 강조가 결합된 주산기 프로그램은 새로운 인구집단을 둘러싼 다양한 문제들을 다루는데 더 알맞다고 생각되었다. 게다가 주간치료 구조는 그들의 외부 유대관계를 위협하는 것으로서 간주되었던 장기 입원 프로그램에 비해서 여성중독자들에게 매력적인 것으로 보였다.

우리의 훈련 센터인 〈Family Studies, Inc.〉의 스탭은 약물중독의 "가족 구성요소(family component)"로서 개념화되었던 것들―약물 의존이 가족구조에 미치는 영향과 가족 구조가 개인에게 미치는 영향―을 가지고 이 프로그램을 돕기 위하여 초대되었다. 실제로 우리의 과제는 그 상황의 현실과 변화 과정에 대한 우리 자신의 견해 모두를 반영하면서 더욱 복잡해졌다. 처음부터, 우리는 기존의 공동체 속에 새로운 집단이 들어감으로써 발생하는 조직적인 역동성에 대해 고려해야만 했다. 비록 가족 지향적 절차에 대해 일부 저항을 예상했을지라도, 우리가 치료와 사례관리 정책들에 대한 "신" "구" 직원들 사이의 갈등의 중심에 서게 되리라고는 예상하지 못했었다. 가족 초점을 도입함과 함께 이런 문제에 개입하여 처리하는 조정인으로서의 역할이 시작되었다.

자문과 훈련 과정을 되풀이하는데 있어서 우리는 3단계를 찾아낼 수 있다: 치료공동체에 주산기 프로그램의 도입, 이 프로그램의 모체로부터의 점진적 분화, 그리고 또 프로그램을 다른 병원 세팅으로 확장시키는 것. 개괄적으로 말하자면 어떤 프로그램이든 더 큰 구조 속으로 도입되고 분화되었다 그 속에서 확장되는 통합의 과정은 전형적인 성공의 과정과 결과일 것이다.

주산기 프로그램이 치료공동체에 합류되다

과정의 시작

프로젝트가 진행 중일 때, 훈련자/자문치료자들의 첫 번째 과제는 세팅에 대해 무엇을 알아야 하는 것이었다. 우리는 세팅을 관찰하고, 스탭과 얘기하고, 행정적, 정책 이슈들을 재검토하는 모임에 참석하며 시간을 보냈다. 새로운 주산기 프로그램 직원을 포함해 매주 열리는 직원 모임과 약물중독 관련 부서의 책임자가 주관하는 월례 모임이 있었다. 월례 모임은 치료 클리닉의 조정자와 슈퍼바이저들 뿐 아니라 주산기 프로그램 직원도 참석하였다.

치료공동체는 주인 문화(the host culture)였고, 우리의 작업은 그 공동체의 구조와 방향에 의해 결정되었기 때문에 우리는 인구 집단, 철학, 그리고 일과를 설명하는 것으로 이 장을 시작하려고 한다.

주인 문화(The Host Culture)

인구 집단과 모델

치료공동체는 20대 중반에서 50대 초반의 연령 분포를 가진 약물중독자들을 위한 주간 치료센터였다. 큰 의료시설 안에 있는 클리닉은 치료공동체 모델의 특징인 자조 전략을 의료적, 정신치료적, 교육적, 그리고 사회 서비스들과 결합시켰다. 스탭은 전문적 원조자와 공동체 감독자라는 이중의 역할을 수행하였다. 예를 들어, 간호사들은 필요할 때는 의료적 문제들을 다루었으나, 그들은 또한 늘 소변 샘플을 모아 약물 사용 여부를 확인하였다. 상담자와 사회복지사들은 공동체의 정서적인 흐름을 놓치지 않고 따라가며 클라이언트들이 치료적 목적을 설정하고 이를 추구하도록 도왔다. 클리닉은 내부적 활동뿐 아니라, 외부기관들, 그리고 병원의 다른 부서 직원들과의 접촉을 유지하였다.

주어진 시간에 클리닉은 30~40명의 클라이언트에게 서비스를 제공하였고, 그들 대부분은 남성이고 가난한 아프리카계 미국인이거나 라틴계 미국인이었다. 입원시 많은 사람들이 노숙자였고, 일부는 HIV 양성 반응자였다. 대부분은 환각제, 코카인 또는 다른 약물에 오랫동안 중독되어 있었고, 다른 약물치료 프로그램에 참여 경험이 많은 베테랑들이었다. 치료공동체 프로그램에 참여할 자격을 얻기 위해서 후보자들은 약물치료를 적극적으로 받아야 하고, 약물을 끊으려고 노력해야 하며, 그리고 18개월 동안 치료받는데 합의해야 했다. 초기 면접동안 클라이언트의 동기가 무엇인지 사정작업을 하였고, 프로그램에 대해 설명하였으며, 개인적인 목적을 포함한 치료 계획을 세웠다.

처음에는 클라이언트들이 수동적일 것으로 예상했었기 때문에, 초기에는 공동체에 참석을 확실히 하도록 강조하였다. 최소한 9개월 동안 지속되는 프로그램의 첫 단계에는 주 5회 참석하는 것을 요구하였다. 매일 일과는 스탭과 클라이언트가 공동으로 30분 동안 만나는 시간으로 시작되었다. 그리고 다양한 활동들이 진행되었다: 치료공동체 모델에 대한 소개, 심리 교육 수업, 초보자들을 위한 기초적인 12단계 세미나, 마약 중독자 자조집단(Narcotics Anonymous/NA), 개방과 폐쇄 모임, 자기 노출모임, 지지집단, 스트레스와 이완 워크숍, 그리고 그날의 마지막 프로그램인 공동체 모임. 프로그램이 쉬는 주말 전후인 금요일과 월요일마다 "재발 방지"와 "주말 과정" 모임들이 있었다. 덧붙여 각 클라이언트는 개별적인 스케줄에 따라 담당 상담자와 후원자를 만났다.

클라이언트들은 공동체 규칙을 잘 지키고 있는지 여부가 자세히 감독되었다. 규칙을 어긴 클라이언트는 직원뿐만 아니라 다른 클라이언트들에 의해서도 직면되곤 하였다. 매주 2회씩 그 날의 주요활동은 "만남(encounter)"이었는데 공동체 전체가 참석하고, 스탭이 촉진자 역할을 하였다. 이 시간은 구성원들에게 정서적으로 부담을 주었다. 클라이언트들은 이 시간에 차례로 "전기 의자(hot seat)"에 앉아 그들의 진전, 부정, 공동체 성과, 남을 조종한 행동들에 대해 직면되어야 했다. 그 만남은 구성원들로 하여금 규칙을 지키게 하고, 전기 의자에 앉은 사람이 누구든 그 사람의 방어를 꿰뚫어 볼 수 있게 했으며, 그리고 집단 구성원들이 정서적인 표현을 할 수 있도록 격려하는 기능을 하였다. 일반적으로 잦은 모임은 공동체 성원들이 서로 마음을 열고 지지하도록 돕는 매개체로서의 역할을 하였다.

이 단계에서 클라이언트는 공동체에 더 잘 적응하도록 기대되었다. 프로그램 참여와 지속적인 약물 중지는 개인적인 동기와 공동체 지지, 그리고 공동체 가치의 강요에 달려 있는 것으로 보였다. 누가 선임자인지는 공동체 책임이 할당되는 양상으로 알 수 있었는데, 그것은 마루 청소를 하고, 파티를 준비하는 것에서부터 특별한 모임을 계획하고 주관하는 것, 그리고 신입 성원에게 "big brother" 역할을 하는 것을 보면 알 수 있었다. 이러한 진전의 표시들은 책임감과 자존감을 발달시키고, 소속감을 만들 것으로 생각되었다.

약물을 중단하고 프로그램에 만족할 만큼 참여한 약 9개월 후, 클라이언트는 일주일에 2~3일만 참여하는 새로운 단계로 들어갔다. 이제 초점은 클라이언트가 재정문제, 주거, 직장, 법률 문제, 그리고 가족 및 다른 중요한 관계들과 같은 프로그램 밖의 외부 세계에서의 삶에 적응하도록 돕는 것에 맞추어졌다. 클라이언트가 프로그램을 마칠 때까지, 그들은 취업을 하거나 학교에 다니거나 또는 직업훈련을 받도록 기대되었다; 약물중단과 지속적인 회복을 방해하는 요소를 제거했을 것이고, 신입 클라이언트의 후원자 역할 같이 클리닉과 어떤 관계를 유지할 것이다.

프로그램 진행 과정은 항상 계획만큼 원활하지 않았다. 포기도 잦았다. 어떤 클라이언트는 오리엔테이션을 통과하지도 못했고, 또 다른 클라이언트들은 불규칙하게 참석하다 결국 그만두었으며, 어떤 클라이언트들은 규칙적으로 참석은 했지만 정서적으로 분리된 채로 남아있었다. 프로그램에서 단계 진전이 더디고, 치료 기간이 연장되면서 잘못된 행동들과 재발 문제가 생겼다. 일부는 가장 전형적인 규칙이었던 "약물 금지" 규칙을 위반했기 때문에 프로그램에서 쫓겨났다. 반면, 어떤 클라이언트들은 공동체에 지나치게 적응하여 재시작 단계(reentry phase)와 졸업으로의 이동에 저항하였다. 많은 문제들이 있었음에도 불구하고, 이 프로그램은 치료공동체 모델의 일반적인 성공 예였다.

가족에 대한 공동체의 태도

우리는 특히 가족 접근에 관심이 있었기 때문에 매주 직원 모임시 가장 초점을 맞춰 관찰한 것은 직원들이 클라이언트의 가족에 대해 어떤 언급을 하는가 였다. 가족들에 대해 무엇을 알고 있는가? 가족에 대해 무엇을 논의하였는가? 태도는 어땠는가? 아마도 가족 문제가 약물 남용의 원인이 아니었다라고 말하는 것은 놀랍지 않다. 즉 클라이언트들은 그들의 가족은 제외된 채, 개별적인 성공과 실패, 다른 공동체 성원들과의 관계, 그리고 직원과의 상호작용 견지에서만 논의되었다. 가족과의 관계, 또는 가족과의 관계가 회복에 어떤 영향을 미치는지에 대해 직원 모임에서 논의되는 것을 거의 또는 전혀 들을 수 없었다. 사실상 스탭은 가족 배경, 현실, 또는 가족과의 관계에 대해 거의 모르고 있었다.

직원 모임에서 그들의 토의내용을 관찰함에 따라, 우리는 공동체가 두 가지 기본적인 주의에 기초하여 움직이고 있다는 것을 알게 되었다: 약물중독된 클라이언트는 자신에게 초점을 맞추고, 다른 어떤 것을 하기 전에 먼저 그들의 중독 문제를 다룰 필요가 있다는 믿음과 공동체는 치유 환경이라는 신념이 그것이었다. 클리닉 세팅에서 일어나는 모든 것은 약물 없는 삶을 위한 투쟁과 관련이 있고, 공동체 성원들간의 관계는 약물을 끊을 수 있는 개인적인 자제력에 영향을 미치는 중요한 힘으로서 지지되었다. 치료적 개입과 관련하여 가족을 중요한 치료 단위로 보며, 스탭이 관심을 갖는 가족과 관련된 원칙 같은 것은 없었다.

움직이는 공동체

공동체 내 사람들간의 관계는 물론 복잡하였다. 우정은 일상활동 과정에서 발전하였고, 구성원들이 재발을 방지할 수 있게 서로를 지지하도록 격려했을 때 서로간의 관계는 프로그램 시간외까지 확장되었다. 선임자들이 신입 참가자들에 대한 후원자와 같은 일부 관계는 프로그램에서도 허용되었다. 성적 관계와 같은 다른 관계들은 근친상간과 유사한 것으로 보고 확실하게 금지되었다. 대부분의 경우에 공동체 성원들간의 접촉은 연합의 자발적인 역동성과 적의, 지도력, 그리고 관심을 주고받을 필요성을 반영하였다. 스탭 성원들은 서로로부터 클라이언트를 보호했던 반면, 클라이언트들은 스탭의 관심을 끌려고 경쟁하고 편애에 대해 불평했기 때문에 전문가적 경계선과 객관성은 종종 흐려졌다. 공동체는 강도와 역동성에 있어 가족의 특성들을 많이 가졌고, 실제로 일부 클라이언트는 "실제" 가족이라고 말하곤 하였다.

스탭에게 지도적인 도식은 강력했다. 그들은 공동체 성원들의 문제는 단지 약물중독이라고 생각했고, 이에 따른 해결책으로서 치료공동체에 대해서만 초점을 맞추었기 때문에 클라이언트 삶의 다른 부분은 단지 이차적인 것으로 다루어졌다. 예를 들어 우리는 한 클라이언트가 쉼터에서 오는 도중 교회에 들리느라고 클리닉에 늦게 도착하고 있음을 직원 모임에서 알게 되었다. 그리고 제빵사인 또 다른 클라이언트는 제빵사는 밤에 일해서 너무 피곤해 공동체의 주간 활동에 참석하지 못하는 일이 있을 수 있기 때문에 무직인 상태로 있도록 압력을 받았다. 만일 우리가 스탭에게 가족들에 대해 물었다면, 가족이 없다거나("조는 가족이 없어요"), 거부하고 있다거나("데이브는 가족이 개입되는 걸 원하지 않아요"), 거부되고 있고("폴의 가족은 방해받고 싶어하지 않아요"), 또는 가족은 클라이언트에게 해가 된다는("브렌다 엄마는 브렌다에게 나쁜 영향을 주고, 재발하게 할 수 있어요") 말을 들었다.

클라이언트가 먼저 공동체에 헌신하고 중독 문제를 다룬 후에야 정서적으로 가족 문제에 대해 협상할 준비가 된다는 그들의 신념에 따라, 가족을 개입시켜야 한다는 생각은 단지 재시작 단계에서만 가능했다. 그러나 그런 때조차 가족들은 치료에 포함되지 않았다; 오히려 그들은 파티 같은 특별한 경우에만 오도록 초대되었다. 가족과 외부 세계는 일차적 치료 후 이차적인 자원 정도로 간주되었기 때문에 클라이언트의 퇴원계획 무렵이나 공동체를 떠날 때쯤에만 가족을 호출하였다.

주인 문화의 모델을 이해하게 됨에 따라, 우리는 자문치료자로서 이 주산기 프로그램에서의 우리의 역할을 생각할 필요가 있었다.

주산기 프로그램에 가족 초점을 소개하기

주산기 프로그램에 처음으로 들어오는 클라이언트들에게는 치료공동체의 표준화된 접근법이 적용되었다. 클라이언트들은 그들의 상담자와 긴밀한 치료적 관계를 발전시키고 최소한 18개월 동안 헌신적인 공동체 성원이 되도록 기대되었으나, 가족 문제가 중요한 이슈가 된 적은 없었다. 만일 임신한 약물중독 여성이 위탁보호 양육중인 자녀가 있다고 하여도 그들과의 관계는 그녀가 프로그램에서 진전이 있을 때까지, 즉 그녀의 약물중독 문제에 초점을 맞추고, 12단계 철학을 고수하여 진전이 있을 때까지 보류되는 것이 당연하게 받아들여졌다.

그러나 우리는 이런 상황을 다른 관점에서 보았다. 우리는 주산기 직원은 자원으로서의 가족의 중요성에 대해 보다 민감하게 인식해야 한다고 생각하였다. 그리고 직원들은 클라이언트가 자녀, 배우자, 형제, 그리고 부모들과 정서적 연결을 유지하고 강화할 수 있도록 돕는 방법에 대해 배울 필요가 있다고 생각하였다. 사실상 우리는 가족에게 초점을 맞추는 우리의 대안적 모델을 소개했고, 우리의 이 작업은 반드시 기존의 모델과 새로운 이 모델간에 갈등을 초래할 것이라는 현실을 직시할 필요가 있었다.

〈그림 6.1〉은 치료공동체가 주장하는 모델과 가족체계 접근이 주장하는 모델간의 차이를 설명한다. 각 모델들은 약물 중단과 가족 관계에 대해 서로 다른 강조점을 갖고 있다. 가족 역할의 개념을 모델마다 각각 다르게 정리하였고, 치료공동체에 들어오는 클라이언트에게 각각 다른 요구를 한다. 그리고 클라이언트, 공동체, 가족을 둘러싸고 있는 다른 관계적 구조를 옹호한다.

우리는 전통적인 치료 철학의 힘을 인식하고 있었기 때문에 직접적인 직면을 피하려고 조심하였다. 따라서 우리는 구체적인 절차에 대해서도 전혀 도전하지 않으며 이는 뒤로 연기했고, 그들이 약물 중독에서 회복에 우선 순위를 두는 것에 대해 이의를 제기하지 않았으며, 약물중독자의 가족을 개입시켜야 할 필요성도 주장하지 않았다. 대신 우리는 가족을 약물중독 문제의 한 요인으로 소개하는데 초점을 맞추어 교육적 접근을 하기 시작했다. 우리의 전략은 두 가지 목적을 가지고 있었다: 직원들이 회복 과정에 미치는 가족의 잠재적 중요성을 인식할 수 있도록 가족의 생활에 스탭의 관심을 증가시키는 것, 그리고 가족 지향적 개입을 위한 기초로서 가족들에 대해 보다 건설적인 신념과 태도들을 갖게 하는 것. 이러한 목적을 위하여 우리는 가족 구조, 인종, 갈등, 그리고 강점들에 대한 강의를 하였다; 그리고 매주 사례 자문 모임을 했고; 그리고 "보여주기"를 위한 가족면담을 하였다. 우리의 목적은 주산기 직원을 훈련시키는데 있었으나 이것은 우리가 이루고자 하는 것의 작은 부분일 뿐이고, 클라이언트들은 우리가 훈련시키지 않은 전 직원들과도 상호 작용할 것이므로 우리는 좀더 많은 클리닉의 스탭이 참석할 수 있도록 우리의 활동을 계획하였다.

우리의 계획은 직원들이 무의식적으로 하는 부정적인 말을 다시 고쳐주고, 직원들의 사고 범위를 넓히기 위하여 구체적인 자료를 가지고 면밀히 토론하는 작업 과정을 거쳐 천천히 진행되었다. 예를 들어 한 사례에서 우리는 클라이언트가 그녀의 가족에 의해 거부당했다는 직원의 생각에 이의를 제기하였다. 표면적으로 드러나는 이야기는 그녀가 임신했을 때 가족이 모두 그녀를 배척했다는 것이었지만, 우리는 보다 실질적인 가족의 모습을 본 다른 직원들로부터 정보를 얻을 수 있었다. 그녀의 상담자는 다른 가족원들보다 그녀에게 더 지지적인 아주머니를 알고 있었다; 또 다른 사회복지사는 클라이언트의 엄마가 자신의 딸에 대해서는 아닐지라도 아기에 대해서는 관심을 갖고 있다는 사실을 알고 있었다. 그녀의 아주머니와 언니가 가족상황을 더 잘 이해할 수 있도록 와서 도와달라는 우리의 초대를 받아들였을 때, 우리는 "보여주기"를 위한 면담을 실시하였다. 함께 가족 지도를 만들면서 우리는 클라이언트로부터 얻어낼 수 있었던 것보다, 또는 사례 기록에 있는 것보다 더 완전한 가족 모습을 만들 수 있었다. 이것과 다른 사례 자문 치료를 밑바탕으로 하여 우리는 클라이언트의 삶에서 누가 중요한가, 누가 그녀를 좋아하고 또는 누가 그녀에게 실망하였는가, 누가 그녀의 아이들을 돌보나 등등에 관한 정보를 수집하는 방식으로 가족 지도 만들기 개념을 소개하였다.

직원들은 관심을 보였고, 그들은 가족들과 조금도 관계하고 싶지 않다고 말했던 직원들조차도 해결되지 않은 문제를 계속해서 제기하고 있다는 것을 알아챘다: 부모로부터 사랑 받지 못했다는 감정, 형제를 편애한 엄마에 대해 자신은 불공평하게 다루어졌다는 감정, "나에게서 내 아이를 훔치고 있는" 가까운 친척에 대한 배신감, 그리고 가족들을 실망시켰다는 죄책감. 관심이 증가함에 따라 그들은 특정 클라이언트의 가족상담을 해달라는 요청을 하였다: 이네즈는 각기 다른 위탁가족에 배치되어 있는 3명의 아이들이 있고, 그녀는 엄마와 애인 사이에 복잡한 삼각관계에 있었다. 줄리의 남자친구는 그녀의 회복에 분명히 지지적이었지만 스탭은 그가 학대적이라고 의심했

〈그림 6.1〉 주산기 프로그램에 대한 대안적인 접근법: 치료공동체 대 가족체계 모델

	치료공동체	가족체계
일차적인 가치	약물	중단정서적인 연결
가족의 역할	이차적	일차적
	가끔 오는 손님	완전한 참여자
	프로그램의 종결	처음부터 자원을 향한 자원
	치료를 복잡하게 함	치료에 의해 복잡해짐
	문제의 일부	해결에 결정적
신입 클라이언트에 대한 반응	집단공동체 적응해야만 한다	문화에 구체적인 하부문화를 요구한다
관계적 구조	ⓐ TC Client Ⓕ	TC Ⓒlient Ⓕ

TC : Therapeutic community   F : Family

다. 셜리는 그녀와 적대적인 관계에 있는 그녀의 엄마가 아이들에 대한 양육권을 가지고 있어 앞으로 그 문제가 어떻게 될 것인지에만 집착하고 있었다. 베스는 복잡한 관계망 속에서 살고 있었고, 직원은 그녀의 아이들 모두와 그들의 위탁부모, 그리고 다른 기관의 사회복지사들과의 모임을 요청했다.

우리는 스탭들이 일차적으로 다루었던 역기능적 측면들을 다루기보다는 오히려 가족간의 정서적인 연결을 촉진시키는데 중점을 둔 접근 모형을 만들기 위해 이러한 면접들을 사용하였다. 셜리가 학교에서 읽는 것을 배우려고 하는 자신의 계획을 엄마가 일부러 방해한다고 불평했을 때, 우리는 셜리 엄마에게서 긍정적인 점들을 찾으면서, 더 폭넓은 어떤 것을 찾아보았다: "당신의 아이들은 읽을 줄 아나요?" "당신이 읽지 못한다는 것을 아이들이 알고 있나요?" "읽지 못하지만 아이들의 숙제를 도와줄 수 있습니까?" "당신 엄마는 읽을 줄 아나요?" 이런 질문에 의해 가족의 현실이 확연하게 드러났다. 셜리 엄마는 읽을 뿐 아니라 시도 썼다. 그리고 셜리와 엄마 사이의 적대적인 관계는 우리가 어느 정도 예상했던 대로 감탄과 동경으로 뒤섞여 있었다. 이런 식으로 서로가 공유할 수 있는 탐색에서 시작하여 셜리가 가족간에 더 건설적이고 정서적인 유대를 형성할 수 있는 데까지 도울 수 있었다.

직원에게는 교사로서 그리고 가족들에게는 자문치료자로서 우리가 개입하는 것은 특정한 사례들에만 초점이 맞추어졌고, 일주일에 단지 몇 시간으로 제한되었다. 우리는 이것만으로는 충분하지 않다는 것을 알았다: 구조 또한 바뀔 필요가 있었기 때문에 우리는 더 광범위한 정책과 절차에 영향을 미칠 수 있는 방법들을 모색하였다.

초기면접 절차를 변화시키려는 시도

만일 다른 접근 방식이 뿌리를 내린다면, 제도는 그 모델의 취지를 실현시키고 새롭게 발전되는 기술들을 반영하기 위하여 절차를 수정해야 한다. 그것이 일반적인 원칙이다. 그러나 각 세팅은 각 상황에 따라 맥락 안에서 적절한 시기와 적절한 장치들을 고려한 구체적인 사정작업을 요구한다. 주산기 프로그램 사례의 경우, 처음 몇 달 동안의 높은 클라이언트 회전율은 초기면접 절차에서 변화가 필요하다는 것을 제시한 좋은 기회였다.

프로그램이 진행됨에 따라, 클라이언트 다수가 얼마 참석하지 않고 중도 탈락 하고 있음이 명백해졌다. 주산기 직원은 그 이유를 클라이언트의 동기 부족과 공동체 규칙에 적응하지 못하는 그들의 무능력으로 인한 자연스러운 결과로 생각하였다. 그러나 적은 수의 공동체 성원은 프로그램을 지속하기 어렵게 했다. 등록 감소는 개선방안을 필요로 하였고, 보다 급진적인 생각을 수용하게 하였다. 우리는 만약 초기면접 과정에 클라이언트의 재활 노력을 돕는 파트너로서 클라이언트 관계망 속에 있는 중요한 인물들을 참여시킨다면 상황이 좋아질 것이라고 제안하였다. 초기면접은 남편 또는 애인, 부모, 형제, 자녀, 아동 보호 또는 위탁보호 양육기관의 사회복지사, 또는 프로그램에 정기적으로 참여하도록 격려할 수 있는 위치에 있는 어떤 사람도 포함할 수 있다. 우리는 가족 초기면접을 행하는 방법에 대한 지침을 제공함으로써 우리의 권고사항들을 구체화시켰다.

절차를 수정하기 위한 첫 번째 시도는 우리가 제안했던 절차 측면에서는 성공적이지 못했다. 초기면접 모임에 초대되었던 사람들은 별다른 변화 없이 그대로였다. 다시 생각해보면, 우리는 가족 초기면접은 프로그램을 성급하게 정착시키려는 욕구와 갈등을 일으킨다는 것을 깨달았다. 개별 면접을 통해 클라이언트들을 등록시키는 것이 여전히 더 쉽고 빠르고 더 편했다. 그러나 초기면접은 질적으로 달라졌다. 직원들은 클라이언트의 관계망에 보다 민감해졌고, 그들은 개별 면접중 시간을 내어 가족 지도를 작성하기 시작하였다. 그리고 가족 구성, 관계의 질, 그리고 클라이언트의 약물중독과 잠재적인 회복에 대한 다양한 가족원들의 태도에 대해 질문하기 시작하였다.

덧붙여 초기면접을 통해 구성된 치료계획들은 이제는 이전과는 다른 식의 말로 표현되었고, 더 폭넓은 목적들을 구체화하였다. 이전의 치료계획들은 현재 위탁보호양육 중에 있는 자녀의 양육권을 되찾겠다는 현실과는 동떨어진 목적에 대해 막연히 언급했던 반면, 현재 치료 계획은 자녀들이 배치되어 있는 동안만이라도 자녀와의 만남을 유지하고, 관계를 호전시키는 것에 대해 구체적으로 언급하고 있었다. 이것은 중요한 발전 단계였고, 병원과 공동체 관계 맥락에서도 사실상 전환점이었다. 병원 근처 이웃에서 도는 소문은 만약 당신이 임신한 약물중독자라면 당신이 아이를 낳자마자 병원은 강제로 아이를 데려갈 것이라는 분명한 메시지를 전달해왔다. 그러나 엄마와 아이를 하나로 보고, 가족간의 정서적인 연결을 재확립하려는 프로그램의 존재는 병원에 대한 평판을 바꾸기 시작했다. 병원에 자발적으로 찾아와 프로그램에 참여하는 임신한 약물중독 여성 수가 뚜렷하게 증가하기 시작하였다.

주산기 프로그램이 분화하다

훈련과 자문의 두 번째 단계는 주산기 프로그램에 일부 여성들이 핵심부를 형성할 정도로 충분히 오랫동안 프로그램에 참여하여 베테랑들이 생겼을 때 시작되었다. 이 시점에서 그들은 치료공동체에 이미 확립된 절차들에 대해, 특히 스탭에게 도전하였다. 그 도전은 갈등을 일으켰으나, 또한 재검토와 개선의 기회를 제공하였고, 우리가 프로그램에 더 직접적인 가족의 관점을 도입할 수 있게 하였다.

스탭 문제

주산기 프로그램 참석자가 증가함에 따라, 구성원들이 바뀌는 문제가 여성들의 양가감정적이고, 미약한 재활 의지와 일정치 않은 참석, 그리고 빈번하게 규율을 지키지 않는 문제와 혼합되었다. 주산기 클라이언트들은 종종 늦게 왔다 일찍 가버렸고, 날짜를 잊거나 공동체 모임에 단지 형식적으로 참여했다. 이에 대한 반응으로 스탭들 사이에 치료와 징계 방침에 대한 분열이 발생했다. 치료공동체의 핵심 스탭은 규율을 따르지 않는 것이 회복을 방해하고, 클라이언트의 사기를 꺾을 것이라고 걱정하며 신입회원들이 프로그램의 기존 규율들을 완벽하게 지키기를 기대하였다. 반면 다른 주산기 스탭들은 클라이언트들은 특별한 생활 환경 속에서 살고 있기 때문에 더 융통성 있는 자세가 요구된다고 논쟁하였다. 그들은 여성들이 매주 프로그램에 다 참석하지 않거나 왔다가 중간에 가는 것도 허락했고, 일반적으로 규율 위반에 대해서 더 관대한 태도를 취했다.

핵심 스탭은 이 특별 대우에 반대하며 규칙을 위반하는 주산기 클라이언트에게 관례에 따른 제재를 가하기 시작했다. 규칙 위반은 증가했고, 징계를 할 것인지 아닌지, 어떻게 징계할 것인지, 누구를 징계할 것인지에 대해 되풀이되는 논쟁과 함께 스탭들 사이에 의견 불일치는 점차 더 증가하였다. 주산기 프로그램의 조정자는 스탭들 내부의 긴장의 결과로 인해 업무 스트레스가 과중하다고 느꼈다. 두 번째 조정자가 사직했을 때, 우리에게 자리 교체에 대한 자문을 의뢰하였고, 가족 역동성에 관심이 많은 조정자가 고용되었다.[2] 기관과 함께 자문하는 일을 해나가는데 있어서 직원 고용은 측정할 수 없을 만큼 중요한 요소이다. 변화는 지시에 의해 이루어질 수는 없으나 기회가 생

---

2) David Greenan은 현재 The Minuchin Center for the Family의 책임자이며, 이 프로그램의 조정자가 되었다. 후에 이 프로그램을 다른 서비스로 확장하는 책임자가 되었다.

길 때, 만일 자문치료자가 새 지원자들을 평가하는 일을 할 수 있다면 그것은 환영할만한 보너스인 것이다.

조정자 교체로 스탭간의 갈등이 끝나지 않았다. 사실 새 조정자의 활동들은 상부와의 의견 충돌을 초래했다. 그는 병원의 산부인과와 그 지역에 있는 여성 쉼터와 활발한 연계에 기초해 적극적으로 클라이언트 모집 캠페인을 시작하였다. 그것은 성공적이었고, 그 결과 이전보다 더 빠른 속도로 신입 클라이언트가 유입되었고, 이는 기존의 규칙에 대한 도전과 정책에 대한 논쟁을 두드러지게 하였다.

성별 분화를 지지하기

스탭 내부의 분열은 자문치료자들이 개방적으로 다양한 관점을 토론할 수 있게 만들었다. 우리는 약물중독 부서 책임자가 주관하는 월례회의에서 프로그램의 운영시 최대한의 효과를 보장하는 세팅을 분석한 결과와 권고사항들을 제안하면서, 갈등을 공개적으로 표현하도록 격려하였다. 구체적으로 우리는 주산기 클라이언트가 특별한 집단으로서 인식될 필요가 있으며, 그들 자신들의 욕구를 표현할 수 있는 프로그램이 필요하다는 것을 제안하기 위하여 이 토론 모임과 가족 중심적 사고를 가진 조정자의 존재를 이용하였다.

우리는 이 집단 회원들이 공동체 규칙에 적응하는데 있어 그들이 가지고 있는 어려움과 그로 인한 임산부의 삭막한 현실을 포함한 성별 문제에 대한 나름대로의 견해를 가지고 있었다. 대부분의 여성들은 전통적인 클라이언트와는 다른 방법으로 클리닉에 오고 있었다. 남성 클라이언트와 다르게 그들은 치료공동체에 참여하는 것에 대해 충분히 생각하고 결정하지 않았다. 대부분은 프로그램에 들어오거나 아니면 아기 출생시 아기를 배치되게 해야 하는 선택의 문제에 갑자기 직면하게 되었다. 병원에 기반을 둔 쉼터에 거주하는 다수의 남성 클라이언트와 비교해서, 여성들은 남자 친구, 아이, 부모, 형제 자매 같은 외부 관계망에 더 정서적으로 연결되어 있었다. 그들을 담당하는 아동복지 기관의 개별 사회복지사들은 종종 가족을 유지하는 것에 시간을 투자하였고, 그러한 관심을 격려하는 경향이 있었다. 파울라가 딸을 보기 위해 프로그램에 좀 일찍 나갔을 때, 티나가 애인이 그의 아이들을 그녀 집에 데려왔기 때문에 이틀간 프로그램에 빠졌을 때, 그리고 크리스타가 이민과 공적부조 문제를 처리하는 문제로 3일을 참여하지 못했을 때, 그들은 아동복지 기관과 위탁보호 양육기관의 사회복지사들로부터 그렇게 하도록 격려 받았다.

우리는 앞에서, 많은 다양한 관계성을 가진 인구 집단인 여성이 일차적으로 남성 중심이고, 스스로 밀폐된 공동체에 들어가는데 따른 새로운 현실들을 주로 강조했다. 우리는 스탭의 주요 업무는 프로그램 안에서 클라이언트의 활동과 진전에 중점을 두는 것이라고 생각했고, 또한 그들이 여성에게 중요한 외부세계의 현실들을 준비하게 하는 것이라고 생각했다. 공동체의 많은 스탭에게, 그것은 여성이 프로그램에 참여하고 규칙을 지키는 방식에 대하여 더 많이 인내해야 한다는 것을 의미했다. 우리가 가장 밀접하게 함께 일했고 여성과 가장 직접적으로 관련된 주산기 스탭에게 있어서 그것은 가족 중심적 문제들을 논의하기 위해 만나는 새로운 집단 형태의 프로그램 활동의 개발을 의미하였다. 가족 중심적 문제를 다루기 위해 만나는 집단은 부모 지지집단과 가족 이슈집단이었다.

부모 지지집단 (The Parent Support Group)

주산기 프로그램에 있는 여성이 임신 중인 아이만이 아니라 다른 자녀들과도 좋은 관계를 가질 수 있도록 조금의 시간이라도 내서 그 관계 역시 중요하게 다루어야 한다는 것이 명백해졌다. 우리는 병원의 아동생활 부서(child life department)3)의 아동발달 전문가에 의해 시작된, 그리고 급진적인 생각으로 보이는 이러한 활동들을 제안하였다. 스탭은 필요할 때 일부 의료서비스를 이용하면서 이러한 부서들과 접촉하였으나 더 큰 병원의 자원들을 그들의 프로그램 속으로 어떻게 통합시켜야 하는지는 잘 몰랐다. 따라서 우리는 의사소통의 한 예와 전통적이고 오히려 조심스럽게 유지되는 경계선들을 가로지르는 혼합된 서비스를 제안하였다.

이러한 권고에 따라, 프로그램 일정은 아동과 부모역할에 초점을 맞추어 매주 모임을 하도록 수정되었다. 그 모임은 아동생활 육아실(child life nursery)에서 열렸는데, 육아실은 따뜻하고, 장난감과 벽에 걸린 아동의 그림 같은 아동에게 맞는 분위기로 조성되어 있었다. 그 모임은 여성들에게 부모-자녀 관계에 대해 토의하고, 서로의 경험과 걱정거리를 나누며, 아이들의 발달 능력과 그들의 성장을 자극하는 방법에 대해 배울 기회를 제공하였다.

아동생활 담당 스탭이 이끄는 활동의 도입은 프로그램 안에서 가족 초점을 증진시키면서 파급 효과가 있었다. 클라이언트들이 이제 약물 문제보다는 자녀 양육하는 프로그램 부분에 전념하고 있었고, 아동생활 부서에 의해 제공되는 그들의 영아와 걸음마기 아동발달평가와 치료적인 탁아 프로그램과 같은 다른 아동 중심적 서비스와 접촉하게 되었다. 초기 이후, 집단은 아기 아버지와 자연 관계망에 있는 다른 중요한 사람들을 포함시켰다. 집단은 그렇게 클리닉 공동체에 영향을 미치고, 또 이 프로그램에 참석을 요구하였던 치료공동체의 남자 구성원들을 포함시키는 중요한 발달을 하게 되었다. 한 남성 클라이언트의 소감은 약물 재활 프로그램에 가족의 관점이 가져온 효과에 대해 말하고 있다: "이것은 내가 가장 좋아하는 집단입니다, 왜냐하

---

3) 역자 주 : 미국의 아동병원은 이런 부서를 운영하고 잇고, 이 부서에서 일하는 사람을 child life specialist라고 부른다. 이들은 아동의 연령에 적합한 개별적, 또는 집단적 놀이를 통해 입원 중인 아동 환자들의 정상적인 발달을 도모하고 있고, 놀이실을 운영하고 있다.

면 여기서 나는 중독자로써 취급되는 대신, 부모로서 대우받기 때문이지요."

가족 이슈집단(The Family Issues Group)

가족 중심적 문제를 다루기 위해 두 번째로 덧붙일 것은 프로그램 조정자가 주관하고, Family Studies에서 온 자문치료자가 참석하여 격주로 열리는 가족 이슈집단이었다. 이 집단은 더욱 전통적인 접근으로부터 프로그램을 분화시키는데 중요한 역할을 했다. 이 집단은 "가족"을 중요한 논의 주제로 도입했고, 여성들이 프로그램 안에서 서로간의 상호작용과 그들의 가족간 관계 연결을 민감하게 했다. 초기에 다루기 어려운 가족 구성원을 다루는 상담역으로써 사용된 이러한 모임은 참석자들이 그들의 친척들과 갈등적인 관계에서 협력적인 관계로 전환할 수 있도록 도와주었다. 그들은 화해와 어려운 문제를 탐색한다는 관점에서 초대라는 것을 생각해냈고, 자문치료자 면담을 위해 가족 구성원들을 초대하기 시작했다.

예로, 캐더린은 6년 전 자신이 아이들을 돌볼 수 없다고 느꼈기 때문에 그녀의 아주머니에게 아주 어린 자녀 2명을 맡기고 어떻게 떠났는지를 설명했다. 캐더린과 아주머니 모두 그녀가 2년 안에 아이들을 위해 올 거라고 기대했고, 아주머니는 아이들을 돌려줄 것을 약속했었다. 그러나 5년 이상이 지나서야 캐더린은 아이를 찾으러 갔고, 그녀의 아주머니는 생각할 시간이 필요하다고 느꼈다. 캐더린은 이해하고 아주머니 말에 동의했으나 그 후 그 둘의 관계는 불편해졌다. 함께 대화하는 것이 쉽지 않았고, 그녀의 아주머니는 캐더린이 아이들을 보러오는 것을 이런 저런 이유를 대며 못하게 방해하곤 했다.

캐더린이 자신의 이야기를 했을 때, 집단 구성원 중 한 사람이 그녀의 아주머니를 고소하라고 제안했다. 그것은 아동에 대한 면접권과 양육권에 대한 갈등이 발생할 때 집단에서 흔히 취하는 태도였다. 그러나 가족 자문치료자는 고소 대신 캐더린에게 토의를 위해 그녀의 아주머니를 집단에 초대하도록 제안했다. 그녀는 걱정스럽기는 했지만, 이에 동의하였고 아주머니를 모임에 참석해달라고 전화하였다. 그 모임은 캐더린과 집단 둘 다에게 중요한 결과를 가져왔다. 자문치료자는 그녀의 아주머니가 캐더린의 자녀 양육 기술을 의심하는 것이 아닌, 6년 후인 지금 자신의 아이들처럼 느끼는 캐더린의 아이들을 포기하는데 대한 그녀 자신의 반응에 대해 이야기할 수 있도록 도왔다. 캐더린은 화가 남에도 불구하고 이것을 받아들일 수 있었고, 그것은 그녀가 아이들을 방문하는 횟수를 늘릴 수 있는 방식을 고안하는 것을 가능하게 하였다. 비난하고 대립하던 관계가 협력의 관계로 변화하기 시작했다.

아주머니를 부른 캐더린의 결정은 집단에게 촉매제로서 기능하였다. 그 다음 몇 주 지나서 비슷한 상황에 있는 두 명의 여자가 가족모임을 하였다. 이런 문제를 법을 통해서 해결하려는 자동적인 충동은 약해졌고, 누구든 가족 구성원을 가족 모임에 초대해 문제를 해결하는 쪽으로 일할 수 있다는 생각으로 전환할 수 있었다.

클라이언트와 스탭 모두에게, 이러한 절차들은 만족스럽고 때로는 흥분되며, 그리고 희망을 만들어낼 수 있다는 사고와 과정에서의 중요한 변화를 의미했다. 우리는 비록 우리가 아무 증거도 갖고 있지 않지만, 가족 구성원들과 다시 정서적으로 연결시키는 것은 이런 여성들이 관계를 회복할 수 있었을 뿐 아니라, 약물 중독에서 회복하는 과정을 도왔다고 생각하였다. 집단에서의 연대감과 지지는 가족의 정서적인 연결을 위한 패러다임을 제공하고, 가족의 대리 역할이 아니라 가족간의 정서적인 연결을 보충하는 역할을 하는 효과가 있었다. 일반적으로 특별히 이 프로그램을 위해 형성된 집단은 더 큰 치료공동체의 다양한 집단과 활동과 같은 종류의 지지의 일부를 제공하였다. 그러나 다루어진 이슈는 여성 관련 내용이 우세했다는 것과 외부 세계와의 관계와 현실에 대한 강한 연결 면에서 달랐다.

아기의 영향

주산기 클라이언트의 특별한 욕구는 임신 중 프로그램에 들어온 초기 여성들이 분만 시기가 다가올 때 더욱 명백해졌다. 새로운 정책 문제들이 발생했고, 새로운 현실들은 물리적인 환경과 치료의 초점을 변화시켰다.

정책 문제

생각이 변화하였다고 해서 일반화하는 능력이 자동적으로 뒤따르는 것은 아니다. 새로운 이슈들이 생길 때, 사람들은 덜 익숙한 모델과 일하기보다는 오히려 전통적인 기존의 절차에 의지하는 경향이 있다. 그래서 아기의 출생은 스탭 사이에서 갈등의 새로운 요소가 되었다. 공동체의 지도자는 시의 아동복지 기관이 엄마가 프로그램에 자유롭게 참여할 수 있도록 클라이언트 집이나 쉼터에서 아기를 돌보는 가정도우미 서비스를 제공해주기를 기대하였다. 일부 아동복지 사회복지사는 동의했으나 다른 사람들은 엄마가 프로그램에 다 참석 못하는 한이 있더라도 엄마는 아기에게 초점을 맞추도록 강조했다. 공동체 스탭은 이에 대해 강한 불신을 표현하였다: "만일 그들이 아기냐, 프로그램이냐 둘 사이에서 마음대로 결정할 수 있을 정도로 그렇게 한가한 상황이라면 우리가 왜 그들을 이 프로그램에 끌어들이려고 애쓰고 있다는 말인가?" "이런 아기들을 이런 엄마와 함께 있도록 돕는 것은 무책임한 것이 아닌가?" 등의 논쟁에 휘말리게 되어, 주산기 스탭은 두 입장 사이에서 망설이게 되었다.

다시, 정책에서의 갈등은 자문치료자가 주산기 프로그램의 특별한 특성들을 강조한 절차를 제안할 수 있게 했다. 우리는 가족이 프로그램에 들어가야만 한다는 입장을 취했다. 우리는 두 가지 요점을 주장했다: 엄마와 아기간의 유대관계를 보호하고 견고하게 하는 것, 이것은 정말로 정당성을 가진 이 주

산기 프로그램의 필수적인 요소라는 것과 아기의 존재는 회복 과정의 장애
라기보다는 오히려 회복을 돕는 것으로써 고려되어야 한다는 것이었다. 이
러한 이유에서, 우리는 가정도우미 서비스를 제공해주어 그들의 현안을 해
결할 수 있도록 그에 도전했다. 엄마에게서 아기를 분리시키기보다 오히려
그 프로그램은 엄마가 프로그램에 참여하는 동안 가능한 많은 시간을 아기
와 함께 할 수 있는 방법을 찾을 필요가 있었다. 그 입장은 병원 위계체계에
서 각 계층의 권위자를 포함하여 정책들을 재검토하게 했다.

물리적인 환경에서의 변화

첫 번째 이슈는 아기 데려오는 것을 병원이 허용할 것인가 였다. 이 문제는
공식적으로 환자가 아닌 아기들과 엄마의 약물 중독으로 인해 독성을 갖고
태어난 아기 모두와 관련되었다. 간호사들 사이에서는 HIV 양성을 가지고
태어난 아기가 클리닉의 다른 클라이언트에게 감염시킬 위험이 있을지 모른
다고 약간 우려하는 목소리가 있었다. 약물중독 부서 책임자의 요청으로 병
원의 책임 역학자가 정황을 재검토하고, 두 가지 요점을 강조하는 판결을 내
렸다: 프로그램에 이런 아기들을 포함시키는 것은 수용할 수 있으나, 아기들
모두의 건강과 안전을 위하여 어떤 지침을 따라야만 한다는 것이었다. 아기
들에게 전염성 질환을 퍼뜨릴 수 있는 클라이언트는 일시적으로 프로그램
참석을 금해야 하고, 기저귀를 갈아줄 적절한 장소가 제공되어야 하며, 엄마
가 아닌 다른 누구든 아기를 만지기 전에는 손을 씻어야만 한다.

이러한 지침, 그리고 아기의 안전과 안녕을 위하여 고양된 관심은 물리적
환경에서 변화를 유도하였다. 주산기 집단만이 사용할 수 있도록 큰방이 옆
에 마련되었다. 가구가 배치되었고, 아기가 낮잠을 잘 수 있는 아기 침대도
설치되었으며, 색색의 그림들이 벽에 걸렸고, 아기 분유를 차게 하거나 데울
수도 있는 기구도 설치되었다. 나중에는 아기가 성장함에 따라 아기가 길 수

있는 매트리스와 매트, 그리고 장난감들도 마련되었다. 클리닉의 주산기 분야는 독특한 가족의 모습을 채택하였고, 육아실은 여자들이 모여서 이야기하고 쉴 수 있는 "홈룸"이 되었다.

치료 초점에서의 변화

이러한 변화와 더불어 물리적인 것 이상의 변화가 있었다. 아기의 많은 참여와 엄마들이 아기를 돌보며 약물 의존에 초점을 맞추는 것과 반대로, 부모로서 클라이언트에게 투자되는 시간이 늘어났다. 부모 지지 집단은 이제 실제 이중군으로 구성되었고, 아동생활 부서 스탭은 엄마가 아기를 먹이고 돌보는 방식과 같이 서로 신호를 주고받을 수 있도록 엄마와 아기의 능력에 대해, 그리고 엄마들의 아동 발달에 대한 이해 문제에 대해 직접적으로 일할 수 있었다. 아동생활 부서의 역할은 그 결과로서 확장되었다. 공동체 직원은 만남 집단에서의 상호작용이 아기에게 정서적으로 충격적이어서 좋지 않을 수 있고, 또는 역으로 아기의 존재가 그 상황에 필수적인 요소인 정서적 강도를 줄어들게 하는 건 아닌가 염려했다. 아동생활 부서는 느슨함을 채택했고, 중요한 전문가로서 일상적으로 아기를 돌보는 활동 이상의 것에 관여를 하였다. 그들은 아기를 위한 '발달 자극' 프로그램을 조직하여 엄마가 만남 집단에 참여하는 동안 일주일에 두 번씩 진행하였다. 치료공동체의 스탭은 여성을 더욱 존중하고, 많은 여성이 과거에 학대로 고통받았다는 사실을 반영하기 위하여 만남 세션을 수정하였다.

아기는 또한 가족 이슈집단에서 토론 주제에 영향을 미쳤다. 지금은 아기, 아기 침대, 그리고 놀이용 매트리스 속에서 집단 모임이 이루어지는데, 그 집단은 점점 더 엄마로서의 역할이 실제적으로 내포하고 있는 것과 그것과 가족 생활의 다른 면과의 상호연관성에 초점을 맞추고 있었다. 중요한 것은 엄마가 아빠, 애인, 확장가족, 이웃 관계망, 그리고 사회적 서비스로부터 지지를 받고있든 받지 못하든, 지지를 요구하든 요구하지 않든 간에 그들로부터의 지지에 대한 주제였다. 대부분의 여성에게 새로운 초점은 현재 배치되어 있는 자녀의 양육권을 되찾는데 있어서 높아진 관심을 또한 의미하였다.

집단 정체성에서의 변화

마지막으로 아기의 참여는 독특하게 이 집단의 정체성을 여성 공동체로서 견고하게 만드는데 결정적 역할을 했다. 매일 엄마로서 직면하는 여러 가지 어려움들을 공유하면서, 여성들은 점진적으로 강한 결속력을 발전시켰고, 회복 중인 중독자로서의 그들의 위치보다 오히려 어려움에 직면한 엄마라는 상황을 중심으로 조직되었다.

초기 참여자들이 치료의 재시작 단계에 도달하여 취업 면접에 참여할 필요가 있었을 때, 여성들은 서로의 아기를 돌볼 수 있는 비공식적인 아기 돌보기 협조체계를 구성하였다. 그들은 가망성은 있지만 망설이고 있는 신입 클라이언트가 시의 아동복지기관으로부터 조사 받을 것이라는 것을 알게되면, 자발적으로 모여 그 집의 냉장고에 음식을 채워주고, 그런 다음 그녀가 프로그램에 확실하게 참여하도록 도와주었다. 그리고 다른 신입 클라이언트가 그녀가 머무는 쉼터에서 적대적 환경에 처해 있다고 말했을 때, 선임자들 중 한 명이 이렇게 말하였다: "그들이 당신을 그렇게 대하는 것은 당신이 완전히 혼자라고 생각하기 때문이에요. 당신이 외로운 사람이 아니라는 걸, 그리고 당신에게도 정말 가족이 있다는 것을 그들이 아는 것이 중요해요. 그리고 만일 당신에게 가족이 없다면, 우리가 가족이 되어 드릴게요." 그런 다음 집단은 그 쉼터에 가기로 동의하였다. "누구를 위협하기 위해서가 아니라, 당신은 혼자가 아니고 우리가 당신을 돌본다는 것을 그들이 알게 하기 위해서예요."

가족의 재건을 돕기

가족을 강조한 결과 나타난 한 가지 효과는 많은 여성들이 배치되어 있는 자신의 아이들을 되찾기로 결심했다는 것이었다. 이것이 최고의 이슈가 되면서, 주례 자문 치료 파트는 그 체계와 협상 기술을 발전시키는데 몰두하였다. 스탭들은 엄마들이 개별 사회복지사와 위탁 부모에게 접근하는데 있어서 주도권을 갖도록 격려하는 방법과 또 그 과정을 통해 그들을 코치하는 방법에 대해서도 배웠다. 얼마 되지 않아 엄마들은 보통의 위계체계와 확실하게 반대로 주도권을 잡고 이런 모임을 운영하기 시작하였다.

주산기 프로그램은 어떤 면에서 엄마와 아이, 사회복지사, 그리고 위탁 부모가 위탁보호 양육의 딜레마를 함께 다룰 수 있는 모임의 장이 되었다. 참여자들이 자녀 양육권을 되찾는데 성공하면, 자문치료자는 스탭이 클라이언트가 자녀와 재결합하는 동안 겪게 될 많은 어려움을 잘 극복할 수 있도록 도와주었다.

예로, 소냐가 프로그램에 들어왔을 때 그녀는 임신 중이었고, 결국 티샤라는 딸을 낳았다. 소냐의 재활은 성공적이었고, 프로그램을 마칠 무렵 여덟살 난 다른 딸 타니아의 양육권을 되찾았다. 또 다른 딸 라토야는 주거형 치료 센터에 있었는데 2년 후 재결합하기로 되어 있었다. 두 아들은 그룹 홈에서 함께 살고 있는데, 현재로서는 거기에 남아있기로 되어 있었다. 소냐는 프로그램을 종결한 후에도 주산기 프로그램과 계속 연락하고 지냈다. 그녀는 그녀가 느끼기에 자신을 거부하고, 말도 안하며, 그녀의 권위에 저항하고 있는 딸 타니아에 대한 도움을 특별히 요청했다.

우리는 이것은 재결합에 따르는 어려운 문제로 보았다. 수년간에 걸쳐 서로 연락없이 지냈기 때문에 소냐가 클라이언트로서의 보호받는 위치에서 자발적인 부모로서의 고생스런 자리로 옮겨가는 과정에서 불안감과 싸우고 있는 순간에서조차도, 소냐와 타니아는 갑자기 엄마와 딸로서 관계 맺는 법을 배울 필요가 있었다.

이런 상황에서, 자문치료자는 타니아를 담당할 또 다른 전문가가 되어달라는 요청을 거절했다. 대신에 그는 소냐가 엄마로서의 자신의 전문 기술을 연습하고 개발할 수 있는 환경을 제공했다. 소냐와 그녀의 아이들과 함께 하는 가족 모임은 격주로 계획되었고, 사회복지사와 아이들을 오게 하는 것은 전적으로 소냐에게 맡겨졌다.

세션들은 보통 구조화되지 않았다. 이런 모임 동안, 소냐는 아이들을 포함한 문제들 뿐 아니라 직업과 주택에 대해 토의하면서 많은 것이 마음에 걸렸다. 자문치료자는 가족 세션을 강요하기보다는 오히려 소냐의 현실과 그녀의 살아가는 방식에 적응시키는데 중점을 두었다. 그는 소냐의 관심이 아이들 쪽으로 향할 때는 적극적으로 도와주었고, 그녀가 다른 일에 집중할 때는 관심의 정도를 줄였으며, 그리고 적절할 때 다시 적극적이 되었다. 그는 종종 가족 세션 중 심각한 그녀의 가족 주제를 가벼운 유머를 사용하여 세션 안으로 끌어들였고, 그녀의 긍정적인 스타일에 합류하였으며, 가족 실연을 하거나, 또는 아이들이 주거형 치료시설 사회복지사보다 엄마 말을 더 잘 듣는다는 사실을 강조하기도 하였다.

이 가족의 중심 주제는 재결합의 불확실성이었다. 소냐는 한 아이나 또는 그 이상의 아이들에 대해, 그들의 행동이 어떻게 자신에게 스트레스를 주었는지, 어떻게 이 모든 것이 자신의 회복을 위협하고 있는지, 그리고 자신이 어떻게 재결합에 대해 다시 생각하고 있는 지에 대해 계속해서 불평하는 것으로 매 세션을 시작했다. 아마도 그녀는 아직 떨어져 있는 아이들과의 재결합을 연기해야만 할지도 모르고, 방금 되돌아온 딸을 아마 다시 배치시켜야만 할지도 몰랐다. 자문치료자는 그녀가 처한 어려움을 동정하면서 그녀의 말을 경청하였고, 소냐와 아이들이 수년간에 걸쳐 분리되며 잃어버렸던 정서적 연결, 양육, 즐거운 상호작용을 경험할 수 있는 유대관계 시나리오를 만들어내는데 집중하였다.

소냐 : 타니아는 저를 화나게 해요. 스스로 아무 것도 하지 않아요. 제가 다 해야 하죠.

자문치료자 : 예를 든다면, 어떤 것이 있나요?

소냐 : 어떤 거냐 하면, 타니아가 처음 왔을 때, 아이는 너무나 독립적이었어요. 스스로 머리를 빗고 씻곤 했지요. 하지만 지금은 제가 머리를 빗겨주고 씻겨 주어야만 해요. 전 더 이상 그렇게 못해요. 걔는 더 이상 아기가 아니에요.

자문치료자 : 타니아가 머리를 빗겨달라고 요구하나요?

소냐 : 아니요, 그 애는 요구하지 않아요. 단지 하지 않죠. 그래서 제가 해야만 하죠.

자문치료자 : 그리고 아이가 당신이 하게끔 하나요?

소냐 : 네. 제가 추측하기로, 걔는 일부러 그래요.

자문치료자 : 제 생각으로는 타니아는 당신을 더 이상 거부하지 않아요, 그렇죠?

소냐 : 네. 하지만 지금 그 애는 제가 자기를 아기처럼 다루어주기를 원해요.

자문치료자 : 당신은요?

소냐 : 때때로 저도 그래요. 그 애는 제가 자기를 아기처럼 대하게끔 약간은 조종을 해요.

자문치료자 : 당신이 어떻게 그 애를 아기처럼 다루는지 보여 주실래요?

소냐 : 좋아요. (타니아에게, 명령조로)이리 와. (타니아는 소냐에게 달려와 그녀의 무릎에 기어오른다. 소냐는 타니아를 쓰다듬기 시작하고, 그녀의 목소리는 부드러워진다)저는 이런 식으로 아이를 쓰다듬고 귀에 대고 얘기해요. (타니아의 귀에 대고 이야기하는 것을 보여준다. 놀고 있던

라토야와 아들들이 그들에게 다가온다.)

자문치료자 *(아이들에게)* : 너희들도 엄마 무릎에 앉고 싶니? *(아이들은 소냐와 타니아를 둘러싸고, 서로 바짝 붙는다.)*

소냐 *(웃으면서)* : 그만둬! 나 좀 내버려 둬! *(그러나 그녀는 아이들에게 계속 팔을 두르고 있고, 아이들은 계속 웃고 그녀를 껴안는다.)*

특히 만일 그녀가 이 이행기를 지나면서 도움을 받지 않는다면, 이러한 상황에 기적은 없고, 소냐와 아이들이 성공적인 재결합을 유지할 수 있다는 보장 역시 없다. 어떤 상황에서든 소냐가 엄마로서의 자신의 중요성을 느낄 수 있고, 모두가 지속적인 "가족"이라는 느낌—그들이 어디 살고, 그 밖의 누구와 정서적으로 연결되든—을 가질 수 있게 하기 위해서는 그들이 서로 정서적으로 연결되는 느낌을 갖고 표현할 기회를 갖는 것은 매우 중요하다.

가족 중심적 사고를 공고히 하기

훈련 시작 약 2년 반 후 중요한 발전이 생겼다: 아동생활 부서 직원과 협력해서 조정자가 양육자 지지집단을 시작하였다. 집단 참여는 자발적이었고, 집단은 아동생활에 포함된 클라이언트와 다른 성인들 모두에게 개방되었다. 모임은 참여자들이 성인들, 특히 아동을 양육하고 양육권을 가지고 있거나, 여성들과 그들 자녀의 삶에 영향을 미치는 결정을 하는데 능동적인 사람들과의 관계를 다시 만들거나 호전시키도록 돕는데 초점을 맞추었다. 주제는 관련된 인간관계 전부를 폭넓게 포함하였다. 예를 들어, 어떤 모임은 두 커플이 남성과 여성으로서의 그들의 역할에 대해 경험하고 있던 갈등을 신뢰, 존경, 그리고 경청의 문제에 초점을 맞추며 표현하였다.

이러한 발전은 특히 중요했는데, 왜냐하면 그것은 직원들에 의해 자동적으로 고안되고 이행되었기 때문이었다. 그것은 가족 중심적 관점과 일치하는 움직임이었으나 자문치료자에게 의지하지 않고 자발적으로 이루어졌다. 양육자 집단의 구성을 알리는 스탭 메모는, 약물 중단은 지지적인 관계망 형성에 의해 가능해진다는 기본적인 가정 때문에 집단은 자녀의 삶 속에 포함된 부모와 다른 성인들 사이에서 관계와 의사소통을 호전시키기 위한 전략들을 탐색하는데 초점을 맞출 것임을 적고 있었다. 메모의 어조와 내용은 스탭이 가족을 가까이 하지 않았던 것에서 가족을 클라이언트의 삶에 꼭 필요한 자산으로 생각하기까지 얼마나 많은 변화가 있었는지 보여주었다.

프로그램을 다른 서비스로 확장하기

개입의 원래 목적은 넓은 틀과 그와 관련된 기술들을 발달시킨 사람들과 자문치료자가 떠난 후, 그 부서 구조에서 그 프로그램을 지속할 수 있는 직원들로 구성된 가족 중심적 단위의 확립을 촉진하는 것이었다. 시간이 갈수록 이러한 생각은 다른 세팅으로 확장시키기 위하여 전개되었다. 주도권은 프로그램의 가족 중심적 사고를 확장하는데 일차적인 책임을 맡았던 주산기 프로그램 조정자가 가졌다.

이 프로그램이 다른 세팅으로 넓게 퍼져야만 한다는 인식은 여성과 그들의 삶의 현실에 대한 정통한 지식에 기초하였다. 그들은 다양한 서비스를 필요로 하였고, 전통적인 서비스 전달 조직은 그들이 다른 곳에 위치한 별도의 기관을 통해 서비스를 찾도록 강요하였다. 시간과 건강에 대한 대가는 제쳐두고, 그들이 주산기 병동 프로그램에 계속 잘 참석하는 것이 쉽지 않을 수 있었다. 조정자는 결정적으로 중요한 서비스의 일부를 통합할 수 있는 구조를 찾기 시작하였다. 의료적인 서비스 제공, 주택, 그리고 약물 의존에 대한 치료가 일차적이었다. 그런 관계망을 위한 주된 조건은 모든 요소들은 가족을 수용하고, 여성이 자녀와 접촉을 유지하는데 관심이 있어야만 한다는 것이었다.

병원 산부인과는 프로그램 확장에 있어서 중요한 곳이었다. 산부인과는 산전 관리를 받기 위해 멀리 갈 필요성을 없게 하면서 주산기 병동의 클라이언트를 위한 의료적인 서비스를 제공할 수 있었다. 산부인과는 이미 약물에 의존적인 여성들에게 특별한 의료적 치료를 제공하는 고위험 클리닉을 운영하고 있었다. 주산기 병동과의 연계는 적어도 약물치료 의뢰에 편리한 배치를 가지고 있었다. 그것 이상으로 고위험 클리닉 스탭들은 일반적으로 여성은 아기와 분리되어서는 안 된다는 신념을 가지고 있었다. 그들은 그들에게 오는 여성들이 아기 출생시 빼앗길지 모른다는 두려움 때문에 노숙상태, 학대, 그리고 위탁보호 양육에 대해 말하기를 꺼린다는 것을 알고 있었다. 스탭은 클라이언트가 이러한 그들의 이슈들을 토의할 수 있는 안전하고 도움이 되는 토론 모임을 통해 도움을 얻을 것이라고 생각했다.

어느 정도로 공유된 견해를 가진 협조적인 관계망을 위한 토대는 이미 정착되었다. 정기적인 사례 자문은 주산기 프로그램의 일부였고, 그것은 여성과 그들의 가족을 다루는 사람들을 끌어들이기 위해 조직되었다. 클라이언트가 고위험 클리닉에서 의료적인 치료를 받을 때마다 그 스탭들이 참여자였다. 비공식적이고 사례별 연계로 이미 확립된 그 고위험 클리닉과 주산기 병동은 주산기 프로그램 의뢰와 의료적인 서비스를 산부인과에 기대하였고, 고위험 클리닉이 훈련, 현장 활동, 그리고 약물치료를 위해 주산기 스탭에게 기대하였던 더 공식적으로 일하는 관계를 수행할 수 있었다. 그 맥락에서 조정자는 산부인과 스탭, 치료공동체, 그리고 개별 사례들을 토의하기 위하여 아동생활 부서를 함께 소집하면서 매주 학제간 모임을 만들었다. 학제간 팀의 각기 다른 다양한 관점은 클라이언트를 더 많이 이해하게 했고, 병리에 초점을 두는 경향을 감소시켰다. 예를 들면, 아동생활부서 직원이 샤론이 유능하고 민감한 엄마라고 논평하였을 때 항상 샤론을 약하고 변덕스러운 여자로만 생각하였던 약물 상담자의 생각에 변화가 생겼다.

이 관계망의 세 번째 곤경은 주택과 관계되어 있었다. 이 프로그램의 인구집단은 매일 매일 생활고에 시달렸기 때문에, 조정자는 다루기 쉬운 지역 안에서 서비스를 지속적으로 제공할 수 있는 가능성을 고찰하였다. 그는 집이 없는 여성, 그들 중 일부는 임신한 약물중독자인 여성을 위한 지역 쉼터와 접촉하였다. 시간이 가며, 그 세 단위는 클라이언트를 서로 의뢰하고 서비스를 통합하려고 시도하면서 실행 가능한 체계가 되었다.

이 관계망을 증진시키기 위한 기술은 가족치료와는 거의 관계가 없다고 생각하는 것이 유용할 것이다. 대신, 그 기술은 클라이언트의 욕구에 대한 민감성과 지역사회 자원조사, "만일 그렇다면"이라고 생각하는데 있어서 어떤 창조성, 그리고 각 세팅에서 수용적이고 융통성 있는 중요한 사람들이 누구인지를 인식할 능력을 포함하였다. 그 결과로서, 주산기 프로그램의 기본 생각은 병원 산부인과 부문의 고위험 클리닉 부문으로 이동할 수 있었다.

산부인과 클리닉에서의 훈련과 자문 활동은 다른 형태를 띠었다. 이미 주시했던 것처럼, 조정자는 클리닉 스탭이 다른 서비스 프로그램으로부터 온 스탭 성원들과 매주 정보를 교환하는 모임을 시행하였다. 덧붙여 고위험 클리닉의 직원들을 훈련시키는 세션들을 시행하였고, 세션의 초점은 여성과 그들의 가족들과 함께 일하는데 필요한 개념과 기술에 맞추어졌다.

클라이언트와의 직접적인 접촉은 개입의 중요한 부분이었다. 이것은 비공식적으로 시작되었다: 훈련자들은 여성들이 검진을 받기 위해 오는 날마다 클리닉으로 왔고, 비공식 집단에 앉아 여성들 사이의 토론을 활성화시켰으며, 중요한 이슈들을 명확히 하도록 돕곤 하였다. 아마도 가장 중요한 발전은 새로운 구조의 확립이었다. 주산기 프로그램의 베테랑들은—프로그램에 성공적으로 참여했던 여성들은 아기를 낳고 약물을 끊은 상태로 지냈다─고위험 클리닉에 있는 여성들을 위해 선배로서 그 모임의 촉진자가 되었다. 그들은 치료공동체에서 발달된 지식과 지도력을 가지고 집단과 함께 일했다. 자문치료자는 지도자에게 지지를 제공하고 지도력 방식과 토의 내용에 대해 관찰한 것을 함께 이야기하면서 조언자 역할을 하였다.

또래 촉진자들은 특별히 여성들이 약물 프로그램을 시작하도록 격려하는데 효과적이었다; 그들은 똑같은 지역사회로부터 왔을 뿐 아니라, 그들은 또한 희망적이고 성공적인 결과에 대해서도 말하였다. 그들이 자신들의 아기를 모임에 데리고 왔을 때, 그들은 약물 의존 문제를 극복하는데 영향을 미치는 중요한 힘으로써 은연중에 엄마와 아기 사이의 유대를 강조하였다. 아기의 존재는 엄마의 약물 남용 과거력에도 불구하고 아기를 빼앗기지 않았다는 명백한 증거였다. 시간이 갈수록 이런 집단은 집단 성원 수와 초점을 두는 측면 모두가 확장되었다. 그들은 친구, 큰 아이들, 그리고 확대가족을 포함하게 되었고, 대인관계와 부모역할 문제들을 토의하기 위하여 매주 만나는 별도의 커플 집단을 탄생시켰다.

프로그램이 생존하게 돕는 것은 무엇인가?

현재 치료공동체 속에 포함되어 있는 주산기 프로그램과 고위험 클리닉 사이의 관계는 무엇인가? 전자는 축소되는 경향이 있었고, 후자는 성장하고 있다. 여기에 신비한 뭔가가 있다. 어떤 요소들이 프로그램을 지속하고 발전시키고 있는가?

의심의 여지없이 주산기 프로그램은 치료공동체 안에서는 성공적인 실험이었다. 수년 동안 그것은 최소한 치료공동체에 작은 변화들을 가져오고, 입증할 수 있는 바람직한 효과들을 만들어내며 성장하였다. 그들이 성별로 분화된 모델이라고 지칭하는 다체계를 평가하는데 있어서 병원 주무부서의 스탭은 개입의 결과를 설명하였다. 그들은 가족 중심적 사고는 부족하였지만 성별로 다른 구체적인 욕구를 언급한 첫 번째 단계와, 이 장 앞에서 기술하였던 개입을 포함한 두 번째 단계의 주산기 프로그램을 비교하였다. 소변 독소와 클라이언트 독소 보유량에 대한 확실한 자료를 사용하면서, 그들은 1단계에서 치료된 사람들과 비교하면서 비주산기 클라이언트의 통제집단에는 그러한 호전이 없었던 반면, 2단계에서 치료된 주산기 클라이언트를 위한 주목할 만한 호전을 보고하였다(Egelko, Galanter, Dermatis, & DeMaio, 1998). 그러나 시간이 갈수록 치료공동체에 있는 주산기 클라이언트의 숫자는 급속히 감소하였고, 그 프로그램은 그 세팅에서 거의 유지되지 않았다.

한 가지 명백한 이유는 주산기 프로그램은 특별 기금을 통해 재원을 충당하였으나 기금이 고갈되었다. 조정자는 자문치료자로서 산부인과 세팅으로 옮겼고, 치료 공동체에 있는 스탭 중 아무도 특별히 그 프로그램에 배치되지 않았다. 그러면 특별히 스탭 성원들이 긍정적인 결과 공표에 많은 자부심을 느끼고, 감동 받았던 이후에도 왜 치료공동체 안에서 지속적인 부분이 되지 못했는가? 치료공동체의 원래 철학이 너무나 강해서 더 작은 프로그램을 흡수하였는가? 스탭의 문제였는가? 경쟁적인 요구들과 헌신의 문제인가?

아마도 이것 모두 틀린 질문이다; 또는 아마도 대답은 단지 산부인과의 고위험 클리닉에서 모델의 성공을 고찰하는 것에 의해서만 제시될 수 있다. 여기서 그 접근은 지속적인 절차의 통합적인 부분이고, 그 결과들은 계속해서 만족스러웠다. 이 세팅에서는 만삭 분만을 하고, 약물에 중독되지 않았으며, 정상 체중을 가진 아기 분만이 괄목할 만하게 증가하였다. 이에 대한 결과로서, 많은 여성들이 아기 양육권을 가질 수 있었다.

왜 고위험 클리닉에서 이 프로그램이 뿌리를 내렸는가? 우리는 아마도 관련된 몇 가지 요소들을 단지 지적할 수 있을 뿐이고, 그 이유는 다양하다고 말할 수 있을 것이다. 여러 가지 요소가 혼합되어 프로그램이 고위험 클리닉에서 더 강력해진 것이다.

한 가지 결정적인 요소는 성별이고, 그리고 모든 것이 그에 동반된다. 산부인과는 여성을 걱정한다; 산부인과에서는 특별히 여성의 현실을 다룬다. 이것은 그 자체로 충분한 설명은 물론 아니지만 거의 어떤 여성이든 한편으로는 그녀의 욕구와 관심, 그리고 다른 한편으로는 보통 산부인과 서비스에서 받는 치료 사이의 갭에 익숙하다. 그러나 이 특별한 서비스의 스탭은 지식이 있었고, 서비스를 제공할 때 여성에게 헌신적이었으며, 약물에 의존적인 여성에게조차도 아기와 가족은 삶의 중요한 부분이라는 신념을 가지고 있었다. 그들은 기존에 확립된 오리엔테이션을 새로운 것으로 대치할 필요가 없었던 것이다; 최소한 그들은 필수적으로 있어야 할 자리에 있었고, 여성의 현재의 관계가 내포하고 있는 것과 그것이 아기의 미래 삶에 대해 어떤 함축적인 의미를 가지고 있는지를 이해하며, 임신이 약물 의존에 추가되는 것이 아니라 여성의 삶의 핵심이라는 점을 이해하고 그 점에 동의하고 있었다. 그들은 훈련과 그들의 기술을 고양시키는데, 그리고 그들이 돌보고 있는 여성들에게 힘을 부여하기 위하여 그들의 프로그램을 적응시키는데 있어 뛰어난 사람들이었다.

조정자가 고위험 클리닉의 스탭과 함께 계속해서 일했다는 것 역시 의심의 여지없이 중요하였다. 그 접근법이 제도적으로 이루어졌을지라도, 그의 에너지와 창의력은 그 프로그램의 성장에 필수적이었다. 많은 쇄신적인 노력들에도 불구하고 그 프로그램은 시간이 가며 본래 재원의 큰 몫은 잃었으나, 클리닉은 계속해서 가족 지향적 모델을 따르고 있다.

결국 프로그램은 더 넓은 관계망의 한 부분이고, 아마도 그것이 답변의 일부일 것이다. 지역 쉼터들과의 기능적인 연계가 있고, 가족 지향적 모델은 필요한 의료적, 그리고 개인적인 서비스와 통합된다. 프로그램은 그래서 이 인구 집단에게 그들 자신의 지역사회 안에서 삶의 어려움들에 즉각적으로 도움을 줄 수 있는 것이다. 이것은 성공에 대한 가장 두드러진 설명 중 하나일 수 있다. 여성이건 남성이건 간에, 주산기건 아니건 간에, 다중 위기에 처한 빈곤한 사람들을 위한 프로그램은 가족 중심이고, 매일의 생활에 통합되어야 하며, 힘있는 상태로 남기 위해 지역사회로부터 지지를 받을 필요가 있을 수 있다. 자립이 고립을 의미하지는 않는다; 이것은 계속해서 기능하고, 그 자리에서 성장할 수 있도록 충분히 그 자신의 환경 안에서 지지 받는 것을 의미하는 것이다.

제7장 시설 아동 I
주거센터(residential center)

이번 장에서는 아이들을 위한 주거환경의 다양성을 자세히 살피고 가족들과 시설들의 관계와 변화를 주지하면서 조금 더 역사적이고 비평적인 접근을 할 것이다. 그리고 나서 가족 친화적 접근을 통해, 아이들에게 초점을 맞춘 것으로부터 서비스의 질을 변화시키는 것이 목적인 주거센터를 이용한 단기상담에 대해 기술할 것이다. 끝으로 아이들과 함께 일하는 주거센터에 대한 일반적인 충고를 할 것이다.

과거부터 현재까지 : 태도와 실천의 진화

중세시대 도시들은 불량자들—저능한 사람, 정신이상자, 극빈자들—의 도시유입을 차단하도록 하였다. 이들은 '바보들을 실은 배'(Ships of fools)로 내몰려진 후 다음 도시에 다다를 때까지 강으로 흘려 보내졌다. 이 이상하고 병든 사람들이 수용소로 보내진 것은 1656년 ⟨the Hôital Général⟩이 설립되면서 시작되었다. 이 때 파리의 모든 정신이상자들과 지능이 낮은 사람들이 '보호'를 위해 수용되었다(Faucault, 1965). 이 수용소는 스스로 정신건강과 병을 규정짓는 낙인을 규정하고, 시설의 수용이 필요한 사람들에 대한 판단을 자신들이 공표하곤 하였다.

수용에 대한 결정을 내리는 시설의 힘은 현대 사회에서 행동주의적 관점으로 문제를 해결하려는 현재 아동 주거센터의 경향과 유사하다고 할 수 있다. 시설을 통해 어려운 어린이들을 부모로부터 격리시켜 놓는 경향은 그 가족들이 가난하고 사회복지에 의존할 때 더 명백해진다. 이러한 환경하에서 복지부, 정신건강 전문가, 사법제도는 종종 특수한 시설에 아이들을 놓아둠으로써, 아이들을 보호하는 일을 수행하고 있다는 바보 같은 생각을 하는 부모처럼 행동한다.

그들 행동의 배경에는 다음과 같은 두 개의 가정이 있다. 첫 번째, 가족들은 아이들을 치료하거나 관리하는데 전혀 도움이 못될 뿐 아니라 발병의 원인이라는 것. 두 번째, 예방과 치료는 아이들을 병적 환경에서 안전하고 중립적인 장소에 두는 것에 전적으로 의존한다는 것이다. 이 두 가정에 따라 아이들은 치료가 제공될 수 있는 시설에서 지내야 하고 조만간 더 튼튼하고 건강한 모습으로 집으로 돌아갈 수 있는 준비가 되어야 한다는 관점이 생겨나게 되었다.

결국 아이들은 가정에서 시설로 또는 시설에서 가정으로 더 좋은 곳을 찾아 옮겨다닐 수 있음을 가정한다. 가정과 시설을 자유로이 옮겨 다니면서 아이는 집을 비운 자신과 개방된 태도를 지니고 있는 가족을 만날 수 있고 때로는 어려움 없이 감사한 마음으로 이 귀가를 받아들일 것이다. 하지만 이러한 변화가 종종 어려울 때가 있다. 아이와 가족이 재결합했을 때 서로에게 쉽게 적응이 되지 않을 수 있다. 우리가 체계지향적인 관점을 갖고 있다면, 시설과 가정의 경계를 더 수용할 수 있는 상태가 되도록 더 많은 준비를 할 것이다. 하지만 많은 경우 아이들을 배치하면서 우리는 이런 경계에 대한 준비를 잘 하지 못할 뿐 아니라 새로운 가족 패턴이 성공적인 재결합을 위해 필수적인 데도 불구하고 가족 재구성에 대해 거의 강조를 하지 않는다.

체계지향적인 이념들이 주거센터에서 전혀 중요하지 않다면 무엇이 강조되고 어떻게 서비스가 조직되겠는가? 과거 시설들에 대한 발전을 지도하던 시점과 서비스의 조직화에 주의하면서 역사적 관찰을 하는 것은 유용한 접근 중에 하나이다. 그러므로 다음 장에서 우리는 1950년대부터 1980년대까지의 기간을 포함하는 네 개의 세팅을 기술할 것이다. 이 네 개의 세팅은 저자 중 한 분(Salvador Minuchin, 이하 S. M.)이 관여되었다. 네 개의 세팅은 모두 센터 외부의 생활에 대한 책임을 맡고, 현 문제들을 완화시키고자 하는 목적을 갖고 아동들을 부양해왔다. 이 네 개의 세팅들은 이 글을 통하여 잘 조명될 것이다. 하지만 이중 세 개의 기관은 우리가 이 책을 통하여 중시한 문제들에 강조점을 두지 않았다. 개인에 대한 진단을 할 때 가족을 깊이 이해하고 치료 과정에 가족과 환경을 포함해야 한다는 점에 차이를 갖고 있었던 것이다.

먼저 우리는 1950년대와 1960년대 초기의 세 시설을 기술할 것인데 그들이 조직된 배경의 중심이념에 주의하며 살펴보도록 할 것이다. 아울러 세 번째 시설이 자신의 초점을 이동시켜 가족들을 포함시키게 된 과정들도 잘 살펴보도록 하자. 그리고 나서 조직화와 치료과정에 대한 관점을 통합시키면서 1970년대 가족중심의 실천이 개발되게 된 아동을 위한 시설에 대해 서술할 것이다.

1950년대와 1960년대 주거센터: 세 개의 주거시설

Hawthorne Cedar-Knolls

1950년대의 Hawthorne Cedar-Knolls(이하 HCK)는 정서장애 아동들을 위한 시설이었다. 뉴욕 외곽에 위치했고 Jewish Board of Guardians(유대교 구제위원회)가 운영하였다. 초기에 종파심이 강했던 이 시설은 1950년대에는 다른 종교를 믿는 소수의 아동까지 많은 아이들이 있는, 비종파적인 시설이 되어 있었다. 대부분은 원래 도시지역에서 온 아이들이었다. 이 아이들은 시설내 부모들의 감독하에서 거주시설(cottage)에서 살았고 이곳에서는 끊임없는 감시가 있었다. 하지만 이곳은 정신역동학적 정신요법을 훈련한 사회복지사가 관리하기도 하였다.

물론 이는 당시 대부분의 시설들이 하는 일이었다. 중요한 과제는 개개 아동에게 있었고, 아이들은 이웃과 가족들을 고려하고 행동을 구체화하는 그들의 역할을 평가하는 장이 전혀 마련되지 않았었다. 이 시기에 일어난 일들 중 다음의 내용은 당시 현실이 어떠하였는지를 단적으로 보여주는 것이다. 젊고 성적으로 문란한 젊은 여자는 치료기간동안 대부분의 시간을 자신의 치료자를 유혹하는데 써 버린다. 슈퍼바이저와의 토론에서 치료자는 그 소녀에 대한 전이, 역전이에 대한 설명과 성적인 반응이 치료에는 도움이 되지 못한다는 지적을 충고 받을 것이다. 그녀의 사회적 배경이나 그녀가 속한 지역사회에서는 성행위가 거래수단의 방법이라든지 또는 그녀 가족의 성적 학대에 대한 가능성을 조사한다는 것 등은 슈퍼바이저나 치료자에게 있을 수 없는 일 중 하나였다.

HCK에서 아이들의 환경은 스텝들에 의해 모니터 되었지만 효과적인 치료로서 고려되지는 않았다. 당시 아동들을 위한 시설이 많은 편이었고 시설내 아동들은 많은 행동을 규제받았다. 이 기관들은 나름대로의 가치관과 타당성을 가진 규칙에 의해 지도되었다. 자주 일어나는 일 중 하나를 예로 들면 어느 날 치료자의 지갑이 사라졌다고 하자. 주거시설의 부모를 통하여 스탭들에 의해 이런 문제들이 다루어졌다. 당시 스탭들의 해결방식은 주로 그룹의 리더로 통하는 아이에게 설명을 하여 해결 짓는 방식이었다. 도둑질이 있었던 밤에는 항상 아이들의 작은 재판이 있었고 그리고 나면 지갑은 제자리로 돌아왔다. 비공식조직에 대한 인식은 있었어도 당시 이런 비공식적 조직은 거의 조사되지도 이용되지도 않았다.

The Residential Centers of Youth Aliyah

이스라엘의 주거센터들은 다른 지향점을 가지고 있었다. 개개인을 강조했던 미국의 시설들과는 달리 이 센터들은 조직과 그룹의 능력에 중심을 두었다. 처음엔 홀로코스트에서 살아남아 유럽에서 이스라엘로 온 사춘기 또는 그전의 아이들을 위해 세워졌고 나중에는 이 시설들이 예멘, 모로코, 튀니지 그리고 인도, 이란뿐만 아니라 다른 아랍 국가에서 온 아이들도 포함하게 되었다.

이렇게 전 세계에서 온 아이들을 통합하는 첫 번째 과정은 키부츠 활동을 하게 하는 것이었다. 교육받은 지도자의 안내하에 아이들은 그룹별로 지냈다. 그들은 학교를 다니고 파트타임으로 일을 했고 키부츠의 생활에 참가하였다. 어떤 아이들에게서는 하나의 문화에서 다른 문화로 전이되는 것이 너무 힘든 장벽으로 나타났다. 키부츠의 엄격한 조직생활에서는 그들의 감정적 고뇌와 정도를 벗어난 행동은 받아들여지지 않았고 그들은 또 다른 환경으로 이동시키는 것이 필수적인 것으로 생각되었다. 그 아이들은 Youth Aliyah(이하 YA)에서 운영되는 주거시설로 보내졌는데, 이는 젊은 이민자들을 이스라엘 문화로 흡수시키는 것과 연관된 기관이었다. 이런 시설의 교육적 이념과 사회적 구조는 필수적으로 키부츠와 동일하였다. 아이들은 교육

받은 지도자를 중심으로 작은 그룹별로 묶여졌다. 치료와 교육의 중심은 그룹의 생활과 환경에 있었다. 특별히 심각한 장애를 보이는 아이에 대한 개인적 자문자들은 있었지만 개인화된 치료는 없었다. 어떠한 일에서도 이런 상담의 지향점은 미국 치료자들의 전통과는 달랐다. 자문자들은 유럽식 교육치료학전통 속에서 훈련받았고 어떤 이들은 러시아 교육자 Makarenko (1973)의 가르침을 따르기도 하였는데, 이 사람은 개인의 잘못된 행동의 결과는 반드시 전체그룹에 영향을 미친다고 주장한 바 있었다. HCK와 YA 센터 둘 모두 그들의 치료활동에 가족들을 연관시키지는 않았다. 가족이라는 요소는 영향력 있는 이념의 일부가 아니었고 치료와는 전혀 관계가 없었다.

The Wiltwyck School for Boys(WSB)

The Wiltwyck School for Boys(WSB)는 적어도 상기한 흐름과 다른 점이 없다. 이 주거센터는 법정에서 선고를 받은 비행 소년들을 위한 것이었다. 대부분은 뉴욕의 흑인이나 스페인계 할렘지역에서 왔다. 이 시설은 시 외곽에 위치하고 있었는데 장애가 있는 가족의 부정적 영향이나 도시문화로부터 거리를 유지하려는 명확한 의도가 있었다. 이 학교는 행동억제를 강조하였는데 보상과 체벌의 양을 정하는 토큰 경제식 행동치료(token economy)를 주장하였다. 게다가 각각의 아이들은 대부분 사회복지사인 치료사를 두고 있었는데 그들은 아이를 하나의 개인으로 보았고 정신역동학적으로 그 활동을 파악하였다. 하지만 이 시설은 사회적 추세에 민감하고 정신건강영역에서 창조적 사고를 대표하는 영향력 있는 전문가들을 위원회에 포함시키는 것에는 개방적이었다.

1960년대에 존슨 대통령은 가난한 가족들에 대한 투자와 그들의 요구에 맞는 서비스 발전의 증가를 고무시키는 '가난과의 전쟁'에 착수한다고 발표하였다. 이 때 WSB는 취학 아동이 있는 가족에게 관심을 보이기 시작했다.

스탭들은 가족들과 함께 하는 활동을 준비하지 못했고 치료활동에 가족들을 통합하는 기술도 없었다. 하지만 변화는 시작되었고 정신건강 분야는 새로운 가능성을 제공하였다. 가족제도와 가족치료에 대한 사고들이 캘리포니아, 워싱턴 DC, 뉴욕에서 개발되었고 온 나라로 퍼져갔다. 이러한 새로운 사고들은 치료의 새로운 형태를 탐구하던 WSB로 온 전문가 팀에게는 흥미 있는 것이었다. 가족들과 함께 활동하려는 이 팀의 결심은 아이들을 위한 시설의 역사에서 분기점을 마련하였고 가난한 가족들에 대한 초점이 독특하였다.

과학 기술은 새로운 분야를 개척하는 노력에 도움을 주었다. WSB 그룹은 벽을 부수고 반투명거울을 만들고 비디오 카메라 시스템을 설치하고 이룰 수 없을 거라 생각되었던 가족과의 활동도 준비하여 가족치료를 실시하였다. 그들은 계속 나아가 가족들을 만났고 그러한 과정들은 더욱 편안해져 갔으며 새로운 기술을 개발하였다. 마침내 그들은 3단계의 확장된 활동을 고안하였다. 첫 번째로 두 명의 치료자가 모든 가족들과 함께 만났다. 그리고 나서 한 명이 형제, 자매들을 만나는 동안 또 한 명이 부모를 만났다. 세 번째 단계에서 가족들과 두 명의 치료자가 다시 만난다. 이 3단계의 목적은 가족 내 다른 하부조직이 서로를 어떻게 의식하고 있는지를 명확하게 하기 위함이었다.

각각의 활동 후에 그 치료자들과 관찰자들은 활동에 대해 토의하고 그 경험을 학습하기 위해 만난다. 시간이 지나고 그들은 치료개입에 대한 활동적 기술들을 개발하였다.

WSB에서의 활동은 〈빈민가의 가족들〉(S. Minuchin, Montalvo, Guerny & Schumer, 1967)이라 불리는 책에 기술되어 있다. 30년 전 그 방법에 초점을 맞춘 책 안의 WSB 가족들에 대한 토론들은 매우 유용하고, 도시빈곤의 스트레스들이 가난한 가족들을 어떻게 구체적으로 조직하는지를 보여주고 있다.

다음의 발췌는 가족의 기능을 기술하고 새로운 치료법의 특징을 보여준다. 처음으로 어린이들의 행동과 성장이 가족구성원간의 인간관계 교류의 일부로써 기술되고 있음에 주목해야 한다. 초점은 아이에 두기보다는 가족에 두고 있다.

빈곤한 가족과 그 가정환경에대한 가장 중요한 특징은 변화무쌍과 예측불가능성이다. 이러한 특징은 성장하는 아이를 아이의 세계와 관련된 자신에 대해 규정짓기를 어렵게 한다. 둘이서 또는 그 이상의 아이들이 함께 쓰던 침대는 다른 아이들이나 일시적 방문자에게 넘겨질 수 있다. 원래 그 침대를 쓰는 아이들은 다른 침대의 한 켠에서 복작거리고 있는 동안 집의 위치와 배치는 '세상에서 나의 공간을 가지고 있다' 라는 감정의 성장을 방해한다. 식사는 정해진 시간도, 지시도, 장소도 없다. 아이들의 바람에 따라 어느 날 네 명의 식사를 준비한 엄마는 다음날은 아무 것도 준비해 두지 않을 것이다. 그래서 아이들은 먹을만한 음식을 위해 선반을 찾아보고 소다수와 감자칩으로 식사를 해결해야 한다. 인간 상호간의 접촉은 변덕스럽고 일시적인 특징을 갖는다. 이러한 대가족 내에서는 어린아이를 돌보는 것이 많은 사람들에게 나누어져 있다. 엄마, 이모, 할머니 그리고 나이 많은 형제, 자매들이 그 어린 아이를 돌본다. 가끔은 아이에게 지극 정성을 쏟고 또 어떨 때는 아무도 돌보는 일없이 혼자 내버려진다. 많은 사람이 돌보는 것이 안전의 요소가 될 수도 있지만 책임의 틈새가 생기면서 아이가 방황하는 기간동안의 위험한 요소가 될 수도 있다. 많은 사람이 돌보고, 일정치 않은 양육은 아이에게 불안정한 세상에 대한 인식을 증가시키고 산만하게 함으로써 자신에게 초점을 맞추는 인식으로의 이동을 방해할 수 있다. 아이들의 사회화에서 이런 가족들은 두 개의 성질로 특징지어질 수 있다. 아이들에 대한 부모의 책임이 상대적으로 무작위적이어서 습득될 수 있는 규칙을 전달하는 요소가 결핍되었다. 그리고 부모의 중요성은 길잡이보다는 행동의 조절과 제약에 있다. 부모반응의 패턴은 신호등처럼 작동한다. 그들은 한순간 "안돼"의 지시를 하지만 미래의 행동에 대한 지시는 하지 않는다. 아이는 자신의 행동중 어떤 부분이 부적절한지 결정할 수가 없다. 그 결과 아이는 부모의 감정대응에 반응으로써 허용되는 행동의 경계를 규정짓는 것을 배우게 된다. 그는 "안돼"가 엄마나 또 다른 영향력 있는 인물의 힘과 관계되어 있음을 배운다. "내가 그렇게 말했으니까 이건 하지마" 또는 "넌 나를 신경 쓰이게 하니까 이건 하지마" 또는 "이거 하지마 안 그러면 때려 줄 거야" 등의 기준이 결여되고 순간적인 인간관계에 바탕한 제어가 정해지면 아이들은 인간관계 교류를 조직화하는데 부모의 끊임없는 간섭을 필요로 한다. 이러한 교류는 아무 효과가 없다. 이는 너무 많은 일을 하고 있는 엄마가 혼란스러운 아이에게 변덕스럽게 대응하는 상황을 지속시키게 하고, 아이는 집바깥의 사람들과 지속적으로 접촉하도록 유도한다(S. Minuchin et al, 1967: 193-194).

가족치료의 유형은 하나의 체계로서의 가족에 대한 관찰로부터 나온 WSB 팀에 의해 발전되었다. 가족구성원들이 명확한 메시지 없이 감정을 표현하고, 혼란스러운 것처럼 보이는 방법들로 의사소통을 하기 때문에 스탭들은 의미의 명확성을 지시하는 기술을 고안하였다. 이상행동을 묵인하는 것에서부터 폭력적으로 반응하는 쪽으로 이동하기도 하고, 반응들이 종종 포괄적 의미를 갖고 있기도 하였다. 따라서 스탭들은 초기에 분쟁요인을 확인하는 기술을 전개하고 가족들과 함께 감정에 적절한 반응을 개발하도록 명확히 목표를 잡았다. 가족구성원들이 내부감정을 탐구하는 것에 익숙하지 않고 혼란한 관계 속의 감정을 행동화 하려함으로 팀은 관계의 이해를 촉진하고 가족들이 새 패턴을 탐구할 수 있도록 도와주는 기술을 적용시켰다.

그리하여 개발된 것은 가족의 요구를 받아들이도록 조정된 치료법인데 가족 내에서 지시와 희망을 창조하는 것을 목표로 한 것이었다. 스탭들의 생각은 사람들은 그들 가족 안에서 사회적 관계에 대해 충분히 작용하는 것을 배운다고 하는 것과 새로운 능력을 통해 어렵고 빈곤한 삶을 노력하는 환경으로 변화시킨다는 것이었다. 현재적 관점에서 그들이 주위상황의 현실성을 배제하고 있기에 그들의 노력이 정치적으로 단순해 보이겠지만 그들의 일상에서는 획기적이었다. 가족이 단지 병의 원인이 아닌 치료의 근원으로 생각된 것은 처음이었다. 그리고 아이들의 비행을 없애기 위해 노력하는 가족중심의 치료과정이 고안되고 실행된 것 또한 처음 있는 일이었다. 얼마 후 가족은 아이들의 치료에 꼭 포함되어야 한다는 것과 이런 주거센터의 많은 과정들에 가족이 참여해야 한다는 것은 기정사실이 되었다.

초기면접은 수정되었고 가정방문이 더 빈번해졌으며 스탭들은 시설 아이들의 행동에 대한 반응에 가족구성원을 포함시키기 시작했다. 하지만 정신건강 분야의 많은 연구들처럼 이 연구도 불행히 모호한 결말을 갖고 말았다. 이 계획을 지원해주던 국가보조금이 바닥났고 팀 구성원들이 다른 활동으로 옮겨갔다. 시설은 재정적 어려움으로 이사를 갔고 결국은 문을 닫았다. 그러나 이 프로그램이 남긴 것은 Wiltwyck의 일생을 넘어 널리 퍼져나갔다. 활동적인 치료개입에 역점을 둔 가족치료 학교가 이러한 계기로 발생하였고 1970년대와 1980년대의 가족치료에 심오한 영향력을 발휘하였다.

1970년대와 1980년대: 필라델피아 아동상담소

가족치료의 성장 그리고 상기한 Wiltwyck의 경험은 이미 시설 역사의 일부가 되었다. 가족과 시설에 관한 변화된 사고는 새로운 시도를 가능하게 하였다. 이러한 계획을 실행하는 기회가 1970년대에 생겨났는데 당시 필라델피아 아동상담소는 새로운 센터를 준비하던 때였다. 감독(S. M.)과 설계사는 경계를 없애고 시설을 열린 공간화 하도록 의견을 나누었다. 아이들은 외래병동의 외래 환자 시설에서 입원환자 시설로 옮길 수 있었고 그 역도 가능했다. 입원환자 시설은 가족들의 단기간 수용을 위한 두 개의 건물로 되어 있었다. 치료소와 연계한 아동병원은 아이들을 위한 의료보호를 제공하였고 상담소 스탭들은 소아과 환자들의 심리문제에 관한 상담을 제공하였다. 상담소의 외래환자 부서는 지역사회와 활발히 접촉하며 확장되었다. 기본적인 생각은 가족 중심의 보호와 서비스를 연계하여 제공할 수 있도록 시설을 확장시키는 것이었다.

여기서의 주제와 관련된 중요한 이야기는 입원환자들과 관련된 것이다. 이 시설은 환자인 아이들의 부모와 함께 협력하여 활동하는 개방시설로서 조직되었다. 초기 면접은 두 개 이상의 과정으로 진행되는데 이것은 가족 인터뷰로 시작되었다. 이 때 계약은 치료의 목표와 이러한 목표의 성취를 향한 당사자의 의무에 관한 내용으로 가족과 치료기관간에 작성되었다. 계약은 시설에 있는 동안 아이들로부터 가족이 기대하고 있는 변화뿐만 아니라 아이들이 성공적으로 집으로 돌아가는 것을 지원하는데 필수적인 가족의 변화에도 초점을 두었다.

치료는 환경, 개인 그리고 가족치료의 혼합이었다. 가족치료과정은 아이들과 함께 활동하는 스탭(교사, 간호사, 생활지도교사, 가족치료사)의 모든 구성원이 함께 한다. 부모는 그 환경에서 아이의 행동을 관찰하도록 학교를 방문하는 것을 요청 받고, 부모와 교사는 함께 학업의 목표를 정한다. 가정방문은 치료의 필수적 부분이다. 그것은 시설의 보상적 또는 체벌적 체계가 아니어서 아이의 반항적이고 공격적인 행동 때문에 결코 취소될 수 없다.

종결에 대한 계획들은 초기면접에서부터 시작된다. 아이는 아주 짧은 기간동안이라도 입원환자 시설에 머물도록 요구된다. 그러므로 가족의 변화와 최초 접촉 동안의 임무수행에 관한 계획에 대해 토의하는 것은 필수적이다. 한번이라도 아이가 집에 돌아가면 치료는 옮겨가는 기간 동안 가족활동에 참가한 입원병동의 치료사와 함께 외래 환자 시설에서 계속되었다.

이 활동 뒤에는 많은 이론들과 새로운 개입기술의 발전이 있었다. 그러나 여기서 중요한 것은 입원환자 부문의 형식적 구조인데 왜냐하면 이것은 주거센터와의 상담을 수반하는 모델이 되었기 때문이다. 그 구조는 우리의 기본적 관점을 나타낸다. 아이가 주거환경에 들어갈 때 시설은 의식적으로 또는 무의식적으로 가족개입을 수반한다. 만약 시설들이 아이의 행동에 깊이 영향을 준 가족의 패턴은 무시한 채 아이에게만 초점을 맞춘다면 치료는 아무 효과가 없을 것이다. 시설은 개방적으로 치료적 개입에서 가족구성원을 포함하고 시설에서 가족과 아이의 인생을 잘 조화시키며 구조화되어야만 한다.

변화의 지속 : 주거센터의 창조적 변화

이제 우리는 주거센터가 가족들과 더 친근하도록 변화된 90년대의 시설에 대해 알아보도록 하겠다. 어떻게 구조적 개념이 시설을 조직화하는 방법과 그 과정들을 수행하는 방법에 영향을 미치는 강력한 도구가 되었을까? 상대적으로 간단한 개입을 통해 변화를 자극했던 상담의 예시들이 있다. 주거시설과의 많은 훈련 프로그램들이 1년 또는 그 이상 지속되었으나 몇몇은 상당히 더 짧은 것도 있었다. 단기상담은 집중적 기간동안의 구체적 단계를 상세히 설명하는데 유용한 방법이 되기도 하였다. Ridge 센터를 통해 우리의 작업을 서술하는데 있어서 우리는 우리자신의 특별상담에 의존하겠지만 또한 이 접근의 복합적 묘사를 제공하기 위해 다른 센터의 상세한 설명도 포함할 것이다.

The Ridge Center: 단기 자문

The Ridge Center(이하 RC)는 거대도시 지역의 외곽에 위치한 전형적 주거시설이었다. 이 시설의 책임자는 가족연구소(The Family Studies)에 그들의 서비스를 향상시킬 수 있는 도움과 자문을 요청하였다. 그의 설명에 따르면 시설은 지난 5년 이상의 시간 동안 각 개인의 적응력을 향상시키려 했고 그 과정에 가족 접근을 병합하려고 시도하였다. 그러나 몇 가지 문제를 겪고 있었다. 책임자는 가족접근 과정의 평가와 변화를 요구하였다. 자문과정은 4일이 걸리고 시설에서 열린다는 것이 합의되었다. 관리지도자와 자문자간의 예비모임과 함께 자문은 평범하게 시작하였다. 참석자는 관리감독관, 치료서비스 관리자, 수간호사, 사회사업 지도자, 정신과의사 그리고 실무 자문자였다. 주거센터는 거의 대부분 흑인계 미국인이나 라틴계 가족들로부터 온 취학 연령기 아동이나 아니면 사춘기 초반의 아이들을 위한 시설이었다고 스텝은 기술하였다. 아이들은 생활지도교사에 의해 관리되는 숙식시설에 살았고 RC 센터에 있는 학교에 다녔는데 일부는 지역사회내의 학교에 갔다. 각 아이들은 사회복지사와 함께 개인치료와 가족치료를 받았다.

이 모임에서 두 가지 기본 관심사가 있었다. RC의 지도자는 보호기간에 관심을 보였다. RC 설립 이래로 아이들은 평균 2년 동안 시설에 있었다. 센터의 보호기간은 원래 약 18개월로 정해져 있었다. 그러므로 관심사의 하나는 이 문제에 중점을 두었다. 더 오랜 기간 동안 시설에 있는 아이들을 후원하고 있으며, 이렇게 하는 것이 어떤 도움이 될까? 치료서비스의 관리자도 본질적으로 수동적이고 의존적이려고 하는 부모에 대해 걱정하였다. 어떻게 부모에게 주도권을 맡길 것인가?

자문을 통해 이런 문제들을 4일에 걸쳐 다루기로 하였는데, 첫째 날은 센터의 여러 곳을 방문하고, 교사 그룹과 아동자문자 그룹의 개별적 면담 그리

고 클라이언트의 부모—센터에 계속 있어온 또는 있는 아이의 부모—그룹과
의 만남을 하기로 하였다. 둘째 날은 초기면접의 과정에 중점을 둔다. 셋째
날은 치료개입에 관심을 가지고, 넷째 날은 피드백, 토의 충고 등을 진전시킨
다. 이런 계획이 예비모임의 토의를 통해 다루어졌는데 자문 사례의 일반적
인 경우에 해당된다. 참가자들의 요청에 따라 상세한 일정은 바뀔 수 있지만
대부분의 시설에 이런 경로로 자문은 행해진다. 다음은 일련의 자문과정에
대한 내용이다.

첫째 날: 센터 방문하기

이 날은 아이들 구역을 방문하는 것으로 시작되었다. 이곳은 깔끔하고 보
호가 잘 되어 있지만 대부분의 시설들은 미적인 감각이 부족했다. 마찬가지
로 각각의 아이들에 대한 개별적 배려가 상대적으로 부족했다. 각각의 숙식
시설과 학교에는 행동규율이 적힌 부분이 눈에 잘 띄도록 칠판에 붙어 있다.
왼쪽 난에는 나쁜 행동과 교실에서 소란스럽게 하거나 식당에서 안 좋은 행
동을 한 결과 아이들이 잃게된 점수가 적혀있다. 오른편 난에는 착한 행동을
적어놓고 양을 정해 놓았다. 이러한 표식들은 행동을 규제하는 토큰 경제식
행동수정(token economy)을 사용하는 주거센터에서는 일반적인 일이다. 자
문자들은 이런 과정이 아동 성장의 원칙에 부합되는 것인가에 관해 의심을
갖고 대한다. 아이들은 실험하고 손으로 만지작거리더라도 감시되지 않는
기간이 필요하다. 모든 움직임이 감시되고 책임이 주어진다는 의식은 자발
성을 감소시킨다. 그러나 자문자는 이에 대해 일체 언급하지 않는다. 왜냐하
면 이 문제는 이 세팅에서 가장 중요한 일이 아니기 때문이다.

생활지도 교사와의 만남은 새로운 이야기를 들려준다. 아이들을 위해 구
체적 정보를 개발하는 회합에 익숙하지만 그들은 의견을 더 크게 낼 기회를
가져보지 못했다. 그들은 불만을 표현했고 다른 치료자들로부터 존중받고

있다고 느끼지 않으며 그들의 지식은 가치가 없다고 생각했다. 그들이 어떤 면에서는 사회복지사보다 아이들에 대해 더 잘 알고 있음에도 불구하고 그들은 직접 가족들과 의사소통 할 방법이 없다. 생활지도 교사들은 숙식시설에서의 아이들의 행동에 대해 치료자들에게 보고하고, 이 정보가 가족들과의 의사소통에 이용되어졌다. 시설의 생활지도 교사들은 가족활동에 관찰하지도 참가하지도 않아서 가족에 대한 이해와 아이들과 맞추는 방법은 치료자의 시선을 통한 것이었다. 생활지도교사들은 가족과 그들 사이에 들어갈 수도 없는 장벽을 경험하였고 그들은 이것을 시설의 계급조직에서 그들의 낮은 위치 때문이라 생각했다.

이 생활지도교사에 대한 토의는 자문자들에게 두 가지의 생각을 떠올리게 했다. 하나는 그 세팅이 일반적인 시설들의 조직에 대한 재조명을 요구하는 것이었다. 또한 의뢰가족과 관련된 생활지도교사의 역할을 결정하는 것은 조직 내부의 일이기도 하였다. 그러나 생활지도교사의 입장이 이해되고 전체 센터의 목표에 맞게 기능이 수정되어야 한다는 것은 중요한 일이었다. 생산적인 재조사 과정에는 생활지도교사, 행정관리자 그리고 치료자들의 참가를 요구하였다.

두 번째는 이러한 장벽이 가족들과의 밀접한 관계에 영향을 준다는 사실이다. 생활지도 교사와 가족간의 거리는 시설에서의 매일의 생활과 관련하여 부모에게 소식을 전달하는 것에서도 알 수 있다. "만지지 마라, 묻지 마라, 들어가지 마라, 이건 너와 상관없는 일이다". 다시 말해서 이러한 면은 스탭들이 알고 있는 것 외의 것이고 토론할만한 가치가 있는 것이다.

학교 교사들과의 만남은 가족들이 용기를 잃게 하였다. 특히 시설에서 가족 적응기간을 유지하려고 노력하는 사람들한테는 더욱 그렇다. 예외 없이 교사들은 부모들에 대해 부정적인 이야기만 했다. 그들은 아이들이 지니고 있는 지난 경험의 악영향에 대해 설명하는 데만 상당한 노력을 하고 전혀 동정심이 없는 것처럼 이야기하였다. 그들은 자신들의 책임부족과 아이들과의 관계에서 해가 되는 것에 중점을 두었고 그들이 돌보는 아이의 부모에 대한 비평을 일반화하였다. 이러므로 교사들이 부모에 대해 전혀 모르고 있다는 것을 아는 것은 놀라운 일이었다. 가족들은 학교를 방문하고 수업을 참관하고 교사와 만나는 것에 결코 초대받지 못했다. 교사들이 일반적으로 그 가족들과 가정환경에 비판적이었지만 그들은 아이의 환경에 대한 구체적 질문에는 대답할 수 없었다.

부정적 입장에서 단순정보를 결합한 내용은 다양한 사람들이 한 아이에게 관심을 보일 때 고정관념으로 인한 부정적 이미지를 만들어낼 수밖에 없다. 처음에 위탁 부모는 그들의 위탁 아동이 부모에 대해 부정적인 생각을 가질 수도 있지만 그들의 이미지는 직접 만나고 정보를 공유하기 시작하고 아이에 관해 함께 계획을 세울 때 일반적으로 변화한다. RC에서 부모와 교사와의 만남의 증가는 교사의 태도를 대부분 바꿔 놓는다. 임상 책임자가 바라고 있던 부모의 활동적인 역할도 증진시킨다.

첫날 오후에 자문자는 내담자와 만났다. 센터는 현재 시설에 있는 아동과 집에 있는 아동의 부모들 그리고 1년 이상 시설에 있었던 아동의 어머니와 이제 막 들어온 아동의 어머니, 이렇게 두 팀을 초대했다. 대체로 좋은 표본이다. 부모들은 이 상황을 잘 알고 있는 관찰자들이며 스탭들에게 호감을 느끼고 있고 센터가 아이들에게 도움을 주는 곳이라 생각한다. 그들은 스탭들과 부모들 사이에 더 많은 의사소통이 필요한 것에 대해 이야기를 나누지만 이러한 말들은 비판적이지 않다. 그들은 생활지도교사들이 그런 것보다 더 만남의 목적에 대해 불확실함을 느낄지도 모르지만 만일 그들의 반응이 성실함을 가지고 안내된다면 이것은 시설에 대한 감사의 표시이다. 이러한 부모들은 기본적으로 만족하고 있다. 이 부모들과의 만남에서는 새로운 정보가 거의 만들어지지 않았다. 그래도 자문자들은 이것이 유용하다고 생각했다. 이러한 만남은 가족들과의 대화의 중요성에 관해 스탭들에게 명확한 메시지를 전달한다. 특히 스탭들의 행동이나 가족들이 더 많이 참여하도록 하는 제안을 말하도록 격려 받았다면 더욱 그러하다. 스탭과 부모의 만남이 정기적으로 운영되고 관리된다면 이는 생산적인 포럼으로 전개될 수 있다.

둘째 날: 초기 면접

둘째 날은 초기면접 과정에 중점을 두었다. 이 날은 초기면접 면담으로 시작하는데 이것은 자문자와 스탭들에 의해 폐쇄회로 TV를 통해 관찰되었다. 그 가족은 라틴계이고 30대의 두 부모, 10살의 반항적인 환자 그리고 더 어린 두 동생이 있다. 이 활동은 관찰자로서 참석한 정신과의사와 함께 초기면접 사회복지사에 의해 관리되었다. 여느 때처럼 병원의 의뢰서에는 학대와 방임의 가능성을 시사하는 내용이 적혀 있었다. 면담은 친근하고 편안한 태도 그리고 상대적으로 짧은—45분 정도 지속되는—시간동안 초기면접 사회복지사가 관리하였다. 이 활동의 대부분은 부모가 질문에 대답하고 자기 아이들의 문제점에 대해 기술했는데 특히 아이가 왔던 어린이 치료병동에서 입원해 있는 동안에 있었던 문제였다. 이 활동이 끝난 후 치료자는 개인면담을 위해 아이와 함께 자리를 비운다. 그 가족은 시설들을 둘러보고 치료동의를 위한 서류를 작성한다. 그 다음 가족들은 다시 모여 아이의 숙식시설에 함께 가는데 일부러 다른 아이들이 없도록 한다. 여기서 그들은 생활지도교사에게 정식으로 소개받는다. 그리고 역시 아이들이 없을 때 학교로 가는데 여기서 선생님에게 같은 절차를 밟는다. 그리고 나서 부모와 동생은 돌아가고 아이만 센터에 남는다.

초기면접 절차에 대한 보고시 자문자는 첫 번째 만남에서 기본적인 질문 중 하나를 꺼낸다. "부모의 의존도를 줄이고 자발심을 북돋우기 위해서 무엇을 해야 하는가?" 그는 문제의 근원이 초기면접 면담에 있었다고 주장한다.

가족적 성향의 철학은 가족을 포함시킨 초기면접 과정과 치료과정을 실행하도록 하였다. 하지만 아동에 초점을 맞추고, 가족에게 주변적 역할을 맡게 하는 것은 여전히 가장 대표되는 방법이다. 병리적 현상은 아이들 내부에서 비롯되고 기관은 가족의 도움 없이 이 문제를 다룰 수 있도록 준비되어 있다라는 관점은 부모들에게 "우리는 당신을 좋아하지만(가족지향적이지만) 당신들은 아이를 다룰 자격이 없습니다"라고 말하는 것이 된다. 이런 전통적인 절차에 숨어 있는 명확한 이념은 주거센터가 그들 가족의 영향력으로부터 아이를 보호할 필요를 느껴야 된다는 것을 오랜 동안 보여주었다.

　오후에는 자문자가 다른 가족들과 함께 초기면접을 관리했다. 이 활동은 1시간 30분 동안 계속되는데 아동을 잘 알기 위해서 가족과 보내는 시간의 길이를 중요한 부분으로 생각한다. 자문자는 가족기능과 아동의 증상을 유지시키는 가족의 역할에 초점을 맞춘다. 그는 가족과 아동의 의지의 영역을 강조하였는데 부모의 능력을 증가시키고 형제들의 지원을 동원하고 아이의 증상을 바꾸는 대안적 방법을 탐구하도록 가족구성원들을 지원하였다. 결과적으로 그는 주거치료의 필요성에 질문을 던졌다. 그는 그의 경험상 가족들과 아이에 대해 잘 알지 못하고, 그가 틀릴 수도 있겠지만 도움이 될 수 있는 대안적 방법을 가족들이 가지고 있는 경우를 많이 보았다고 가족들에게 충고하였다. 그렇기 때문에 부모가 주거 치료에 필수적으로 참여해야 한다는 것을 확신하도록 이끌었다. 이런 접근은 부모들이 이 시설에 아동을 맡기는 것이 유용할 수 있다라는 생각과 동시에 자신이 이 기관에 필요한 존재라는 생각을 들게 했다. 마지막으로 자문자는 가족들에게 이 센터가 부모의 도움 없이 성공할 수 있을지는 의심스럽다고 말했다.

　스탭들과의 나머지 토론은 초기면접의 두 가지 유형 사이의 다른 점에 초점을 두었는데 아동치료에서 부모의 참여를 이끌어내는 명확한 메시지 전달에 대한 것도 포함이 되었다.

첫 번째 초기면접은 아동의 문제에 대한 정보제공자로서의 부모를 탐구하고 존중해주는 것이었다. 그러나 실제 진단 과정은 개인적 활동으로 아동을 만났던 정신과 의사에 의해 관리되었다. 가족세션 후에 가족과의 접촉을 통해 부모와 아동은 잘 다듬어진 잔디를 보고 학교를 떠올리고 직원들은 프로그램의 우수성을 전한다. 물론 부모들은 아이들이 있는 교실이나 다른 아이들을 만나지는 못한다. 이유는 아이들에 대한 비밀유지와 보호 때문이다. 아동의 습관, 좋아하는 음식, 선호하는 게임 또는 학습태도에 관해 생활지도교사나 교사와 이야기하도록 부모를 초대하지는 않는다. 부모들은 자신의 자식들에게 센터가 최선을 다해줄 것이라는 믿음을 가지고 돌아가는 반면 스탭들은 새로 온 신입생들의 부모에게 거의 신경을 쓰지 않는다. 그리고 이를 본래 그들의 바쁜 스케줄 때문이라고 무시하게 된다. 만일 돌아온 집이 허전하더라도 그들은 시설이 그들과 그들의 아이들 사이에 만든 장벽 탓이라 여기지는 않는다.

두 번째, 초기면접은 전체로서의 가족과 하부체계로서의 아동의 이해에 초점을 맞춘다. 진단은 가족에게 중심을 둔다. 어떻게 기능하는지, 어떠한 반복 패턴이 나타나는지, 형제들이 어떤지, 아동이 형제와 전체의 가족과 어떻게 조화되는지, 견고성, 적응성, 가능성이 무엇을 보여줄 수 있는지 등등. 자문자는 가족대화의 관찰자로서 자리를 잡은 뒤 가족구성원 사이의 대화를 촉진시킨다. 그는 긍정적인 기법과 개방성을 지원하여 가족들과 함께 하고 그의 무지와 가족으로서 배워야 하는 필요성을 설명하는 질문들을 하였다. 도움을 주는 센터의 능력에 대한 그의 의심을 표현하고 주거치료에 관한 부모들의 노력을 받아들이는데 있어 자문자는 중요한 메시지를 전달한다. "당신들이 없다면 우리는 실패할 것이라고 확신합니다." 자문자의 관심과 표현은 가족들에게 센터를 방문하고 스탭들과 어울리게 하는 초청장의 역할을 한다.

셋째 날: 치료

그 다음날의 초점은 치료과정에 두었다. 스탭들은 한 가족을 아침에 면담하고 자문자는 오후에 다른 가족을 보았다. 첫 번째 가족은 멜리사의 가족인데 그녀는 푸에르토리코인이며 35세 이고, 남편은 없고, 센터에 1년 넘게 있는 12세 파드로와 14세의 딸 미르타가 있다. 이 가족은 한곳에 오래 머무르지 못하며 지내왔다. 그들은 아주 많이 여러 집들을 옮겨다녔고, 파드로가 센터로 오기 전 6개월 동안 집 없는 사람들의 수용소에서 지냈었다. 기록에 따르면 파드로는 세 살 때부터 엄마, 나중에는 이웃들, 동네가게에서 도둑질을 하였다.

가족치료자가 이끄는 이 활동은 친근한 인사를 나누면서 시작한다. 파드로의 엄마는 지루해 하고 이 활동기간에 참여하지 않는 사춘기 딸과는 전혀 접촉하지 않지만 치료자와는 좋은 관계를 유지하고 있었다. 파드로는 눈에 띄게 엄마와 만나는 것을 즐거워했다. 그는 엄마에게 학교에서 다른 아이가 자기에게 함부로 대한다는 일을 상세하게 이야기했다. 멜리사는 호의적으로 반응하며 그에게 선생님과 얘기할 것을 충고하였다. 그녀는 푸에르토리코에서 친척이 왔다는 얘기가 포함된 최근의 가족들 소식에 대해 얘기하였다. 그때 치료자는 어떻게 지내는지 파드로와 얘기를 시작하고 남은 활동은 아이에게 중심을 둔다. 그 뒤 그 가족은 식당으로 가서 점심을 먹고 파드로에게 작별인사를 하고 도시로 돌아간다. 이 활동은 가족들에게 즐거운 방문의 분위기를 가지게 했고 파드로의 개인치료에 영향을 주었다.

이 활동의 보고에서 자문자는 가족치료자가 가족에게 유쾌하고 친근한 태도를 가졌지만, 변화를 위한 많은 노력이 없이 단지 온화하기만 했다고 얘기했다. 그는 그것을 센터에서 아동의 현재 생활에 전혀 상관없는 투입과 긴급성이나 감정적 힘이 없었던 활동의 타이밍 탓으로 돌렸다. 파드로는 지금 기본적으로 센터의 스탭과 아이들과 관련이 있기 때문에 역설적으로 가족구성원들은 방문객으로서 경험을 한다. 차례로 가족들은 파드로와 상관없는 일들만 만들었고 그래서 그들이 그의 생활에서 그러한 것처럼 파드로는 그들의 현재 삶에서 주변인이 되고 말았다.

가족치료를 유용한 수단으로 만들기 위해서 자문자는 가족치료가 주말을 가족이 함께 보내고 난 후 가족이 아이를 다시 데리고 오는 시점에서 시행되어야 한다고 제안했다. 그들이 아이를 다시 데려오고 모든 참석자들이 두 세계—집과 시설—사이에 있을 때 치료자는 가족대립과 생생한 감정자극의 근원을 철저히 조사하고 새로운 가능성을 탐구하는 기회를 갖는다. 이런 제안은 가정방문에 있어 새로운 의미와 중요성을 부여한다. 스탭 중 한 사람이 다음과 같은 질문을 했다. "가정방문 후 품행이 나빠진 아이를 어떻게 해야 하느냐." 스탭의 질문은 치료활동의 중심적 영역에 대한 문제제기였다고 볼 수 있다. 치료의 목표가 아이 개인이라면 품행이 나빠진 아이의 가정방문을 금지시킬 수 있지만, 가족의 재결합이 목표라고 할 때, 가정방문 자체를 취소해서는 안된다는 자문자들의 의견이 전해졌다.

오후에 자문자는 할머니, 이모, 센터에 반년 조금 더 있었던 12년 6개월 된 요안나로 구성된 가족을 면담하였다. 그녀의 엄마는 요안나가 아기일 때 에이즈로 죽었고 할머니 테사, 이모 릴리안의 손에서 자랐다. 2년 전 릴리안은 지금 그녀의 남자친구와 함께 살고 있는 아파트로 이사했다. 요안나는 그녀가 어디에 살아야 하고 어떻게 행동해야만 하는가에 관해 다른 입장을 보이고 있는 할머니와 이모 사이에서 갈등하고 있었다. 그녀는 학교에 결석하고 점점 우울해졌기 때문에 센터로 문의되었다. 자문자는 요안나의 개인 치료자와 생활지도교사, 그리고 가족치료자를 만났다. 생활지도교사만이 이 활동의 처음 부분에 참여하기 때문에 가족들이 숙식시설에서 잘 행동하는지를 물었고 릴리안은 요안나가 그것에 대해 많은 이야기를 하지 않았기 때문에 그녀에게 친구가 있는지를 알고싶어 했다. 생활지도교사의 태도는 친근하다는 숙식시설에서의 일상생활을 말해준 후에, 요안나는 결코 말썽을 일으키지 않고 다른 소녀들이 그녀를 좋아한다는 것을 확신한다고 대답하였다. 하지만 요안나는 여전히 쳐져 있고 친구가 거의 없었다. 생활지도교사가 자문을 마치고 나갈 때 필요하다면 언제든지 시간을 낼 수 있을 것이라고 말했다. 개인치료자는 요안나와의 신뢰관계를 유지하기 위해 단순한 관찰자로서 이 활동 내내 침묵을 지켰다. 생활지도교사가 떠난 뒤 자문자는 할머니와 이모 사이에 나타난 갈등을 표면으로 드러내며 더 활동적이 된다. 릴리안은 아이가 자기와 함께 살기를 원하지만 테사는 그녀의 능력과 조카를 돌볼 수 있을지에 대해 의문을 가졌다. 릴리안에 대한 요안나의 긍정적 반응이 있을 때 자문자는 요안나와 그녀 이모 사이의 관계를 철저히 조사하고 요안나가 이모와 함께 살기 위해 집으로 갈 수도 있다는 가능성을 탐구하는 것이 중요하다고 생각한다. 릴리안과 요안나를 함께 연구하는 것에는 집중하였으나 할머니가 개입했을 때의 반응에 대해 중요하게 생각지 않았다. 이 활동은 요안나가 릴리안의 아파트를 방문하는 것을 늘이도록 하는 것과 세 식구 모두 요안나가 할머니를 보러가도록 노력하자는 제안을 권고함으로써 끝이 났다.

이 활동 다음의 토의는 생활지도교사의 세션참여, 개인과 가족 치료 분리의 의미 그리고 자문자가 활동을 진행시키는 방법 등의 세 가지 영역에 초점을 맞추었다. 자문자는 센터의 아동 생활에 대해 알아야 한다는 부모의 권리에 대한 조치로써 생활지도교사의 세션참여에 대한 전술적 중요성을 강조하였다. 그리고 나서 그는 그룹에게 두 가지 치료 형태를 똑같이 배운 두 의사 간에 개인과 가족치료로 나누어야 하는 근본적 원리를 탐구해보자고 요청했다. 스탭 구성원들은 만일 한 치료자가 개인지향 역할과 가족지향 역할 둘 다를 맡게 된다면 정보를 창조적으로 사용하는 더 좋은 위치에 있게 될 것이라 주장하였다. 또한 기능들을 분리하고 조심스럽고 불필요한 신뢰성을 유지하는 문제와 더불어 비상근 공동치료자나 동료 관리자로서의 보조 인원에 대해서도 의견을 나누었다.

스탭들은 활발히 반대의견을 개진하고 타인 아닌 가족의 한 구성원으로 참여하고 있는 자문자의 치료태도에 관심을 가졌다. 그러나 그들도 혼란스러웠다. 중립성과 공정성은 어떻게 되는가? 계속되는 토의에서 자문자는 가족치료에 관한 포괄적인 두 가지 부분, 그리고 이번 상황과 특별히 관련 있는 한 가지 부분, 총 세 가지 부분을 지적하였다.

첫째 이번 활동에서 가족갈등을 만드는 것은 치료과정의 필수 과정인데 그들의 불일치에 대한 개방된 조사가 없다면 가족은 막다른 골목에 계속 남아있기 쉽다. 둘째 숙련된 치료자들은 불균형을 이루고 있는 체계의 경우, 유용하다면 가족내 다른 구성원에게 더 비중을 실어 주어 가족들이 적극적으로 세션에 참여하게 하는 방법을 사용할 수도 있다.

마지막으로 릴리안이 어린 사춘기 소녀의 관심거리에 더 잘 맞출 수가 있기 때문에 자문자는 요안나가 할머니보다 이모인 릴리안과 함께 더 편안하고 활발히 있게 하는 조치와 함께 이모와의 결합을 선택했다. 그의 기본 목표가 아이를 힘들게 하는 반복적인 패턴을 제거해 버리는 것이라 하더라도 그의 선택은 조금 독단적이었다. 이러한 점들은 복잡한 과정일 수도 있고 스탭들이 곧바로 근본원리를 이해하지 못할 수도 있다. 하지만 그러한 설명의 중요한 부분은 상대적으로 단순한 수준에 있다. 실제로 초기면접 세션은 가족 구성원들의 더 맑은 성격을 드러나게 하고, 가족패턴을 조사할 수 있으며, 시설의 활동에 가족이 더 활발한 참여자로서 변화할 수 있게하는 중요성은 갖고 있다.

분석과 권고

RC에서의 넷째날은 피드백과 토론에 할애되었다. 전날에 제기된 문제의 재조사와 변화를 위한 충고 등이 행해졌고, 단지 문제를 기술하기보다는 총체적 논평과 더불어 주거환경에 대한 전반적 조언을 언급하였다. 어떤 평가들은 특정한 환경과는 상관없을 수도 있고, 또다른 평가들은 일상적 상황하에서는 실행하기 불가능해 보이기도 하는 것이었다. 하지만 우리의 경험에 의하면 이 문제점들은 대부분의 시설들에 적용이 되고 가능한 일반화된 문제제기였다.

분석

문제점들은 다음의 세 가지 범주로 나뉘어 진다 ; 세팅으로서의 시설, 스텝들의 지각과 태도 그리고 스텝 훈련과 방향성. 어떠한 설명은 주거센터에 구체적이고, 또 다른 것은 가족 친화적 접근에 관해 앞 장에서 말했던 일반적 평가에 해당된다. 개인중심적 서비스가 제공되는 과정에 대해 검토할 뿐 아니라 스텝들이 부모와 함께 작업하기 위한 방법을 찾아나가도록 하고자 했다.

세팅으로서의 시설

시설은 크기, 장식, 분위기 그리고 그 밖의 것들로 달라지기 때문에 가족에 대한 세팅의 영향에 대해 일반화하긴 어렵다. 그러나 많은 주거센터들이 아이들이 살았던 동네와 멀리 떨어진 곳에 위치하였는데, 가족 구성원들은 센터의 활동에 참가하거나 방문하기 위해 먼 길을 와야 하는 어려움을 갖고 있었다.

시설들이 멀리 떨어져 있다는 것은 우연한 일이 아니다. 주거센터는 관습적 주위환경으로부터 아이들을 격리시킨다는 뚜렷한 목적을 가지고 생겨났다. 먼거리에 주거센터를 두는 것은 가끔은 아이들에게 체벌의 형식이고 또 가끔은 외부사람들로부터의 보호로 생각되어진다. 하지만 이것은 거의 언제나 소수인종 거주지역의 영향과 가족들을 발병원으로 보고 이 영향을 막으려는 방법의 하나였다. 아이들을 위한 시설이 처음 생겼을 때, 체류기간의 길이가 정해지지 않았고, 가능한한 긴 시간을 머무르고 집으로 돌아가게 하였다. 그 기간동안 가족들과 거리를 두는 것이 절대적 정책이었다.

시간이 흘러가면서 장기간의 시설 수용은 더 이상 선호되는 정책이 아니다. 또한 현대적 사고에 맞추어 새로운 주거센터는 종종 10~20명 정도를 돌볼만큼 작고, 가족들이 살고 있는 관할구역 내에 위치한다. 하지만 시설의 관료적 태도는 여전히 남아있고, 사용할 수 있는 공간, 까다로운 진단 등의 사무적 문제 때문에 때때로 아이들은 그들의 집과 멀리 떨어진 센터에 가게 된다. 이런 일들이 생길 때 겉으로 드러난 업무적인 문제로만 파악되고 실제로 시설과 가족간의 심리적 장벽이라는 사실은 일반적으로 인식되지 않는다.

지각과 태도

두 번째 요소는 가족과 시설이 서로를 어떻게 보는가에 관련된다. 시설에 수용된 아이를 가진 부모들 사이에는 두 가지의 근본적이지만 서로 다른 태도가 있다. 첫 번째 그룹은 아동복지, 사회복지기관, 가정법원 같은 규제에 의해서 수용이 결정된 형태로서, 이러한 수용은 바람직하지 않은 것으로 여겨진다. 모든 과정이 원망스럽고 센터는 적―힘있는 그 밖의 것―의 일부가 된다. 가족은 필수적으로 규제에 복종해야 하지만 파트너처럼 느끼진 않을 것이다. 센터는 이런 가족들과 함께 어렵지만 필수적인 업무를 한다. 스탭은 가족들에게 연결될 수 있는 다리를 만들어야 하고, 가족들과의 첫 번째 대면에서 생기는 화를 남모르게 처리해야 한다.

두 번째 그룹의 관점은 거의 완전히 반대이다. 그들은 아이와의 문제에 대한 해결책으로 시설에 두는 것을 환영하고 불량한 이웃을 벗어나는 좋은 대안이나 기술학교로서의 시설을 경험할지도 모른다. 종종 그들은 아이를 다루는 것이 불가능해서 따로 지내는 것이 갈등을 풀기 위한 좋은 해결책이 될 수 있다고 느낀다. 만일 그것이 첫 번째 반응이라면 아이에 대한 책임을 시설로 넘기는 것을 반가워한다. 그들은 아이가 변하여 돌아와서 다루기 쉽게 되기를 바란다. 이런 태도를 가진 부모들은 장기치료를 지향하는 전통적 시설에 안심을 한다. 그러나 목표가 가족을 포함한다면 스탭은 그들이 바라는 바에 이의를 제기하고 아이들의 치료에 가족들을 포함하기 위해 노력해야 한다.

그러한 과제는 어려울 때가 있다. 시설의 태도는 가족참여를 종종 방해한다. 부모를 병의 원인으로 이해하고 부적격한 사람으로 바라보는 태도는 부모들을 눈에 안 띄게 하거나 가능한 한 멀리, 가까이 못 오게 하는 절차로써 나타난다. 이런 상태 자체가 아이들에게 도움이 되고 이런 상태를 만들어 놓는 것 자체가 센터의 할 일이라고 여긴다. 더 신랄하게 표현하자면 부모가 시설의 활동을 망칠 것이라는 태도를 반영한다. 스탭들은 병의 경과를 위해, 높고 때론 알 수 없는 기준을 만들어서 성공적인 결과를 확신할 때까지 센터에 아이를 수용해 둔다. 물론 의도는 긍정적이지만 모든 어려움을 다 뚫고 나간 다음에 세상에서 살 수 있다고 생각하는 이는 거의 없다. 게다가 시간이 흘러가고 아이와 가족이 그들의 현재의 환경에 적응하면서 아이가 집으로 돌아왔을 때 그들이 부드러운 변화를 만들 것이라는 가능성이 실제로 덜 확실하다. 또 보육원이나 마약 프로그램을 위한 수용소 같은 다른 시설들과도 유사하다. 체류가 길어질수록 따로 사는 기간 동안 가족과 클라이언트간의 접촉은 더 약해지고 재결합이 더 어려워진다. 클라이언트에 대한 치료 프로그램이 향상된다 하더라도, 종종 자가당착에 빠진다. 스탭들은 아이에 대해 가족 구성원들이 관심을 가지고 있다는 표시로써 가족 주도권을 기대하고, 가족

참여의 부족을 무관심이나 적대로 부른다. 그러나 그들은 명백히 거만한 메시지를 전달하고 있다는 것을 모른다. "우리는 아이를 돌볼 것입니다. 우리가 당신들을 필요로 할 때 부르겠습니다." 아이를 시설로 데려와야만 할 때 부모들이 느끼는 실패감과 무능감에 더해 이런 메시지는 긴 낙담의 시간들을 만든다. 가족들은 기관과 아동이 자신을 원하지도 않으며 필요로 하지도 않는다는 것을 느끼게 된다.

스탭 훈련과 방향성

시설의 문제로 나타났던 많은 직원의 태도들이 토의되었으나 이는 다시 반복할 필요도 없다. 시설의 자만심, 결과에 대한 높은 기준 그리고 병의 근원으로써의 가족에 대한 평가들은 논평될 바가 많다. 이 책의 앞 부분에서 심리치료는 일반적으로 내면의 역동성과 병의 상태, 분노, 걱정, 갈등 관계를 강조한다고 지적하였다. 아동과 함께 작업하면서 시설의 치료자들은 이런 접근을 많이 한다. 가족과의 작업으로 방향을 바꾸려 해도 새로운 방법을 잘 발달시키지 못한다. 그들은 가족들의 장점을 찾아낼 수 있는 훈련을 받은 적이 거의 없고, 가족의 전 영역에서 대안을 찾는 기술을 별로 가지고 있지 않다. 이는 인간 본성에 대한 왜곡된 방향이고 생산적인 가족과의 협력을 불리하게 만드는 요소이다.

권고

문제의 분석에 이어 권고를 하기 위해 몇 가지 주장들이 제기되었다. 이전의 토의는 주거센터의 위치에 관한 계획뿐 아니라 스탭들의 훈련과 기관의 방향성 같은 문제들을 다루었다. 후자는 스탭 구성원들이 가족들과 함께 작업함으로써 자신감과 기술을 발전시키고 가족 지향적 태도를 표면화하기 위

하여 세미나, 사례 토의, 관리를 통해 다루어질 필요가 있다는 점이 논의되었
다. 하지만 이 권고의 중요한 초점은 시설이 행하고 있는 행정적 절차의 조직
화에 둔다. 다음에 기술되는 것은 초기면접, 아동이 주거센터에 있는 동안 가
족과의 접촉, 아동입소시의 가족관계에 관한 권고이다.

초기면접

시설은 부모의 참여를 필수적으로 만드는 절차를 개발해야만 한다. 가족
들을 환영하고 그들에게 선택권을 주거나 그들이 센터에 오는 것을 장려하
는 것만으로는 부족하다. 가족치료 활동시간을 잡는 것도 충분하지 않다. 시
설은 가족이 센터에서의 아동생활에 참여토록 하고 그들이 없으면 성공할
수 없다는 메시지를 전달해야만 한다.

초기면접에서 시작해라. 처음부터 공동협력의 의견을 전달해라. 생활지도
교사, 교사 그리고 치료자를 포함한 모든 관계된 스탭들을 가족들이 만날 수
있도록 초기면접의 자세한 하루 일정을 잡아라. 센터에서의 현재생활—수
업, 특별활동, 오락시간—을 관찰할 수 있도록 부모를 초청해라. 부모들은 그
들의 아이를 위하여 센터에서의 생활이 어떠한지를 공감하고, 그들이 보고
있는 것과 시설의 철학에 대해 설명을 들어야 한다.

입소에 대한 필요성을 질문해라. 초기면접 과정에서는 입소에 대한 불확
실성을 전략적으로 전달해야 한다. 부모는 자신의 아동이 센터에 머무는 것
을 요구한 것에 대해 책임을 느낄 필요가 있다. 만일 센터가 그 요구를 받아
들인다면 그것은 그 가족의 동맹자가 되고 그것의 필요에 대답을 하게 되는
것이다. 물론 이 토의는 만일 그 가족이 화를 낸다면 또는 너무 협조적이라면
각각 다르게 진행되겠지만 두쪽 모두 가족들은 결론에 다다르는데 활동적인
역할을 경험해야만 한다.

이러한 성격의 토의는 초기면접을 주거치료에 대한 사유나 아동가족 시설

의 목적에 초점을 두게 한다. 상당수의 사례에서 목표를 진술하는 실제 서류를 작성하고 가족, 스탭 둘 다 서명하는 것이 무척 유용하다, 그것은 양쪽 모두를 협동적인 노력에 맡기고 치료의식처럼 초기면접을 만든다. 목표에 대한 초점은 또한 책임면제의 상황들을 부각시킨다. 그것은 종결의 문제를 입소의 과정으로 통합시킨다. 주거치료가 종신형이라 생각하지 않는다면 그 중요도는 매우 타당한 것이다. 그것은 스탭들에게 능력과 가능성에 초점을 맞출 것을 일깨워 주고, 가족들에게 희망의 기록을 소개한다. 터널의 끝에는 빛이 있다.

초기면접의 근본 목적은 협력의 훈련 즉 치료의 힘든 여정에 두 체계가 어우러지는 것이다. 공식서류에 기입하는 지루한 과정을 포함하는 그 밖의 것들은 그 다음 일이다. 그런 과정은 관료적 느낌을 만들고 서로의 책임감을 희석시킨다. 가능할 때마다 그런 종류의 설명은 두 번째 면담을 위해 남겨두어야 한다. 그들은 그들의 아동을 잘 알고 있기에 부모들은 첫 번째 만남을 통해 아동의 성장에 관한 설명을 기술하도록 요구받아야 하고 스탭들은 아동들의 흥미거리, 좋아하는 음식, 좋아하는 게임 그리고 특별한 친구들에 대해 부모와 면담해야만 한다. 아동들이 센터에서 간수할 수 있고, 이전의 그리고 앞으로의 인생의 상징적 고리를 만들 수 있는 물건들을 부모들은 집에서 가져올 수 있도록 되어야 한다.

부모들이 잘 알고 있다는 기분으로 떠나는 것도 중요하지만 모든 것들이 해결될 것이라는 믿음으로 집에 돌아가서도 안 된다. 그들은 잘 알고 있는 사람들과 환경으로부터 격리된 아동들을 도와주는 일을 하는 스탭들의 불확실성도 이해해야 한다. 가족은 어느 정도 아동과 함께 이 시설에 들어가 있다고 느껴야 한다.

거주기간

일단 아동이 들어오면 다른 절차들이 중요하다. 기본적으로 시설은 아동의 생활에 가족참여를 유지하고 늘려야 한다.

시간과 함께 아동과 가족간의 격리감이 증가하는 것이 주거생활의 특징이다. 감정적 거리감이 가족에 대한 반감으로 불려서는 안될 자연스런 현상이다. 센터는 견고한 진행을 통해 관계를 키워나가야 한다. 가족들이 치료에 필수적이라고 반복해서 말하는 것이나 능숙하게 치료를 하는 것조차로도 불충분하다. 아동이 집에서 생활하는 것처럼 가족은 전개되는 일들의 한 부분이 되어야 한다. 예를 들어 실무자는 이렇게 말하여 가족과 연락한다. "조의 활동에 무슨 일이 생겼는데, 그 원인에 대해 고심하고 있습니다. 도와주실 수 있나요?" 그 요구는 전화통화, 편지 또는 가족이 학교로 찾아와서 이 상황에 관해 의견을 나누도록 하는 제안의 형식으로 될 수 있다.

물론 이것이 거의 모든 학교를 포함한 대부분의 시설들이 부모와 연락하는 전통적인 이유이지만 이러한 의사소통은 문제들과 관련이 없어도 된다. 이것은 발전, 성취, 중대한 사건 등에 해당될 수 있다. "아직은 성과가 나타나진 않았지만 조는 학교에서 매우 잘 지내고 있어요. 오셔서 조와 함께 축하해 주시겠어요? 상품도 조금 가져오실 수 있죠?" 가끔 스탭들은 단순한 정보를 교환하기 위해 가족들에게 연락을 한다. "마리가 축구연습을 하다가 넘어져서 무릎이 까졌어요. 심각하진 않고 이젠 괜찮아졌어요. 하지만 그녀는 화를 냈고 조금 놀랐어요. 그냥 당신이 알아야 할 것 같아서요." 내용은 중요하지 않다. 일단 그런 생각이 들면 스탭은 계속해서 말할 기회를 찾을 것이다. 그것을 관리하고 있는 동안은 어떠한 것이든 유효하다. 시설이 아동을 돌보는 역할을 하고 있지만 부모는 책임이 있는 사람들이다.

이러한 연락이 아동의 눈에 보이게 하는 것도 중요하다. 조와 마리는 스탭과 그들의 가족이 동반자임을 이해할 필요가 있다.

아동이 시설에 머물러 있는 동안 이러한 의사소통의 일부는 생활지도교사와 가족간에 이루어질 수 있지만 임상 스탭들은 공식적으로 짜여진 치료활동을 넘어서는 중요한 역할을 가지고 있다. 가끔 스탭들은 전화나 편지로 연락을 하고, 또 가족의 집에서 활동을 하는 기회를 이용하여 아동을 집에 데려갈 수도 있다. 그들의 집 잔디 위에서 스탭구성원을 맞이한다는 것은 가족 자존심을 증가시킬 수도 있다. 그러나 집이나 가족구성원을 검사하는 것이 아니라 아동을 위한 임상적 노력의 일부로써 가족들이 이러한 방문과 가정 안에서 이루어지는 치료활동을 보는 것이 중요하다.

진행중인 접촉의 수준이 어떻든 간에 스탭과 가족은 치료 프로그램을 재평가하고 목표를 측정하기 위해 매달 만나야 한다.

종결

주거치료는 실제로 초기면접으로 시작하여 종결을 향해 나아가는 보호활동의 연속적 과정이다. 가정방문은 센터로부터 퇴소의 가능성을 시험하는 방법으로 증가되어져야 하고 가족이 아동과 함께 살 수 있고 외래적 접근이 가능하면 퇴소가 고려되어야 한다. 변화의 기간을 통해 접촉을 계속하는 것만이 최상의 접근방법이다. 가능하다면 스탭은 외부 병동에서의 활동에도 참여를 해야하고 만일 의미 있는 관계가 성립되었다면 수시로 가족들과 이야기를 나누어야 한다.

그러한 변화의 소개와 함께 대부분의 아동들은 어떤 경우에든 1년 안에, 가능하면 6개월 이하에 시설을 떠날 수 있어야 한다. 물론 아동문제, 가족 반응 그리고 아동 나이의 정확함과 같은 요소들과 관련된 조건이 있다. 일반적으로 우리가 권한 절차들은 사춘기 이전이나 사춘기 초기의 아동들—약 8~13세 사이 정도—에게 가장 적합하다. 더 어린 아동은 치료의 다른 유형이 이로울 것이고 대부분이 시설에 전혀 포함되지 않는다. 더 나이 많은 소년, 소녀들은 그룹 접근을 더 두드러지게 하고 그들의 관계 속에서 자율성과 선택성의 문제를 부각시키는 수정안이 요구된다. 하지만 젊은 사람이 시설에 수용되어야만 할 때마다, 그리고 나이에 상관없이, 우리는 그들의 인생에 의미있는 사람을 아는 것과 그들과 함께 일하는 것이 중요하다는 것을 발견했다. 이번 장에서 아동들이 시설에 수용되어 있을 때 치료의 동반자로서 가족과 관련하여 작업하는 모델을 소개하였다. 우리의 경험 속에 그 과정은 아동과 가족 그리고 모두의 미래에 생산적인 것이다.

제8장 시설 아동 II
정신과 병동

아동을 위한 주거형 치료 서비스들 중 소아정신과 병동은 나름의 특별한 현실을 보여주고 있는 곳으로 별도로 탐색해볼 만하다. 이는 부분적으로는 정신과 병동의 스탭은 정신과 특유의 전통과 오리엔테이션, 그리고 지위를 갖고 있기 때문이기도 하지만, 또한 도시 빈곤층의 아이들에게 서비스를 제공하는 병원들은 자주 특별한 속성과 욕구를 가진 지역사회에 놓여있기 때문이기도 하다.

정신과적 서비스와 가족

우리가 기술한 대부분의 세팅에서 스탭들은 다른 사람들의 도움이나 방해 없이 자신의 책임을 수행하고자 한다. 그러나 스탭이 전문적이고, 훈련이 잘 되었으며, 책임감과 존경받는 것에 모두 익숙한 정신과 세팅에서는 특히 자부심이 강하기 쉽다. 큰 병원에서 일하는 고참 정신과 의사는 곤혹스러운 자기 비판조로 아동 서비스의 운영을 자동차 정비공장에 비유하여 묘사하였다: "당신은 장애가 있는 자녀를 잠시동안 우리에게 맡겨 두고 떠나고, 당신의 자녀가 고쳐졌을 때, 우리는 와서 당신의 아이를 데려가라고 당신에게 전화할 것이다."

정신과 치료는 의학적 모델에 뿌리를 두고 있으며, 그래서 스탭은 항상 환자 개인과 함께 일하는데 익숙해져 있다. 그것은 자연스러워 보이고, 현 분위기 속에서 인간의 사고와 정서는 생물학적인 기초와 관계 있다고 강조하는 현재의 경향과 결합된다. 정신과 의사들은 환자들의 두려움, 환상, 분노, 혼돈 같은 내적인 세계를 탐색하는데 집중한다. 이런 내적 문제들의 의미를 재정리하고, 약물을 처방하며, 또는 양쪽 모두에 정성을 들이면서.

아주 이상하게 들리겠지만, 미국 빈민가에서의 사회적인 분열은 이러한 태도를 강화시켜왔다. 노숙상태, 마약 중독, 그리고 폭력이 증가하면서 사회 병리는 범람하였지만 사회적 서비스들은 이를 다 담아낼 수 없었고, 문제 많은 이웃에 위치한 병원의 소아정신과 스탭은 사회적인 걱정거리의 부산물과 대면하고 있는 자신들을 발견하게 되었다. 이런 상황들을 다루는데 제대로 훈련받지 못한 스탭은 그들 자신의 전문 영역인 경험의 내재화된 구성에 초점을 맞추려는 경향이 있다. 스탭들이 진단과 치료의 초점을 개인의 내적 세계에 맞출 때, 환자에게서 반응을 이끌어낼 수 있는 사회적인 환경은 그들의 인식 밖에 남게 된다.

우리와 관련된 사람들에게 있어서 정신과 스탭의 성격은 또 다른 문제를 제시한다. 그들은 일반적으로 중산층이고, 자기성찰을 잘 하며, 분명히 말할 줄 알고, 심리 지향적이다. 그러나 가족들의 인종은 다양하고, 더 낮은 사회 경제 집단에 펴져 있으며; 더욱이 가족 구성원들은 행동 지향적이며 정서적인 면이 빈약하다. 병원에 아이들을 데리고 오는 가족들은 병원에서 소외감을 느낀다. 어떤 사람들은 정신과 의사들과의 의사소통을 어렵게 하는 어색한 언어를 구사하고, 그리고 다수는 이미 원조체계에 부정적인 경험을 가지고 있기 때문에 병원 스탭에 대한 그들의 첫 반응은 의심으로 가득 차 있다. 하지만 스탭은 환자와 가족들로부터 협조와 존경을 받을 것이라고 기대하고 있기 때문에, 가족들의 과묵한 반응을 치료에 대한 저항으로 인식할 수 있다.

우리가 이 책의 거의 모든 부분에서 강조한 가족들과 함께 일해야 한다는 면에서 스탭은 자주 부적합하게 훈련되었다. 스탭은 가족들을 병동 활동에 포함시키고 가정방문을 중요시하며 가족과 아동이 오랫동안 분리되는 경우 뒤따르기 마련인 아동과 가족 사이의 소원한 관계를 다루는데 익숙하지 않다. 스탭은 병동에서 아동에게 내재화된 마음의 구성을 탐색하고 아동의 행동을 해석함으로써 가족을 이해해나가기 시작한다. 이러한 상황에서는 스탭은 문제의 일부분밖에 볼 수 없다. 따라서 가족 구성원들의 반응은 눈에 보이지 않고, 단지 그들이 추측하고 상상한 가족들만이 치료에서 다뤄질 수 있다.

스탭이 가족, 아동과 함께 일하는데 동기화는 되었을지라도, 스탭들은 필요한 기술이 부족할 수 있다. 그런 작업에 대한 그들의 초기 노력에서 우리가 주시한 것은 그들은 자신들이 그렇게 자주 아동을 치료하기 위해 갈고 닦은 바로 그 기술들을 해석하지 못한다는 것이다. 그들은 거의 아동과 함께 하지 않을지라도 가족에게 비판적일 수 있고, 아동들과의 놀이와 친근한 접촉이 자신의 일의 대부분일지라도 가족 세션에서 창의적이거나 편안하기에 어려울 수 있다.

현실적으로 가족들과 함께 효과적으로 일하기 위한 첫 번째 단계는 기술적이라기보다는 오히려 개념적이다. 스탭은 아동이 더 큰 사회적인 맥락 속에 놓여있고, 아동이 병원에 입원할 때 가족 역시 입원했다는 생각을 받아들여야 한다. 그리고 병원 측에서 하는 모든 행동과 아동에게서 나타나는 모든 변화는 가족이 함께 참여했든 안 했든 간에 미래 가족간의 상호작용 속에서 나타날 것이다. 그런 사고방식을 가지면, 사정작업과 치료는 아동의 삶 속에 있는 힘을 동원할 수 있는 기술을 요구하고 변화를 위한 목표는 어린 환자의 역동성과 생물학을 뛰어넘어야 한다는 것이 명확해질 것이다.

그러나 이것이 대부분의 정신과 병동에 널리 퍼진 사고방식은 아니다. 최근 강조되고 있는 단기 입원에 고무되어서 치료는 점차 증상에 맞는 약물을 찾는 것으로서 정의되고 있고, 그로 인해 빈곤한 아이들은 한 기관에서 또 다른 기관으로 옮겨가는 것이 빈번한 일이 되고 있다. 병원에 입원하고 있는 기간이 짧을 수 있지만, 또한 아이들은 오랜 기간 동안 지속적으로 위탁보호 양육이나 주거형 치료보호 센터에 남을 수 있다.

자문에 대한 다음의 설명은 일하는 대안적인 방식을 예로 보여주고 있다. 이 사례에 대한 정신과 의사의 발표에서 우리는 장기입원을 아동을 위한 불가피한 환경으로 받아들이고 있고, 그들은 약물치료에 가장 집착하며, 그리고 가족의 역할을 그저 주변을 맴돌고 있는 사람으로만 생각하고 있음을 본다. 자문치료자의 개입은 이런 생각을 혼란시키고, 가족을 방관자가 아니라 참여자로서 동원하며, 또한 전통적인 접근 방법을 검토하고 토의하게끔 만드는 것이다.

자명한 것에 의문을 갖기: 사례 자문

1990년대, 한 북동부 주의 주 정부 정신건강 부서는 저자들 중 한 명(Salvador Minuchin)에게 주립병원의 아동 병동에 자문을 해달라고 요청하였다. 자문의 주요 목적은 주 전체 체계를 통해 교육과 토의 목적을 위해서 사용할 수 있는 가족 중심적 접근방법의 예를 제시하는 것이었다. 그 부서는 또한 7장에서 토의된 '아이들이 병원에 너무 오래 머물고 있다'는 문제와 관계가 있었다. 이 문제는 명백하게 경제적인 이유 때문에 관리자들을 불편하게 했지만 사실 전문가들은 오랜 억류가 아동 발달에 미치는 영향에 대해 더 관심이 많았다.

사전 토의에서 자문치료자는 병원 스탭에게 병원에서 1년 이상 치료를 받았던 아동을 골라달라고 제안하였다. 그래서 그들은 이 병원에 오기 전 또 다른 정신과 병동에 1년을 입원했었던 10세 소년 마크를 지목하였다.

자문은 하루 동안 진행되었고, 과정은 4개의 부분으로 나뉘어졌다. 주어진 다른 상황 때문에 이 단계들은 Ridge Center에서 했던 4부분의 과정과는 동일하지 않았다. 그러나 두 절차는 모두 정보, 개입, 그리고 피드백이 가족과 전문가인 스탭 안에서 폭넓게 관련된 사람들을 포함하며 똑같은 체계 중심을 반영하였다. 먼저 이 사례에서 자문치료자는 마크와 매일 접촉하는 주치의를 만났고, 그 다음에 마크와 그의 가족을 면담하였다. 그 세션 후 그는 일방경 뒤에서 이 세션을 관찰한 주치의를 다시 만나 그의 생각을 중심으로 토의하였다. 네 번째 부분은 더 많은 청중들에게 개방하였다. 이 자문은 비디오로 녹화가 되었고, 그 주 주변의 소아정신과 실무자들을 위한 폐쇄회로 방식의 회의에 기초가 되었다.

자문치료에서 발췌한 부분이 아래에 제시되어 있다. 이것은 아동하고만 작업을 이끌어왔던 전통적인 치료와 가족의 참여를 강조하는 치료 사이에서 근본적인 개념적 차이를 보여준다.

스탭과의 모임

9명의 스탭이 마크를 통제하고 치료하는데 관계를 갖고 있었고, 그들 모두가 모임에 참석하였다: 개별치료자, 아동상담원, 정신과의사, 가족치료자, 교사, 미술요법사, 간호사, 인턴 사회복지사, 그리고 그 병동의 책임자인 심리사. 자문 치료는 1시간 반 동안 지속되었다. 마크에 대한 주치의의 발표는 병동에 지배적인 이데올로기를 명확하게 표현하고 있었기 때문에 우리는 그 과정의 내용 전부를 기록하였다.

　　자문치료자: 마크는 약물치료를 받고 있나요?

　　정신과의사: 네. 받고 있습니다. 처음 저희에게 가장 문제시되었던 것은 주의력
　　　　　결핍 장애였습니다. 우리에게 처음 왔을 때 그는 리탈린(Ritalin)을 복용
　　　　　하고 있었습니다. 이전 병원에서는 마크의 공격성과 주의력 문제를 표
　　　　　적 증상으로 보고, 이를 완화시키기 위해 리탈린 40mg과 멜라릴
　　　　　(Mellaril) 60mg, 그리고 3mg의 클로노핀(Klonopin)을 복합적으로 썼다
　　　　　고 합니다. 분리 불안 문제에 대해서는 특별히 약물치료가 이루어지지
　　　　　않았습니다.

　　　　　여기서 우리는 그에게 한동안 클로노핀을 시도했고, 얼마 후 그 약을 중
　　　　　단했을 때 마크는 그 전후로 엄청난 차이를 보였습니다. 그는 약물 없이
　　　　　는 학교에서나 집에서 아무것도 할 수가 없었습니다.

　　　　　그래서 우리는 그에게 삼환계 항우울증 약물을 시도하였습니다; 현재 그
　　　　　는 삼환계 항우울제를 계속 복용하고 있습니다. 그는 성인 환자 치료에
　　　　　쓸 수 있는 최대 용량의 약을 복용하고 있습니다.

　　　　　그는 클로노핀보다는 삼환계 항우울제 약물에 더 좋은 반응을 보였지만,
　　　　　선생님도 이해하고 계신 것처럼 그의 자기 통제력은 쉽게 무너지곤 합
　　　　　니다. 하지만 그는 좌절에 대한 약간의 인내력을 가지고 있습니다. 그의
　　　　　인내력은 짧게는 몇 초에서 길게는 정신 치료 세션 내내 완전히 유지될
　　　　　수도 있습니다. 따라서 편안하고, 안정적인 환경에서는 언어적 정신치
　　　　　료에 참여할 수 있는 여지가 약간 있다고 보여집니다.

　　　　　최근 우리는 리튬(Lithium)을 항우울제와 함께 쓰기 시작했습니다. 그는
　　　　　현재 하루에 600mg을 먹고 있습니다. 그러나 현재 용량으로는 공격성에
　　　　　서 현저한 변화는 관찰되지 않고 있고, 그래서 용량을 더 높이려고 하고

있습니다. 우리가 현재 생각하고 있는 것은 아직도 그 아이에게 가장 큰 문제인 충동성 조절을 위해서 약물치료를 시도해볼 것인지, 아니면 느리지만 지속적으로 자기 통제력을 키워 점진적인 호전을 볼 것인지 둘 중 하나라고 말할 수 있을 것 같습니다.

우리는 마크가 가정에서 자기 통제를 할 수 있을 거라고 기대하기는 어렵습니다. 가족은 마크의 노력에도 불구하고 마크의 자기통제력을 불안정하게 할 수 있고, 이는 마크를 불안정하게 할 수 있습니다.

많은 소아정신과 의사들이 마크에 대한 이런 진단과 치료에 대해 의문을 가질 수는 있으나, 기존의 정신과적 치료 방향에서 우세한 이데올로기가 이 보고서에 정말로 깊이 녹아 있는 것처럼 보인다.

이 보고서는 아동에 대해 어떻게 말하는가? 아이인 마크는 구체적인 약물치료의 표적을 결정하는 일련의 정서적이고 관념적인 단편으로 해체된다. "공격성과 주의력 문제"는 "표적 증상들이다", 그리고 "분리 불안 문제"에는 "특별히 약물치료가 이루어지지 않았다" 등등.

이런 접근 방식은 치료 형태에 어떻게 영향을 미치는가? '이 증상에는 이 약물이 효과적이다'라는 식의 한 가지 증상과 한 가지 특정한 약물 사이의 결합에 대한 믿음 때문에 치료는 그들 간의 이상적인 상관관계가 발견될 때까지 계속 시도되고 그럴 것이라는 추정 속에서 이루어진다. 과정을 살펴보면 이것은 용량을 증가시키거나 현 약물을 다른 약물과 같이 투여하는 "병합 조제술(copharmacy)"이다. 만일 호전이 없다면 이것은 단지 적절한 결합이 발견되지 않았다는 것을 의미하고, 그리고 또 다른 약물로 바꾸거나 약물들을 복합적으로 사용할 필요가 있다는 것을 의미한다. 이 말은 사이비적인 과학의 확실성을 전달하지만 그런 과정은 실제로 눈먼 일련의 시도이다.

그리고 무엇이 목적인가? 병합조제술로 인해 마크가 얻은 도움의 증거는 행동 조절 측면으로 평가된다. 만일 마크가 변하지 않는다면, 약의 용량을 높이거나 수정할 필요가 있다는 것이 명백하다. 마크에 대한 정신과 의사의 요약은 너무 강력해서 아동의 상담자가 정신과 의사의 발표 후 마크의 기술 숙달과 관계된 의견을 말했을 때 그것은 전혀 관심을 끌지 못했다. 그녀는 "마크가 더 많은 기술을 습득할수록 행동이 더 좋아지고 있습니다. 그는 자전거를 탈 줄 몰랐었지만 지금은 탈 줄 압니다. 그리고 그것을 매우 재미있어 합니다." 이 집단에게, 그녀의 논평은 단순히 기술적이며 별로 중요하지 않게 들린다. 똑같은 반응이 심리사가 관계되는 관찰에 대해 말했을 때도 일어난다: "가족이 없기 때문에 병동 직원들이 가족의 대리 역할을 하고 있습니다." 이 말은 마크의 생활에 직원들이 개입되고 있다는 치료적인 개입으로써 탐색되지 않은 채 남는다. 오히려 이 말은 실제로 마크는 그에게 관심 있는 대가족이 있기 때문에 지각된 허전한 느낌 즉, 호기심을 끄는 설명에 대한 반응으로써 받아들여진다. 결국, 단지 마크의 생물학이 치료의 표적으로서 자리한다.

가족 세션

스탭 모임 후, 자문치료자는 마크와 그의 가족을 면담했다. 세션 시작시에 마크와 그의 엄마, 12세의 여동생 재니스, 아주머니, 그리고 다른 아주머니의 아들인(8세) 사촌 Jody가 참석하였다. 그 세션은 2시간 동안 지속되었다.

자문치료자는 마크에게 그의 대가족에 대해 나이와 관계를 포함해 설명하도록 부탁하며 세션을 시작하였다. 마크가 그의 대가족에 대해 얘기하는 동안, 자문치료자는 그의 인지적인 기술과 의사소통 능력을 평가하였다. 마크는 가족들이 가깝고 지지적이라고 설명하였다.

마크의 가족 소개 후에, 자문치료자는 가족과 함께 치료하기 위해 움직인다. 다음에 발췌한 것은 엄마와 아들간의 상호 교환이 이 접근에서 명확하게 달랐다는 것을 예로 보이며, 마크와 그의 엄마 사이의 관계를 탐색하는 단지 한 부분만을 강조한다.

자문치료자(엄마에게 말하며) : 왜 마크가 여기에 있지요? (그런 다음, 즉시 마크에게) 넌 왜 여기 있니, 마크?

마크 : 왜냐하면 제가 문제가 있기 때문이죠.

자문치료자 : 왜 네가 여기 있고, 재니스는 여기 없는 거지?

마크 : 왜냐하면 그 애는 저보다 낫기 때문이죠, 그렇지 않나요?

자문치료자(마크에게) : 네가 왜 여기 있는지 엄마에게 물어봐라.

마크(엄마에게) : 왜 내가 여기 있죠?

엄마 : 왜냐하면 너는 나와 문제가 많기 때문이야. 그리고 학교와도 문제가 많고. (자문치료자에게) 마크는 자기가 하고 싶은 것만 하려고 해요. (마크에게) 너는 나와 문제가 많아. 정말 요점을 말하자면, 난 집에서 너를 어떻게 할 수가 없었단다.

자문치료자 : 그가 여기에 있는 것은 당신이 그를 다룰 수 없었기 때문이라고 말하는 것처럼 보이네요.

엄마 : 그것도 한 가지 이유죠.

자문치료자(가볍게) : 왜 당신은 여기에 없죠?

엄마(놀라다 웃으며) : 왜 제가 여기 없냐구요? 그건 잘 몰라요.

자문치료자 : 마크, 이런 생각에 대해 넌 어떻게 생각하니? 만일 엄마가 너를 잘 다룰 수 없다면, 엄마가 여기 있어야만 해.

엄마(마크에게) : 너는 내가 여기 있어야만 한다고 생각하니?

마크 : 아니오.

자문치료자 : 사실은 만일 당신이 마크를 다룰 수 없다면 마크는 오랫동안 여기 있게 될 거라는 거죠. 그래서 그가 여기 있는데에는 두 가지 이유가 있어

요. 그 중 하나는 당신이 그를 잘 다룰 수 없기 때문이죠. 이제는 그를 집으로 데려갈 준비가 되었나요?

엄마 : 여러 면에서 좋아지긴 했지만, 얘는 병원의 외박 허락을 받고 집에 올 때도, 제말을 들으려고 하지 않아요. 얘는 나에게 존경심을 보이지 않아요. 그러나 때때로……. 마크는 많이 좋아졌어요.

자문치료자 : 이상한 질문 하나 할게요. 당신은 그가 좋아졌다고 말했는데 당신 또한 좋아졌나요? 이것은 쌍방적인 것이죠, 그렇지 않나요? 그것은 당신과 마크가 어떻게 잘 지내는지를 다루는 거예요. 당신이 그를 잘 돌볼 수 있게 되면, 즉시 병원에서 마크를 퇴원시킬거예요. 만일 당신과 마크의 관계가 변한다면, 그도 변할 거예요. 이것은 다른 방식의 생각인데, 그렇지 않나요?

엄마 : 네, 그래요……. 저는 그 점에서 당신 말이 맞다고 생각해요, 왜냐하면 그건 정말로 나와 그 애와 관계 있는 것이거든요.

그런 다음 자문치료자는 엄마에게 마크와 말하도록 요구한다.

엄마(마크에게) : 나는 네가 집에 있길 바래. 너를 병원에 입원시켰을 때 난 3개월 정도 입원시킬 생각이었어. 그런데 그게 지금 2년이 되었구나. 난 네가 집에 있길 바래. 너 내 말 이해하니? 그리고 나는 너와 내가 더 잘 지내기를 바래.

마크는 얼굴을 숙이고 반응하지 않는다. 그는 그의 엄마와 이 상황과는 분리된 것처럼 보인다.

자문치료자(엄마에게) : 마크가 당신 말을 들을 수 있게 무엇이든 하세요.

엄마는 마크로 하여금 그녀를 보고 앉을 것을 요구하면서 마크에게 직접적으로 말하고 또 반복한다 : "난 너랑 더 잘 지내고 싶단다."

마크 : 나는 가서 조디와 함께 놀고 싶어요.

엄마 : 만약 네가 기다린다면, 세션은 곧 끝날 거고, 끝난 다음 넌 조디와 놀 수

있는 시간이 있을 거야.

마크 : 알았어요. 기다릴게요.

자문치료자는 자리에서 일어나 엄마와 악수하고, 그녀가 아들을 효과적으로 다룬 것에 대해 축하한다. 이 세션은 이런 식으로 1시간 더 진행된다. 자문치료자는 계속적으로 마크를 다루는 엄마의 능력에 초점을 맞추고, 갈등해결의 순간을 강조한다.

세션의 진행은 이 자문치료자가 핵심적인 질문에 접근하는 방식에 주목한다 : 누가 마크인가? 무엇이 그의 환경인가? 어떤 식으로 치료가 계속되어야만 하는가?

자문치료자는 세션의 처음 15분을 마크와 함께 말하며 보냈다. 자문치료자는 그가 확대가족에 대해 알고 있는 것이 무엇인지를 탐색했고, 함께 얘기하는 동안 마크의 지적 수준과 집중력, 낯선 사람과 관계하는 방식, 그의 자아 개념 등에 대해 약간의 진단적인 결론을 이끌어내었다: 마크는 자신 특유의 언어를 사용하고, 주의 집중 시간이 짧으며, 스트레스 아래서는 위축되었고, 일대일 대화에서는 적절하게 반응하는, 아마도 지능은 정상인 10세 아동으로 보였다.

마크의 능력에 대한 위의 일반적인 결론들과 별개로 자문치료자는 환경 안에서 이 아동을 보았다. 그는 정신과 병동에서 그의 삶의 20%인 2년을 보냈지만 여전히 그는 확대가족과 정서적으로 연결되어 있었다. 그는 마크의 병원생활의 오랜 체류가 그의 내적 문제의 병리적 산물이라기보다는 오히려 엄마가 그에게 적절하게 반응하는데 대한 어려움의 결과로 재명명하였다. 마크와 엄마 사이는 역기능적이었지만, 양쪽 모두 서로의 행동과 사고방식에 깊은 영향을 주고 있었다. 병원 스탭은 이런 현실에 대해서 결코 탐색하지도 않았고, 엄마와 아들이 더욱 기능적인 패턴을 개발하는데 돕거나, 다른 가족 구성원들로부터의 지지도 동원하지 않았다.

이 세션에서 치료 절차는 무엇이었는가? 자문치료자는 마크를 분리된 존재라기보다는 오히려 어떤 것의 일부로 보았기 때문에, 그는 아동하고만 일하는 것은 치료자들로 하여금 가족이 어떤 식으로 아동의 행동에 영향을 미치는 지에 대해 계속 무지하게 만든다는 것을 알고 있었다. 그는 보이지 않는 마크만의 세계를 보이도록 만들기 위해 거기에 개입의 초점을 두었다. 그는 아이를 계속 병원에 두는 것에 대해 엄마의 문제를 강조하고, 마크의 내적인 문제에만 초점을 맞추는 병원에 도전해 엄마가 마크를 집으로 데려가도록 격려하였다. 여기에 가족들 중에 여자 형제의 위치와 가족이 엄마에게 주는 압력, 그리고 마크의 아주머니나 다른 확대가족의 구성원들로부터 받을 수 있는 잠재적인 지지 자원을 포함하여 탐색되지 않은 많은 이슈들이 있다. 그것은 이야기의 끝이라기보다는 오히려 시작이며, 첫 번째 의도는 스탭이 근본적으로 다른 사고 방식과 다른 치료를 행하는 방식에서부터 시작하는 것이다.

스탭과 다시 만나기

세션 후 모임에서 자문치료자가 한 지시들은 7장에서 토의한 권고사항들과 비슷하다: 가정방문을 많이 하라; 가정방문 후에 병원에서 가족 세션을 하라; 환자의 집에서 가족 세션을 하라; 엄마가 마크를 잘 다룰 수 있도록 엄마의 능력을 고양시킬 수 있는 방법들을 찾아라; 긍정적 패턴을 지지하라, 그러나 갈등을 탐색하고, 가족이 마크를 다루는데 어려움을 겪는 동안 가족들이 다양하게 대처할 수 있도록 그들을 도와라; 일부 세션에 재니스를 포함시키고; 그리고 엄마를 지지하기 위해 확대가족원들을 동원하라. 자문치료자는 마크에 대한 퇴원계획을 시작하며 스탭이 퇴원 준비 기간 동안 가정 방문 횟수를 늘리고, 퇴원 시에 가족 중심적 개입 방법들을 사용할 것을 제안하였다.

주 전체 실무자들에 대한 폐쇄회로 방식 발표

마지막 단계는 주 전체를 통해 폐쇄회로 TV로 자문 상담을 함께 했던 소아정신과 병동의 스탭들로부터 받은 질문들을 참작했다. 대부분의 질문은 실무자들의 전통적인 중심 사고를 나타냈다: 병리에 대한 집착, 아동에게 미치는 가족의 부정적 영향에 대한 우선적인 관심, 그리고 어린 환자들을 돌보는 데 있어서 그들을 문제 가족으로부터 구출해야 한다는 사명감이었다. 청중들 중에 마크의 정신과적 견해와 아동의 지속적인 입원 문제, 또는 장기적인 약물치료의 함의에 대해서는 아무도 질문하거나 논평하지 않았다. 명백하게 병원 스탭의 오리엔테이션에는 관찰자로 머무는데 익숙했고, 게다가 그들 사이에는 동료에게 도전하지 못하게 하는 기존의 규율에 충성해야 한다는 생각이 있었다.

이런 특정한 세팅에서 문제들이 논의할 여지가 있게 되었다. 주 전체 체계는 아동의 단기 정신과 입원을 지향하는 경향으로 급속하게 바뀌어 감에 따라 재조직되었고, 병동은 1년 안에 폐쇄되었다. 이런 경향은 긍정적이기도 하지만, 동시에 그것은 필수적인 전환을 창조하지는 못한다. 왜냐하면 그것은 잠재되어 있는 기본적인 태도를 변화시키거나 약물에 대한 의존을 감소시키며, 가족이나 사회 환경을 포함하는 치료까지로 확대되지는 못하기 때문이다.

이 자문 치료에서, 지역사회에 대한 문제들이 특별하게 관련되어 있지는 않지만, 어떤 상황에서는 그런 문제가 중요시된다. 빈곤층 아이들이 심리적인 치료를 위해 입원하는 도시 병원들에서, 병원과 이를 둘러싼 지역사회 사이의 제한된 접촉과 이해 부족 때문에 문제가 자주 생긴다. 우리는 다음 절에서 이런 현실에 대해 살펴볼 필요가 있다.

정신과적 서비스와 지역사회

도시 빈곤층의 아이들이 치료받기 위해 오는 정신과 시설은 일반적으로 시립병원 안에 있고, 그들이 서비스를 제공하는 지역사회는 자주 다양한 문제들에 둘러싸여 있다. 병원은 사회적인 해체로 인해 파급된 문제들을 다루는 한 방식이 되어 가족이 노숙자이거나 마약 중독자, 또는 에이즈로 고통받거나 가정폭력에 의해 해체된 그런 가족 때문에 고통받고 있는 도시 빈곤층 아이들을 다루게 되었다.

이런 병원의 정신과 병동에 입원한 아이들은 주로 행동장애로 진단되고, 이는 과거에 정신과에 입원했던 아이들과는 양상이 달라 보인다. 40년 전, 뉴욕 시에 소재한 Bellevue 병원에 입원했던 아이들 다수는 아동기 정신분열병이었다. 그들 중에 일부만을 제외하고는 빙빙 돌고 또 돌고, 얼굴을 찌푸리고, 낯선 사람의 품에 뛰어들고, 완전히 위축되거나, 우리 시대에는 사라진 것 같이 보이는 그 밖의 다른 이상한 증상들을 보이곤 하였다. 확실히 이런 행동들은 오늘날의 도시 병원 소아정신과 환자들에게 나타나는 증상들과는 달랐다.

확실히 정신병적이지 않은 도시 아이들이 정신병원으로 오게 되는 이유는 무엇인가? 여러 가지 다양한 이유들 중 확실한 하나는 바로 인접한 이웃의 현실에 근원한다. 예를 들면 어느 날 저녁 어느 특정한 도시 병원의 위기 병동에서 생길 수 있는 일을 생각하라. 그 날 저녁에 팀은 3명의 아이들을 재빠르게 연속적으로 다룰 필요가 있었다. 그들 중 2명은 자살 사고 때문에 병원으로 데려왔다. 예비적인 작업을 한 후, 집에서 가족들이 아이들을 지켜보도록 집으로 보냈고 외래에서 치료받도록 하였다. 세 번째 아이는 심각한 양상과 자기 파괴적인 행동의 위험이 덜해 보였으나 이 여자아이는 병동에 입원시켰다. 왜냐하면 가족이 그녀의 안전을 지키기에는 부적합하다고 간주되었고, 앞의 2명의 가족 상황과는 차이가 있어 보였기 때문이었다.

위의 각 사례에서 볼 수 있듯이, 위험성에 대한 평가는 아이들의 심리적인 상태만 가지고서는 할 수 없다; 오히려 평가는 아이들의 상태와 가족과 다른 환경에 의해 제공되는 안전성 사이의 상호작용에 대한 판단이었다. 그 판단은 특정한 사례에서는 옳을 수도 틀릴 수도 있다. 하지만 사정 작업은 필요하다. 이런 주어진 상황에서, 어떤 병원들은 공식적인 입원 초기면접 절차 없이 시험적으로 입원시키는, 그들이 "하숙인" 이라고 부르는 비공식적인 부류의 환자들이 있다. 그 부류는 정신과 입원에는 부적절한 후보자이지만 다른 갈 곳이 없는 아동들이다. 사회적인 문제인 그 상황은 걱정스러운 것이다. 전문가들은 일단 아동이 입원하게 되면 철저한 절차에 대한 검토가 요구된다는 사실을 강조해야 한다.

분명히 어떤 환경이든 간에, 우리는 스탭이 아이들의 일차적인 사회적 관계망을 형성하는 사람들을 찾고 그들과 함께 일해야만 한다고 믿는다. 만약 그들이 병동에 있는 아이들에게만 본격적으로 일을 착수한다면, 그들은 지도 없이 맹목적으로 항행하는 것처럼 가족들과 지역사회에 개입하고 있는 것이다. 이렇게 하는데 있어서, 그들은 의식하고서든 아니든 간에, 일단 단기 입원이 끝나면 아동들을 주거형 시설보호나 위탁보호 가족으로 보내는 방향으로 조종할 수 있을 것이다. 그것은 현 분위기에서는 연속적으로 자주 발생하지만, 이것은 문제를 이해하고 치료를 위한 자원을 가족과 지역사회에 기대할 수 있는 더욱 경제적이고 인도적인 가능성을 빠뜨리는 것이다.

다음 절들에서 우리는 자문 기간 동안 같은 병원에 입원했던 두 사례를 소개할 것이다. 두 사례 모두 지역사회를 이해하고 관계할 필요가 있었다. 한 명은 자문을 시작한 초기에 입원했고 다른 한 명은 자문 시작 6개월 후에 입원했기 때문에, 가족 초점이 정신과 치료에 소개되었고, 정신과 스탭이 가족 초점을 가지고 치료할 때 일어날 수 있는 변화들을 예증한다.

첫 번째 사례: 라틴계 지역사회와 관계 맺기

첫 번째 사례는 위기상황을 포함했다. 소아정신과 병동이 있는 시립병원은 병원 자신이 주변 지역사회와 문제, 다시 말해 스탭이 라틴계 가족들에게 부정적인 편견을 가지고 있음을 스스로 느끼게 되었다. 위기상황을 만들었던 사례는 10살짜리 아동이 부모의 차를 가지고 시내에서 4, 5구역을 운전하다가 경찰에 의해 붙잡힌 사례였다. 그는 병원으로 옮겨졌는데 그는 혼란스럽고 놀란 상태였다. 푸에르토리코 사람인 그의 부모가 아이를 데리러 병원에 왔을 때 그들은 아이를 좀더 관찰해야 하므로 아이는 병원에 있어야 한다는 말을 들었다. 다음 날 그들이 다시 왔을 때, 정신과 의사는 아이가 과잉운동적이어서 약물치료가 필요하며, 또한 약물치료에 대한 반응을 평가할 수 있을 때까지 1주일 정도 병원에 입원해야만 한다고 말했다.

부모는 이를 거부했고, 병원은 그 사례를 법원으로 보냈다. 판사는 부모는 자녀를 방치했다는 판결을 내렸고, 강제입원 명령이 필요하다는 병원에 승소 판결을 내렸다. 부모는 이 사실을 스페인 매체에 알리면서 라틴계 지역사회와 시립 병원이 대립하게 되었다. 결국 이 사례는 정치적인 "뜨거운 감자"가 되었다.

주변 지역사회에 서비스를 제공하기 위해 생긴 병원이 어떻게 그 지역사회의 적이 될 수 있는가? 부분적으로는 지각과 낙인 때문이라고 설명할 수도 있지만, 또 다른 부분적으로는 서로 다른 시각을 탐색하기보다는 오히려 힘을 사용하려는 경향을 들 수 있다. 아동의 부모에게, 그 소년은 무모하였고, 그의 생명과 다른 사람의 생명을 위험에 빠뜨렸었으며, 부모의 규칙에 불복종하였다. 그러나 그들은 놀라고 화도 났지만 시내에서 차를 운전하리라는 예측하지 못한 아동의 행동에 다소 감명을 받았다. 병원 스탭에게, 그 아이는 내적인 문제에 반응하는 판단력 부족을 보였다. 그의 충동성과 통제력 부족은 검사가 필요했다. 그들은 또한 자녀에 대한 방치 때문에 아동의 생명을 위험에 빠뜨리게 했다고 느낀 부모에 대해 비판적이었다. 병원은 아동의 양육을 떠맡았고, 법원은 의료 전문가들의 의견을 지지하였다.

지역사회와 사회 기관이 전쟁을 할 자세를 취하기 오래 전에 확실하게 다른 가능성들이 있었다. 중산층의 한 지역에서는 이것은 위험하기는 하지만 아이들의 못된 장난 정도로 생각될 것이다. 병원 담당자들과 가족은 곧 만나 그 상황을 동정적으로 토론했을 것이고, 아동은 곧 풀려나 부모의 보호 속으로 돌아갔을 것이다. 만일 조숙한 아이의 못된 장난으로 판단된다면, 부모가 아동에게 설명하고 훈육하도록 조치되었을 것이다; 만약 아동의 충동성 문제와 명확하지 않은 부모의 통제 때문으로 판단된다면, 외래 치료가 제안되었을 것이다.

이 라틴계 가족은 우리가 똑같은 고려를 할 만한 가치가 있다. 문제는 조직화된 지역사회의 분노를 피하는 일이 간단하지 않다는 것이 아니라, 클라이언트와 지역사회를 위해 효과적으로 일하기 어렵다는 문제였다. 병원은 그들이 인종적으로 스탭과는 다를지라도, 서로 관련되어 있고 유능한 그들의 가족과 함께 문제와 해결책을 탐색하면서, 또 다른 이웃에 전형적일 똑같은 협동적인 입장을 채택할 필요가 있었다.[2]

두 번째 사례: 이민자의 경험에 대한 문화적인 민감성

두 번째 사례는 전 장(3장 참조)에서 간단하게 언급하였다. 그 가족의 세 아이들 중 하나인 16세 된 릴리아나는 죽으려고 많은 양의 약을 먹었다고 말해 놀란 부모에 의해 정신과 병동에 입원되었다. 초기 면담을 한 정신과 의사와 심리사는 기술적이고, 감정이입적이었다. 그들은 릴리아나의 우울증과

---

2) 다문화적 민감성에 대한 충분한 토론을 위해서 Falicov(1998)를 볼 것.

사회적 고립에 대해 느낀 그녀의 이야기를 탐색했다. 그녀는 엄격한 규율로 친구들과의 만남을 단절시키려는 부모 때문에 집에 감금되었던 것처럼 느꼈다고 말했다. 스탭은 그녀의 자살 시도를 가족에 대항하는 무력한 분노의 표현으로서 이해했다.

두 번째 면담은 릴리아나와 그녀의 엄마와 함께 하였다. 그녀의 엄마는 스페인어밖에 말할 수 없는 것처럼 보여서 이중언어를 구사하는 사회복지사가 그녀의 통역역할을 하였다. 그녀의 엄마는 5년 전 남미에서 이주한 후 이 나라에 적응하는데서 겪은 가족의 어려움에 대해서 말하였다. 릴리아나는 이 토의 시간 동안 엄마 보는 것을 피했으며, 우울하고 위축되어 보였다. 그런 다음, 정신과 의사는 릴리아나가 영어를 유창하게 말할 수 있으니 엄마의 말을 통역할 수 있을 거라고 제안하였고, 엄마 말을 통역해 달라고 릴리아나에게 부탁했다. 이런 간단한 개입은 참석한 사람들이 엄마와 딸 사이의 아주 가까운 관계를 탐색할 수 있게 했다. 엄마 또한 우울하였고, 릴리아나가 엄마를 보호해야 한다고 느끼고 있음이 확실했다.

세 번째 세션은 릴리아나를 포함해 엄마, 아버지, 21살 오빠, 그리고 23살인 언니가 참석했다. 자녀들 모두 영어를 유창하게 말했다. 아버지 또한 어려움은 있었지만 영어로 자신에 대해 표현할 수 있었다. 놀랍게도 이 세션동안 엄마가 영어를 조금씩 말하기 시작했는데 그것은 거의 그녀의 남편만큼 능숙한 것이었다. 가족 구성원의 의미를 명확히 하는데서 약간의 어려움이 생겼을 때, 아들은 자동적으로 한 언어를 다른 언어로 통역하는 일을 담당하였다.

토의 동안 이 가족은 이 나라에 적응하는데 어려움이 많았었다는 것과 그들이 모국을 떠난 이후 사회적, 경제적 상황이 아래로 곤두박질쳤다는 것을 분명하게 알 수 있었다. 꽤 성공한 사업가였던 아버지는 이 곳에 와서 경비원으로 일했고 현재는 무직이었다. 아들은 마약 판매를 하다가 감옥에 갔었고,

한때 마약을 복용했던 릴리아나의 언니는 현재 마약을 끊고 일을 찾고 있었으며, 엄마는 가족의 생계 유지를 위해 사무실에서 청소 일을 하고 있었다.

이런 정보가 드러났기 때문에, 스탭은 그 상황과 관계된 여러 요소들을 새롭게 인식하며 문제를 보기 시작했다. 그들은 걱정 많고 절망에 빠져 있는 부모가 놀라운 일들이 벌어지는 이웃의 위험으로부터 딸을 보호하고, 큰아이들에게서 보았던 일종의 반사회적 행동을 미연에 방지하기 위하여 청소년 딸을 통제하고 있었다고 이해하였다. 스탭 개입의 초점이 청소년의 개인병리에서 이민으로 인한 복합적인 문제와 자녀를 보호하려는 부모의 비효과적인 시도로 확대되었다. 스탭은 드러난 문제들을 명확히 했고, 릴리아나와 부모 셋이 릴리아나에게 어느 정도의 자유를 주고, 어떻게 통제할 것인지에 대해 서로 합리적인 방안을 찾도록 토의를 격려하였다. 스탭은 릴리아나의 언니, 오빠에게 그들의 경험에 기초해 엄마를 코치하도록 요청하였고, 가족에게는 그들이 속한 지역사회에서 사회적 접촉과 지지 자원을 찾도록 격려하였다. 릴리아나는 몇 세션 후 호전되었고 그 후 즉시 퇴원하였다.

이 사례는 이전 사례보다 덜 극적이나 더 전형적일 수 있다. 그것은 우리에게 정신과 의사들은 명확한 DSM-IV의 진단적 평가에 이르는 전통적인 개념과 방법의 기초 위에서 기술적으로 나아갈 수 있다는 것을 다시 한번 상기시킨다. 그리고 개인밖에 있는 요소들을 포함하기 위해 관점을 넓히는 것은 환자뿐 아니라 가족들까지도 도울 수 있는 더 효과적인 개입을 하게 돕는다. 결국 이런 개입들은 환자의 입원 기간을 단축시키고, 아마도 병원과 지역사회 사이의 관계를 향상시키면서 더 경제적인 것으로 증명될 수 있다.

이 절에 있는 예들은 라틴계 지역사회와 관계되었으나, 물론 병원과 지역사회 관계에 대한 질문들은 훨씬 더 광범위하다. 항상 미국에 존재하는 문화적 혼합에도 불구하고, 우리는 다문화적인 일들에 대해 계속해서 반문맹적인데, 특히 의미와 관계되어서 그리고 경제적으로 박탈된 층에 더 그렇다. 이민자 가족의 아이들이 정신과 병동에 입원했을 때, 정신과 의사들은 그들의 행동에 고정된 진단적 범주를 적용하기 쉽다. 그들은 조용하게 위축된 것은 어떤 특정 문화에서는 성격적 기제라는 것, 특히 병원 스탭 같이 움츠러들게 하고 익숙하지 않은 권위에 직면할 때 그렇고, 또는 폭발적인 행동은 그들의 삶 속으로 들어오는 공식적인 침입에 대한 지역사회의 반응을 그대로 보여 준다는 것을 알지 못할 수 있다. 그 점에서 더욱 더 그들은 환경을 이해하는 데 도움이 될 수 있는 가족이나 지역사회의 다른 구성원들에게 어떻게 접근해야 하는 지를 모를 수 있다.

아마도 무의식적으로, 정신과 스탭은 지배적인 문화의 특징적인 형태에 의지하여 가족역동성과 가족 구조에 대해 종종 진부한 가정을 만든다. 그 예로 어린 환자가 하류 계층의 아프리카계 미국인 배경을 가지고 있다면, 그들은 광범위한 가족 지도를 이해하거나, 가족의 자원을 탐색하는 방향으로 가지 않을 수 있다. 가족은 핵가족 구조가 아닐 수도 있고, 부모는 접근이 불가능할 수도 있다. 그러나 할머니, 형제자매들, 대부나 대모, 또는 고모나 이모는 지지 자원이 될 수 있고, 보통 적용되는 일반화된 생각보다 특정한 상황에 더 구체적인 아동의 행동을 이해할 수 있도록 도울 수 있다.

이것은 만일 스탭이 문화적인 특징들을 지역사회와 공유할 수 있도록 이중언어를 구사하는 일부 구성원들을 포함하면 도움이 될 수도 있지만, 그런 사람들을 찾는 것이 쉽지 않을 뿐더러 그 자체가 해결책이 될 수는 없다. 가장 중요한 것은 입원과 치료의 과정을 늦추고, 충동적인 열살 아이나 자살하려는 청소년의 가족과 함께 밀접하게 일하려는 의지이다. 전문적인 스탭은 일반적으로 업무가 과중하며, 또한 현실은 새로운 관리 체계에 대한 적응과 인간의 행동에 대한 새로운 정보를 숙달하도록 요구한다. 그럼에도 불구하고, 병원은 환자들의 보통의 자원인 지역사회 안에 위치해 있다. 지역사회가 빈곤하고 인종적으로 다양할 때, 스탭은 그 지역사회의 자원과 긴장 상태 모두를 알고 있어야만 한다. 문화적 혼동과 장애물에도 불구하고, 정신과 스탭은 아동에게 중요한 사람들의 관계망과 관계를 맺어야만 한다. 그것은 스탭에게 어려움이 무엇이든 간에, 문화적인 장애물들을 뛰어 넘어서며 그것은 다른 방향으로 넘어서야만 하는 환자에게도 똑같이 어려울 수 있다는 것과, 가족의 도움이 이해와 치료에 있어서 자원이라는 것을 기억하도록 도울 수 있다.

의견과 권고사항들

소아정신과 병동에 대한 논평을 위한 새로운 출발점으로서 우리는 주거형 치료센터에 대한 토의로 돌아갈 수 있다. 아이들을 위한 주거 센터들은 교육 자료들과 아이들의 삶에서 매일의 사건에 주의를 요구했던 전통에 의해 영향을 받았다. 스탭들은 센터에서 아동의 경험을 조직해야만 하고, 가르치고 배우는 이론과 권위의 사용, 그리고 통제의 연습이 모두 관계가 있고, 각 아동은 가정에서 이런 모든 일들에 대해 이전 경험이 있다는 것을 알고 있었다. 그래서 가족들과 같이 친근한 자문치료자와 주거형 치료 센터 스탭들과의 대화는 아동의 삶에 미치는 가족의 영향을 지각하는데서 시작할 수 있었다. 직원들은 초기에는 아동 편을 들고 가족에게 반대적인 입장을 취할 수 있지만, 그러나 가족에 대한 탐색 또한 좋은 출발점으로서 기능할 수 있었다.

반면에 아동을 위한 정신병원에서 스탭은 환경과 아동 집단의 사회적인 구조, 또는 가족 패턴이 어떻게 아동을 가르치고, 배우며, 통제하는 경험을 형성하였는지에 대해서는 관심을 덜 기울인다. 의학적인 함축을 가지고 병원의 개념은 진단, 질병, 개별 치료 쪽으로 주의를 왜곡시킨다. 그 초점은 정신의학적 실천을 지배하는 진단적인 매뉴얼의 세습과, 그리고 모든 아동은

제3자에 의한 지불을 보장받기 위해 진단 코드를 붙여야만 하는 의무조항에
의해 강화된다. 초점은 일반적으로 너무 좁아지나 그에 도전하기 위한 다른
자원이나 기술이 없는 다중 위기에 처한 빈곤 가족의 아이들에게 그것은 특
히 파괴적이다. 아동에 대한 관찰을 신경 체계의 비연속적인 영역으로 좁히
는 이데올로기는 마크 같은 여덟 살짜리 유약한 아동을 열 살까지 정신과 병
동에 계속 있게 하였다.

　　다행히도 아동에 대한 장기 입원의 시대가 끝나가고 있지만, 그것은 우리
에게 결정적인 질문을 던진다. 만일 아이들이 지금 정신병원에 단 몇 주 동안
입원한다면, 병동의 조직과 중심 사고의 변화를 동반하는 긍정적인 변화가
있을 것인가? 병원은 가족과 지역사회로까지 확장하는 실천 방법을 개발할
것인가? 우리가 하는 것처럼 더 빨리 움직이도록 하는 압력은 외부 자원을 아
동의 기능을 위한 지지물로서 탐색하고 동원할 기회를 준다는 것은 논쟁하
기에 논리적이나, 그러나 그것은 중요한 효과는 없을 수도 있다. 멀지 않은
미래에, 행동의 유기적 토대에 대한 현재의 오리엔테이션은 약물치료를 통
한 통제를 지속적으로 강조하여 아마도 지배적인 힘이 되게 할 것이다. 그러
나 그 접근은 불가피하지 않고, 유일하게 접근 가능한 모델도 아니다.

　　정신의학적 관리자와 실천가들은 가정의학과 의사들이 그들의 환자에게
협동적인 서비스를 제공할 목적을 가지고 개발해온 모델을 고려하는 것이
유용할 것이다(McDaniel, Campbell, & Seaburn, 1995). 이 협동적인 건강 접
근에서, 가정의학과 의사들은 어느 한 가족원이든 그의 건강은 가족환경과
밀접하게 연관된다는 전제, 또는 인식을 가지고 시작하였다. 그것의 기초로
서 정신사회생물학적 관점과 함께, 그들은 가정의학과 의사와 가족 이론과
가족치료 전문가들로 구성된 협동적인 건강 팀을 만드는 방향으로 움직여왔
다. 그 팀은 정보와 전문적 기술을 공유하며 단위로서 함께 일한다. 만약 우
리가 정신건강팀의 생각을 이런 협동적인 단위의 의학적 팀으로 대치한다

면, 우리는 일련의 실무자들이 관점과 전문적 기술을 공유할 수 있는 소아정신과 병동을 위한 유망한 모델을 가질 수 있다. 물론 대부분의 정신과 병동은 현재 학제간 팀으로 조직되고 있다. 그러나 우리가 설명하고 있는 모델은 서로 다른 학문의 기술적인 혼합보다 오히려 그 일의 공유된 성질을 강조한다.

정신과 병동에 협동적인 모델을 도입하는 것은 아마도 중요한 조직의 와해로 증명될 것이다. 우리는 자문치료자와 훈련자로서의 경험을 통해 위계체계와 지위가 잘 확립되어 있는 정신과 의사 집단은 협동에 특별히 관심이 없음을 말하였다. 우리가 한 세팅에서 훈련을 시작했을 때, 대부분의 직원들이 참석하나 해가 거듭되면서 정신과 의사의 참석률은 일정치 않게 되었다. 심리사, 사회복지사, 정신과 전공의, 그리고 인턴은 병동에서 실제로 변화를 수행하면서 계속해서 열정적인 참여자였다. 무의식적으로 우리는 새로운 절차의 우승자로서 이런 사람들에게 의지하기 시작했고, 물론 그것은 그것이 스탭 안에서 전문가들의 분리를 강화하기 때문에 해결책은 아니다. 효과적인 훈련과 협동적인 팀 형성은 현재의 현실에 대한 인식과 가능한 한 많은 스탭이 능동적인 역할을 하게 만들 연속적인 계획을 요구한다.

가족 중심적 자문치료자는 가족의 조직에 대한 구체적인 생각과 그것을 정신과 병동에 입원한 아이들에게 연결시키고, 그리고 그들의 치료 가능성의 연속성뿐 아니라 체계 사고의 주된 개념을 제시하면서, 전체 스탭들을 위한 약간의 이론적인 강의로 시작하는 것이 더 좋을 수 있다. 그러면 가족치료에서의 특별한 훈련을 관심 있는 관찰자나 방청자들에게 세션을 개방하는 것과 함께, 핵심 집단인 사회복지사, 심리사, 간호사, 그리고 정신과 의사에게 제공할 수 있다. 스탭 정신과 의사들의 주어진 특별한 지위, 역사, 그리고 있음직한 저항 때문에, 이 집단과 일부 별도의 모임을 여는 것이 생산적일 것이다. 그 모임에서 이 접근에 대한 그들의 반응을 토의하고, 가족에 대한 작업과 개별 치료, 그리고 약물치료를 통한 증상의 통제 사이의 관계를 탐색하며, 협동적인 구조에서 그들의 역할을 일부 명확히 하는 것에 도달할 수 있다. 가장 관심 많은 사람들은 가족과 지역사회와 함께 일하는데 있어서 특별한 전문성을 발달시키는 집단의 일부가 될 것이다. 전문가들을 다른 학문 분야와 연결시키면서 이 집단은 시설의 가리개를 바깥쪽으로 밀어버려 병원 경계선의 투과성을 증가시킬 것이다. 그들은 통합된 체계적인 접근법을 만들기 위하여 확대가족, 학교, 교회, 그리고 지역사회에 대한 정보를 팀 모임에 가져가면서 현장접근팀을 형성할 것이다.

이런 식으로 조직된 팀 접근은 정신과 스탭의 생물학적 중심 사고를 바꾸거나 약물치료에 대해 헐뜯으려고 하지 않을 것이다. 오히려 그것은 생물학적 중심 사고를 한 부분적인 견해로서 보고, 환경 속의 아동에 대한 체계적인 사고로 보완하며, 사례별로 가장 효과적인 절차에 대한 토의에 개방적일 것이다. 다른 관점의 조절을 요구하는 어떤 과정처럼 대화는 격렬해지고 때때로 논쟁적이기 쉽다. 그러나 결국 그것은 아동이 정신과 병동에 있는 동안, 그리고 집과 지역사회로 퇴원한 후 모두 아이들의 치료에 더 많은 지식과 효율적인 접근법을 가져올 것임에 틀림없다.

제9장 가정 중심 서비스

　가정중심 서비스(Home-based services)는 다양한 형식을 취하고 있으나, 클라이언트의 가정에 처음으로 제공되도록 구성되어 있다는 점에서는 공통점을 가진다. 가정중심서비스는 가족이 중심이 되도록 하는 유일한 기회를 제공한다. 클라이언트의 가정에 상담자가 들어갔을 때 이 체계 내에 있는 모든 것은 개입의 일부분이 된다. 주거지역의 이웃들은 클라이언트 생활의 영역권 안에 있다. 이러한 설정은 가족과 다른 주요 구성원들간의 연결망을 소집할 수 있는 가능성을 최대화한다. 게다가 클라이언트 가정으로 방문하는 활동은 서비스 기관이 가족들을 직접 접촉할 수 있게 한다. 사무적 환경을 특징짓는 권위적 배경이 없고 가족 생활환경의 현실성이 가정중심서비스를 통하여 인식될 수 있다.

　이번 장에서는 이 시스템의 적용 가능성과 실행간의 조화를 만들어내는 요인 그리고 '가정중심 서비스' 직원을 돕는 훈련의 종류와 그 조정의 효과를 최대화하는 요인에 대해 논의할 것이다.

우리는 '가정중심 서비스'의 역사로부터 출발한다. 상이한 프로그램을 특성화하는 접근 방법의 다양성을 살펴보고, 체계지향적 가족 중심의 관점으로부터 제기되는 문제점들도 살펴볼 것이다. 이러한 배경과 함께 '가정중심 서비스'를 클라이언트들에게 제공하기 위해 정부의 후원을 받아 진행되는 슈퍼바이저 훈련 프로그램에 대해서도 기술할 것이다.

초기 태동과 발달과정

'가정중심 서비스'는 긴 역사를 가지고 있다. 역사의 길이를 다루고자 하는 것이 목적은 아니지만 시간이 지나면서 그런 서비스의 성질이 어떻게 변화했는가 하는 것과 지난 10년 동안 선택된 프로그램의 주요 특성을 살펴보는 것은 유용할 것이다.

발단은 개척자들이 빈민들을 돕기 위해 지역 사회로 일하러 들어가고 사회복지사들이 빈민들의 가정에서 그들 직업의 대부분을 인도하던 때인 100년 전으로 돌아간다(Berry, 1994; Tavantzis, Tavantzis, Brown, Rohrbaugh, 1985). 전문적인 훈련과 서비스의 증대, 그리고 문제의 범위가 넓어짐에 따라 서비스 전달은 점점 증가하여 복지기관과, 정부기관, 고아원 그리고 공공시설에까지 확대되었다.

1970년대에 진자는 새로이 흔들렸다. 정책 입안자와 실행자들은 결손가정과 특히 빈민가족에게 서비스를 적용시키는 방법에 대해 고민하게 되었다. 정책의 절차를 확립하는 과정에 있어 그들의 활동은 시대적, 사회·정치적 분위기와 널리 보급된 서비스 효과에 관한 수치자료로 뒷받침되었다. 예를 들어 입양된 아이들, 이리저리 옮겨 다니는 아이들, 다시는 집으로 돌아갈 수 없게된 아이들의 숫자가 증가했다는 것은 명백했다. 그 과정에는 희생이 따랐고, 아이들과 그들의 가족들에게는 피해가 따랐다. 주창자들은 가족의 힘을 세우는데 중심을 두어야만 서비스가 인도적 차원에서 실행될 뿐 아니라 비용도 적게 든다고 제안했다.

'입양 원조와 아동복지 법령 1980(공법 96-272)'을 통해 개정의 필요성이 제안되었다. 이는 가족보존의 가치를 강조하였고, 가정에 아동을 유지하는 프로그램의 재정적 이점을 지지하고, 주거시설을 통해 아이들을 부양하고 가족을 재결합시키는 프로그램의 중요한 재정지원의 동기를 마련하였다. 연방정부의 노력은 1990년대 초까지 지속되었다. '가족 보전(Family Preservation)'과 '가족지지 우선주의(Family Support Initiative)' 법안은 1993년에 통과되었고, 특히 가족중심주의 서비스를 위해 실질적인 재정이 지역에 공급되었다.

명시된 원칙과 재정 규정 때문에 연방정부는 가족이 정당성을 가진 합법적인 서비스의 단위라는 점과 가족이 서비스의 중심이라는 관점을 지지했다. 그 후로 국가적 분위기의 변화는 이러한 프로그램에 대한 연방적 지원을 감소시켰으나, '가정중심 서비스'에 대한 인식은 여전히 지속되었고, 특별히 주(州) 수준의 서비스 범주로서 지원되었다.

가정중심 프로그램은 어떤 특성을 공유하는 것 혹은 적어도 목표로서 평가되어 왔다. 정책초기 가정에 대한 서비스 지원은 명확했으나, 그 수행이 어렵게 되자 점차 주요내용이 바뀌어 나갔다. 그들은 부모들이 계속하여 의무를 갖고 참여하거나, 가족 시스템의 이용, 자연스러운 주거환경과 서비스 전달에 있어서의 지역사회의 지원에 대한 기대 때문에 단지 아이들에게보다는 서비스 단위로서의 가족에 집중하였다(Bryce & Lioyd, 1980).

프로그램이 발달함에 따라 그들은 또한 다른 구체적인 특징을 보였다. 그들은 집중적으로 짧은 기간, 복합적인 방문의 제공, "항시 대기(on-call)"와 같은 프로그램을 통해 몇 주 이상 혹은 몇 달 동안 돌보는 서비스를 만들었다. 사회복지사들은 그들이 언제나 필요할 때마다 이용할 수 있도록 한번에 두 가족 이상을 초과하지 않는 아주 작은 담당건수를 취급한다. 개입은 아이를 보호하기 위해 위험을 감수하는 위기개입적 형태였고 목표는 주거시설에 들어가는 것을 피하기 위해 가족들이 그들의 문제를 충분히 풀어나갈 수 있도록 돕는데 있었다.

주거시설을 피할 수 있는 것은 일반적으로 성공의 기준이 되어왔다. 다양한 프로그램의 평가 연구는 대부분의 프로그램의 종결시—때로는 1년 후에 이르기까지—에 성공비율이 70%에서 90% 사이라고 밝혔다. 그러나 평가자들은 조사가 자주 제대로 계획되지 않아서 수치의 의의가 명확하지 않다고 주의시켰다(Berry, 1994; Tavantzis et al., 1985).

'가정중심 프로그램'은 사회사업, 복지, 정신건강, 정신지체, 어린이 그리고 청소년 사업이나 아동 비행에 관여하는 주(州)나 군(郡)과 시(市)와 같은 다른 종류의 관계당국을 통해 후원되고 투자되어 왔다. 이와 같은 서로 다른 종류의 지원은 주요 문제점에 대한 정의와 제공되는 서비스의 종류를 형성하게 되었다. 가정중심 프로그램은 사회사업과 지역복지 분야에 의해 가족의 기본적인 필수품, 가족의 경제를 위한 실질적인 원조, 그리고 생활경영 문제를 후원해 왔다(Berry, 1994).

그러나 각각의 프로그램은 사회복지사와 클라이언트의 상호작용을 이루는 이론에 따라, 제공받는 서비스에 따라 상이했고 각각은 특별한 부서나 문제에 국한될 필요를 갖지 않았다.

다양한 형태의 접근방식이 서로 다르게 가족 중심주의 관점과 관련을 갖기 때문에 우리는 이하의 선택된 프로그램을 재검토하고, 사회교육 이론, 해결중심적 접근, 가족체계적 혹은 생태학적 관점의 특성을 간략히 살펴볼 것이다.

가정중심 서비스의 다른 접근 방식들

사회학습이론과 기술의 증진

심리학의 범주내에서 발전해온 사회 교육 이론은 개개인이 다른 사람들과의 상호작용과 그들의 행동을 조절하는 것을 도와주는 특수한 기술을 발생시켰다. 가정과 지역 사회에 기초한 프로그램인 '멘도타 모델(Mendota model)'이 1969년에 처음으로 실시되었다. 이것은 이러한 기술들을 구체화하는 프로그램의 초기의 표본이었다(Fahl & Morrissey, 1979). 프로그램이 혼란스런 사춘기 이전의 소년들이 속한 시설내에서 시작되었기 때문에 새로운 모델은 사고와 입장에 있어 근본적인 변화를 필요로 했다. 시설에서 아이들을 치료하는 대신 스텝들은 자연스런 환경을 조성하고 원래의 가족과 함께 머무르도록 하기 위해 가정과 학교로 파견되었다. 구조적인 변화가 급진적이었을지라도 방법은 그렇지 못했다. 사회복지사들은 지속적으로 학습, 지시 따르기, 제한을 수용하기와 같은 사회적 강화원리를 통해 행동적 변화를 격려하면서 초점을 개인에 맞추었다. 부모들은 보다 효과적인 양육기술을 필요로 하는 것처럼 보였고 또한 스텝들이 아이들을 다루는 것을 관찰하면서 배우기를 바라는 것처럼 보였다.

국가적 관심을 받으며 수행된 첫 번째 가정중심의 가족보존 프로그램인 Homebuilders는 이런 법제하에 진행되었다. 1974년 워싱턴주의 타코마에서 프로그램이 시작되면서 사회복지사들은 부모의 효율성을 높이고 대인관계 기술을 향상시키는 사회학습이론적 기술에 의해 훈련되었다. 하지만 사회복지사들은 가정에서의 실질적인 도움을 제공받고 가치의 명료화와 자존감에 초점을 맞춘 다양한 인도적/경험적 기법을 즐겨 사용했다(Haapala & Kinney, 1979, Kinney, 1991). Homebuilders는 1980년대에 지방으로 빠르게 번져갔다. 그러면서 너무 피상적으로 흐르고 비현실적 기대를 발생시켰다. 추적조사를 통한 자료들이 Homebuilders와 다른 서비스간의 의미 있는 차이를 보여주는데 실패했을 때, 보다 유연하게 수행되는 접근방식인 이 프로그램은 주요한 위치를 상실하게 되었다.

Homebuilders가 기본적으로 우리가 요구하는 방식으로 상호작용하는 체계로서의 가족조직을 지향하며 수행된 것은 아니지만, 그 프로그램은 집중적이고, 단기적이며, 가정중심 서비스와 관련된 중요한 기능을 수행했었다. 이 그룹의 업적과 출판물은 새로운 개념을 볼 수 있게 하였고 그래서 차후의 프로그램에 좀더 많은 재정적 지원을 가능하게 하였다. 그들의 경험은 융통성 있고 가족 중심적인 가정 서비스를 고려함에 있어 생각해야 할 많은 것들을 유용하게 보여주는 한 예가 되었다.

해결중심모델 (The Solution-Focused Model)

Berg, de Shazer와 그들의 동료에 의한 특수한 모델로 개발된 해결중심적 접근은 현대 사회에서 가정중심 서비스에 가장 넓게 적용되는 접근방식 중의 하나가 되었다(Berg, 1994). 이 모델의 핵심은 문제점보다는 해결책에 중점을 둔다는 점에 있다. 이 이론의 제안자들은 모든 가족들이 갈등에 대한 해결책을 실험한다고 가정하고 또 문제에 집중하는 대신 갈등이 없었을 때의 경험이 모두에게 있었다는 가정을 갖고 출발한다. 그들 이론의 기초에 있어 과거의 긍정적인 순간을 떠올리는데 초점을 두는 개입은 만족스런 결과의 개념을 찾게 하고, 그러한 해결책의 확대와 재현을 고무시킨다. 사회복지사들은 가족 능력의 긍정적 관점을 전달하는 코치와 가이드의 역할을 한다.

이 모델은 가족에 대한 존중을 강조한다. 빈곤한 가족과 함께 일하는데 있어, 명백히 가장 중요한 특징은 그들은 다양한 위기에 접해 있고, 사회복지기관에 대하여 무력함을 느끼고 있다는 것에 있다. 그러나 이 모델은 철학과 실행에 있어 몇 가지 질문들을 제기했다. 실천과정에서 사회복지사들은 가족의 주도성에 도전하는 것을 금지당하고 존중(Respect)과 권한부여(empowerment)의 개념을 혼동하는 것으로 보인다. 존중하지 않는 것처럼 보이는 두려움으로 인해 그들은 가족을 잘 코치하지 못하고 가족이 회피하고 싶어하는 문제나 알지 못하는 문제에 대해 재초점을 맞추는 일에 주저한다. 가장 중요한 것은 이 모델은 갈등을 공개적으로 탐색하고자 하는 시도를 회피하는 경향이 있다. 앞선 장에서 우리가 주목한 바에 따르면 가족은 자주 그들의 무능에 직면하는 것에 실패하고, 불일치를 보인다. 우리의 관점으로 볼 때, 사회복지사들이 가족들을 돕기 위해 무엇이 역기능을 일으키며, 그들의 불화를 해결할 새로운 방법인지 그들의 패턴을 연구하지 않으면 가족들은 좀더 효과적인 도움을 받을 수 없게 된다.

생태학적 가족체계적 접근

가족을 지역사회의 자원에 연결시키는 가정중심 프로그램은 생태학적 지향을 갖고 있다. 가정중심 프로그램에는 가족에게 다양한 종류의 환경을 제공하기 위한 서비스나 어려움에 처하거나 가난한 클라이언트의 능력을 강화하기 위한 프로그램이 많이 있어 왔다(Berry, 1994). 몇몇 프로그램은 우리에게 특별한 흥미를 갖게 했는데 이 프로그램들은 가족의 욕구, 문제, 연결의 복잡한 수준을 다루었고 또 개인의 행동이나 기술보다 가족의 패턴에 더 연결되어 있었기 때문이다. 이 프로그램 중 초기의 흥미로운 예는 'Iowa 아동과 가족을 위한 서비스'로서 이 프로그램은 위험가정, 다중적 문제들을 다루는 것이었다(Stephens, 1979). 이 모델은 가족의 기능을 체계적 관점에서 바라보는 것과 지역사회 내 가족의 위치를 생태학적으로 보는 것, 가족치료적

기술을 사용하는 접근방법이 결합된 것이었다. Stephens에 따르면,

> 우리의 개입은 지금까지 효과가 없었던 가족문제의 해결노력에 변화를 주었
> 다. 이러한 노력은 가족 시스템 내부이든지 가족과 원조체계 사이의 연결점이
> 든지 간에 과거에 유지되었던 구조가 변화되어져 새로운 패턴의 구조를 갖게
> 되었다(p. 288).

이 보고에서 주목할만한 것은 개입이 필요에 따라 수준을 조정하면서 융
통성 있게 계획되어야 한다는 것이었다. 아울러 문제에 대한 이해는 가족 내
에서나 가족과 서비스 공급자간의 반복적인 패턴을 평가하는 것을 포함해야
한다는 것이었다. 보고서는 이런 관점에서 과거 개인력이나 가족력보다 나
타난 패턴과 관련된 문제를 유지하는 현재의 조직이 중요함을 명백히 했고,
또 개입이 성공적이기 위해서는 이런 패턴이 분명하게 밝혀져야 한다고 했
다. 더 최근의 예로서는 'Families Work'에 의해 제공되었는데 이 프로그램
은 주거시설로 보내질 위험이 있는 다루기 힘든, 비행청소년들의 가족을 위
해 개발된 것이었다(Tavantzis et al, 1985). 이 프로그램은 위기개입에 초점을
맞추었고, 6주마다 집중적으로 새로이 시작되는 프로그램이며, 가정중심적
이고 구조적, 체계적 가족치료의 원리를 결합하였다.

Tavantzis와 그의 동료들은 가족 중 한 개인의 느낌을 이해해주거나 행동의
개선을 가져다주는 변화가 있을 때만 가족이 변할 수 있다는 가정 아래 이전
프로그램의 대부분이 개인의 문제에 초점을 맞추어 전개해왔다는 사실에 주
목하였다. 그들의 프로그램은 가족 조직에 초점을 맞추었다. 개입은 가족의
생활을 혼란시키는 현재의 패턴을 밝히는 것을 강조하였고, 문제의 기원보다
도 현재의 문제를 유지하는 요인들을 개선시킬 수 있는데 중점을 두었다.

치료집단은 다루기 어려운 청소년 또 비행 청소년들을 가진 가족들로 구

성했으며 이 집단은 가족이론을 통하여 접근하기 적절했다. 그들이 말한 어려움에 관련된 가설을 세우면서, 주로 세대간 경계선, 가족내 위계질서, 권위의 명확함과 같은 가족내 역기능적 문제에 초점을 맞추었다. 이러한 접근은 흔히 가족치료에 의뢰된 가족들이 갖는 삼세대간의 구조, 특정 연령 그룹의 어린이, 혹은 약물 남용 청소년 등과 같은 공통적 양상을 띠었다. 가족 구성에 대한 특정한 가정과 이슈는 다른 상황에서도 이용될 수 있다. 하지만 이론적 일반화는 출발점을 정하는데 중요한 문제이다. 어떤 상황에서 가장 중요한 정보는 특히 가족이 어떻게 구성되어 있는가, 가족의 어려움과 잠재성과 관련된 반복적 패턴과 관련된 것이다.

가족과 함께 일하는 이 프로그램의 기술은 구조적 가족치료에 익숙한 치료자라면 친숙한 것일 수도 있다. 즉 변화를 이끌기 전에 '합류(joining)'의 중요성을 강조하며, 행동을 재설정하고, 목표를 달성 가능한 것으로 하며, 새로운 패턴을 탐색하고 통합하기 위한 첫 단계로 가족 세션 내에서 실연(enacting)을 추구하는 기술을 사용한다. 하지만 때로 좀더 큰 체계의 참여를 만들 수도 있고 프로그램 기획자는 개입기간 동안 다른 서비스의 치료자들과 회합을 만들 수도 있다. 덧붙여 프로그램 제안자들은 가족을 재조직하여 서비스를 직접 주기 전에 원조자들을 조직하는 것으로 시작하는 방안도 있을 수 있으며 가정중심 사회복지사는 사례관리자로서의 기능을 해야만 한다는 제안도 있다. 이런 모든 것들은 실행에 어려움이 뒤따를 수 있지만 모두 유용한 제안들이라고 할 수 있다.

최근의 상황

앞선 장에서의 프로그램에 관한 짧은 검토는 확실히 범위가 넓지는 못했으나, 1970년대 이후로 가정중심 서비스가 형성해온 영향력과 성과로, 프로그램의 발전과정에 대해 간단한 숙고는 해볼 수 있었다. 가정에 서비스를 공급하는 움직임은 빈민들에 대한 사회적 관심으로부터 시작되었다. 서비스 전달의 실현은 자주 비효과적이거나 파괴적이었으나 정치적인 영향이 열의와 변화를 뒷받침하였다. 프로그램들은 서비스의 질을 개선하기 위한 것이었으며 문제를 바라보는 다양한 이론과 서비스의 질을 높이려는 노력들이 투여되었다.

현재로서 가정중심 서비스는 빈민가족과 함께 일하는 방식 중 가장 널리 알려진 접근법이다. 가정중심 서비스는 가정에서 가족들에게 제공되는 서비스로 이해가 되고 재정을 후원받았지만, 가정중심 서비스에 대한 지시는 문자 그대로 단지 가정에만 국한된 것을 의미하는 것은 아니다. 프로그램 공급자들은 가정중심 서비스의 기본 목적을, 문제 있는 가족을 돕고 주거시설에 들어가는 것을 예방하는 것으로 설정했고, 사회복지사들은 이러한 목적에 부합되는 서비스를 제공하며, 기관들은 필요한 '맞춤'(wraparound) 서비스를 제공하기 위해 지역사회 자원을 제공하면 되는 것이었다. 대부분의 프로그램 공급자들이 책임감 있고 능숙하게 했으나 안타깝게도 그 취지를 살리는 정도에 그치고 말았다. 체계적, 가족중심적 접근의 관점으로부터 제기되는 근본적인 질문이 그것이다. 가정중심의 서비스 구조에 대한 잠재성을 평가할 때, 한편으로 목적과 가능성 사이의 부합점은 무엇인가 그리고 다른 한편으로 목적과 실제 실행사이의 상관성은 무엇인가?

현행 프로그램을 평가하는데 있어 관심을 기울여야할 특정 영역이 있다. 일반적으로 공유된 목적과 효과적인 성취를 가로막는 함정들에 대해 요약 검토해보고자 한다.

목표

가족문제 해결 기술의 지속적인 증진

함정

목표로서의 위기구제와 주거시설배치의 예방이 성공이라는 정의.

주거시설로 보내지는 것의 예방이 함정이라고 하는 것에 대해 생소하게 들릴 수도 있다. 가정중심 서비스의 공언된 목적은 즉각적인 위험에 대처하고, 아이를 분리해낼 필요성을 예측하는 것이다. 성공적인 개입의 증거는 가족들이 서로를 지키기 위해 평온한 상태를 유지하는 것에 있다.

하지만 이러한 목표는 매우 단기적인 것이다. 가정중심 서비스의 평가자들은 제안자들의 의견을 상기시키고자 한다. "효과를 검토할 때 단지 주거시설로 보내졌느냐 하는 문제 외에도 많은 다른 기준을 탐색해야 한다. 즉 가족 기능의 질이나 아이의 성장과 발달에 대한 영향 같은 것들도 평가의 중요한 요소이다"(Fein, Maluccio & Kluger, 1990, 10). 만약 한 가족이 또 다른 위기를 잘 극복하는 모습을 나타낸다면 현재의 개입은 그들 자신의 생활을 조절할 수 있고 또 통합되지 않았던 상태로부터 벗어날 수 있도록 하는, 성장을 위한 기회가 되어야 한다.

목표

가족이 서비스의 단위이어야 하기 때문에 여러 문제의 중심이 가족 내부 또는 가족에 의해 공유되어야 하는 것에 대한 이해

함정

서비스가 가정에 제공되는 것일지라도 특정 가족원에 대한 개입은 지속되어

야 한다는 관점

가정중심 서비스의 계약은 거의 언제나 가족이 서비스 단위가 되어야만 한다는 지침을 전달한다. 그러나 심리학적 서비스가 필요조건의 한 부분으로 전문화되면 안 된다는 것은 아니다. 가정중심 사회복지사들은 법적 지시에 따라 사회적, 경제적 측면의 일을 수행하는데는 능숙하다. 그들은 주거, 복지, 이동, 의약품, 가정내 도움을 전달하는 것에도 능숙하다. 그러나 그들은 가족적 지향을 치료적 개입으로 이어나가지 못한다. 한 개인으로서의 아이가 심리학적 서비스의 대상이라는 관점은 이론적 가정, 의뢰체계, 경과의 평가 보험상의 문제 등에 관련되어 지속적으로 유지될 수 있는 것이다.

목표

개입은 확대가족을 포함하고 또 가족의 기능을 강화시킬 수 있는 연결(connection), 권한부여, 갈등해결의 형태라는 방향성을 갖는다.

함정

사회복지사들은 상호작용 패턴을 다루거나, 확대가족이 문제를 유지시키도록 패턴의 변화를 꾀하는데 숙련되지 않았다.

대부분의 가정중심 사회복지사들은 가족들을 보고 이해할지라도 가족 패턴을 다룰 준비가 되지 않았다. 그들은 일반적으로 개개인을 지원할 수가 있다. 그러나 종종 확대가족을 동원하거나 가족 구성원의 기능을 강화하고 개선점을 마련하며 지속적으로 구조적 변화를 꾀할 수 있도록 도울 수 있는 기술이 부족하다.

목표

중복, 분절, 여러 원조자에 의한 개입 등을 줄일 수 있는 서비스의 조정

함정

위계질서, 의사결정, 통합을 다루는데 있어서 맹목적인 규정준수와 부족한
의사소통으로 인한 지속적인 분절과 중복

가정중심 사회복지사에게 반복되는 의문은 명령의 체계에 관한 것이고, 어떤 실
천이 임상적 판단에 의해 권고될 때 그 절차를 변경시키기 위한 적합한 통로가 무엇
인가 하는 것이다. 사례를 종료하거나 기간을 연장시키거나 서비스를 변형하는 것
에 대한 결정을 누가 해야 하는가? 가정중심 서비스의 법적 지시는 얼마나 융통성을
가질 수 있는가? 가정에서 하는 것보다 다른 곳에서 하는 것이 훨씬 효과적일 때 그
렇게 할 수 있는가? 특수한 사례들에서는 이런 문제가 계속 제기된다. 하지만 서비스
가 조정되고 협력적이기 위하여 체계를 조직하는 문제는 긴급한 문제이며 이런 문
제들은 보다 일반적이라고 할 수 있다.

앞으로 우리는 가정중심 서비스를 제공하기 위해 계약을 맺고 진행되어
온, 주정부에 의해 후원을 받는 훈련과 자문 프로젝트에 관한 내용을 기술하
고자 한다. 이 기술에서 프로그램을 평가하려고 하는 것은 아니며, 서비스의
목표에 보다 근접한 개입방법을 논의하고 그 과정을 명료화하기 위해 세심
한 주의를 기울이고자 할 뿐이다. 다른 장에서도 우리는 일반적 원리를 밝히
기 위하여 사례를 인용했으며 이 사례들은 사생활을 보호하기 위해 대부분
변형된 것임을 밝히고자 한다.

훈련과 자문을 위한 프로젝트

이 계획은 주정부의 정신보건 부서가 조직하여 시작되었다는데 이 자체가 매우 중요하다고 할 수 있다. 가정중심 서비스를 위하여 다양한 부처가 계약을 수행하지만 정신보건서비스의 사례량과 요구는 다른 특성을 갖고 있다. 각 사례들은 진단을 받은 환자들이며 가정중심 서비스는 입원의 대안으로서 혹은 특별한 형태의 서비스로 여겨진다. 이런 부서를 통해 의뢰된 가족들은 항상 경제적, 생활관리적 지원을 요구하는 것은 아니다. 그러나 치료적 접근은 더 요구된다. 스탭들은 가족패턴을 사정할 수 있는 기술이 있어야 하며 문제를 공적으로 파악할 수 있어야 하고 가족에게 적응적 기술을 가르칠 수 있어야 한다. 이 장에서 예시된 사례들은 보다 큰 체계의 관여에 관한 중요한 토론을 담고 있기도 하지만 주로 가족 면접과 가족치료에 대해 상세하게 초점을 맞추고 있다.

프로젝트의 기원

이 프로젝트는 가정중심 서비스의 특성과 질에 대한 정신보건 행정기관들의 관심에서 비롯되었다. 이 분야의 서비스와 계약은 사용가능한 재정이 다른 많은 세팅에서도 존재하고 있었다. 책임 있는 기관들이 제안서를 제출했고, 각 주의 서비스 제공자로 결정되었다. 하지만 사실 어느 누구도 가정중심 서비스가 정확히 어떻게 수행되는지 알고 있지는 못했다. 주거시설로 쫓겨나가야 할 아동들이 지역사회에 있고 정신병으로부터 퇴원한 사람들이 그 대상이 될 수 있다는 정도의 생각을 넘어서는 통일된 개념도 부재했었다.

관련부서와 훈련지도자들은 여러 기관을 방문하고 토론을 전개했으며 시범사업을 수행하였다. 이 과정에서 가정중심 서비스에 대한 목표와 필요성

에 대한 많은 토론이 이루어졌다. 가족치료에 대한 훈련이 필요하다는 태도
는 복합적 의미가 있었고, 토론을 통하여 여실히 드러났다. 물론 이론 논지에
대해 일부에서는 열렬히 환영했지만 일부에서는 우려를 나타냈다. 후자의
견해는 주로 정신장애인의 가족 옹호집단에서 가족이 비난받을 수 있는 소
지가 있다는 정치적 견해로부터 유래되었다. 저항은 물론 아동을 주대상으
로 하는 집단에서도 있었다. 일부에서는 훈련지도자 집단에 대해 아이를 위
험에 처할 수 있는 상태에서도 가족 보존이라는 입장에서 접근해야 한다는
운동가들로 인식하였다.

그럼에도 불구하고 관련 부서와 훈련지도자들은 경제적으로 용이하고 또
두 가지 중요한 연관된 목적을 지닌 예비 프로젝트(pilot project)를 하기로 협
력했다. 두 가지 중요한 목적은 첫 번째, 일선 사회복지사들에게 가족사정과
가족치료 훈련을 제공하는 것이고 두 번째, 기관들이 가정중심 서비스를 수
행하기 위한 명백한 이해와 서비스를 발전시키기 위한 표준과 지침을 개발
하여 관련 부서에 제출하는 것이었다.

프로젝트의 구조

세팅, 참가자 그리고 훈련의 순환

관련부서는 초기 사업에 참여할 두 지역을 선택했다. 각각의 지역은 다섯
개의 지원 기관으로 구성되어 있었다. 각 기관에서 두 명의 사회복지사들이
훈련에 선발되었다. 가능하다면 한 참가자는 기관내에서 관리자 지위에 있
는 사람으로 하였다. 또한 참가자 둘 모두 이 프로젝트의 종료시에 슈퍼바이
저를 희망하는 사람으로 하였다.

훈련그룹은 10명의 멤버로 구성되어 있었는데 두 명의 참가자들은 지역의
각 기관으로부터 왔다. 각각의 그룹은 한 달에 두 번씩 만났다. 훈련지도자

는 각 지역에서 훈련기간 10일 내내 각 그룹을 격주로 돌아가며 만났다. 미팅은 기관과 훈련기간 내내 출석한 10명의 구성원들로 이루어진 핵심그룹을 교대로 하여 이루어졌다. 각 기관이 한 주의 주최가 될 때에는 스탭 전원은 일방경(one-way mirror)을 통해 훈련을 관찰할 수 있었다. 지역 중앙 사무국의 정신건강 스탭은 몇 번의 모임에 출석하고 토론에 참여하기도 하였다.

훈련일: 훈련과정의 신설과 경험(The Setup and the Experience)

각 세팅에서 훈련일의 구조는 동일하게 했다. 오전에 기관의 한 구성원이 치료했던 가족의 가족력을 보고하고 세션을 그 자리에서 수행하도록 했다. 오후에는 두 번째 사회복지사가 가족의 가정에서 세션기간 동안 지도했던 비디오 테입을 소개한다. 토론과 교육은 이러한 과정들을 통해 섞여 짜여졌다.

첫째 주에 오전의 사례들을 보고하는데 있어 사회복지사들은 그들의 관습적인 형식을 따르게 된다. 그들은 환자를 통해서 보고된 문제, 즉 사회복지사가 어떻게 환자의 요구를 알아냈는지, 가족 구성원이 이 어린이나 청소년에게 어떻게 응했는지에 대한 서술을 한다. 반면에 훈련지도자들은 상황을 이해하기 위한 여러 가지 내부 점검표를 가지고 있다. 환자의 얘기를 듣는 것에 더하여 그들은 이외에 서로 다른 제공자의 참여, 가족 조직과 그 다양성, 지속되는 증후 속에서의 가족의 참여, 서로 다른 가족 구성원들의 감정적인 연관 등의 사항들에 주목했다. 그들은 또한 가족 강점의 표식, 치료체계 내에서의 사회복지사의 위치, 자신의 치료 스타일에 대한 이해 등등에 대해 들었다. 어쩌면 사회복지사들이 이런 복잡성을 감당해야 한다는 것이 놀랄만한 일은 아니다. 이렇게 훈련하는 주요 목적은 치료체계의 복잡성과 가족 구성에 대한 이해에 있어서 스탭들의 이해를 증진시키는 것이었다.

사례보고 후에 사회복지사는 가족들과 만났다. 세션은 그룹에 의해 관찰되었고, 훈련지도자들은 치료의 진행과정을 일방경을 통해 보고 즉각적인 논평을 했다. 스탭이 가족 인터뷰를 시작하면서 대부분의 사회복지사들이 개입의 특별한 방법을 가지게 되는 것은 명백한 것이었다. 그들은 가족들에게 지지적인 경향이 있으나, 매우 중심적이고, 지시적이었다. 그들은 가족에 대한 신뢰할만한 지지와 문제 해결방식의 사이에서 다소 혼돈된 실천을 제공하였다. 따라서 훈련의 또 다른 주요한 내용은 가족 변화를 돕는 기술을 파악하고 정교하게 하는 것으로 방향을 잡았다.

실제 세션을 하는 중간에 훈련지도자 중 한 사람은 보조적 자문치료자의 위치로 세션에 참여를 하였고 탐색을 위한 새로운 시도를 시작하였다. 나머지 훈련지도자는 그룹에 남아 그들이 관찰하는 세션과정에 대해 토론을 하였다. 오전은 이런 경험을 서로간에 요약하는 것으로 종결되었다.

훈련지도자들의 목적은 임상자료를 통해 치료과정의 단계단계마다 이용가능한 기회를 사용할 수 있도록 가르치는 것이었다. 가족 치료의 이론적인 검토와 함께 훈련을 시작하는 것이 더 나았을런지도 모른다. 그러나 제한된 시간을 이용해야 했고 실제 상황의 참여에 집중하자는 결정으로 인해 이렇게 이루어졌다. 참가자 자신의 실천에 대한 상세한 초점화는 만족과 더불어 위협이 되기도 하였다. 처음 두 번째 혹은 세 번째 회합동안 슈퍼바이저들은 혼란과 분노가 있었으나 점차 그 과정을 수용하는 것으로 변화되었다. 두 훈련지도자가 한 사람은 치료적 과정에 대한 도전과 지시를 하는 반면 나머지 한 사람은 지지를 해주는 식으로 역할을 구분한 것과 각 집단에 대한 지지는 매우 중요한 일이었다. 어떤 이유가 있든지 그룹은 학습이 이루어졌다. 가족이론과 치료적 기술에 대한 지식에 한계가 있었지만 가족을 보고하는 스타일과 클라이언트에 대한 이해는 매우 사려 깊고 포괄적인 것으로 변화하였다.

오후의 첫 1시간 30분 동안, 그룹은 가족의 가정에서 기관의 두 번째 사회복지사에 의해 수행된 비디오 테입을 보았다. 비디오 테입이 중단되거나 다시 시작하는 것이 과정을 중단시키고 상세한 부분에 집중하는 것을 방해하였다. 토론은 세션동안 사회복지사의 생각이 어떻게 변화하였는지를 중심에 두었고, 생각과 실제 개입 사이의 부합이 잘 되었는지를 검토하였다. 참여자들에 의해 열띤 토론이 진행되었다. 처음에는 머뭇거렸지만 참가자들은 모두 돌려가며 한마디 이상을 했고 개입방법에 대한 서로의 스타일에 대해서도 많은 비평이 오고갔다.

그 날의 마지막 1시간 30분은 포괄적인 문제점에 대한 공개토론을 하는데 바쳐졌다. 프로젝트가 지속됨에 따라 그룹의 구성원들은 전에 보았던 가족들에 대한 계속되는 정보를 제공하고 어떻게 프로젝트를 더 잘 진행할 수 있는가에 대해 숙고하는데 시간을 보냈다.

주요 그룹의 10명의 구성원들이 기관을 통해 교대된다는 사실은 뜻하지 않은 활기를 만들어냈다. 처음에 훈련지도자들은 그들의 클라이언트에 대한 생각의 새로운 방법을 조사하기 위해 현재의 과정을 중단하는 것과 함께, 사회복지사들의 자동적인 대답에 주의를 주는데에 주로 관여했다. 하지만 보고하는 사회복지사들은 그룹과 훈련지도자의 눈에 띄지 않는 다른 청중들이 있었다. 대부분의 경우, 스탭 구성원이 기관에서 그들의 동료에게 그렇게 개방적으로 그들의 세션을 보고한다는 것은 처음 있는 일이었다. 그래서 그들은 비판적인 반응에 대해 관심을 가지게 되었다. 상황은 특히 행정적인 지위에 있는 참석자들에게 곤란했다. 그리고 그들은 체면을 잃지 않으려고 했다. 감정들이 노출되었고 세션기간 동안 만들어진 긴장이 보호되지 않았다. 혼란스러운 이런 분위기는 주요 그룹의 구성원들이 서로를 알게 되면서 차츰 소멸되었고, 참석자들과 기관 직원 사이의 완충제로서 작용할 수 있었다. 아마도 관찰자가 없었다면 그룹 내부의 안전하고 친밀한 기분이 긴장없이 생겨나게 되었을지도 모른다.

대부분의 경우, 기관들 사이에서 훈련이 순차적으로 진행되고 여러 스탭들이 참여하게 된 것은 긍정적인 모습을 보였다. 팀 구성원들은 기관들을 방문하면서 유사한 클라이언트를 다루는 그들 스스로를 발견하게 되었고 하지만 조직의 차이와 치료과정의 차이를 발견하게 되었다. 어떤 기관은 다른 서비스 제공자와의 협력을 강조했고 다른 기관은 가족에 더 조첨을 맞추었으며 여전히 단지 아동에게만 초점을 두는 기관들도 있었다. 어떤 기관들은 아이들이 치료자를 바꾸는 일없이 외래 환자로부터 가정중심 주거서비스로 전환될 수 있게 하고 필요에 따라 되돌아 갈 수 있도록 하기 위해 '낮보호시설' 또는 '주거 시설'과 같은 프로그램을 갖기도 했다. 여러 종류의 기관 방문과 각 세팅에서 서비스가 어떻게 수행되는가에 대해 토론하면서 하루를 보냈고 이를 통해 참가자들은 다양한 시각과 각 기관들의 특징을 관찰할 수 있었다. 또 다른 예기치 않은 긍정적인 모습은 훈련일이 마치 축제와도 같이 변화하였다는 것이다. 모든 기관들은 그 날을 특별한 날로 여기고 스탭들을 위해 꼭 필요한 날로 여기며 정성스럽게 점심을 만들어 제공하기도 했다. 어떤 면에서 가족치료 훈련의 날은 각 담당기관마다 긍정적인 면에서 이론적으로 자극을 받는 날이 되기도 하였다.

두 명의 훈련지도자가 있다는 사실은 훈련지도자들이 서로 다른 분야에 집중할 수 있고, 보완적 역할을 취할 수 있는 흥미로운 지도과정을 가능케 한다. 일반적으로 한 명의 훈련지도자가 가족의 역동과 치료기술에 집중하는 동안 또 한 명의 다른 지도자는 사회복지사의 개입 양식, 사고와 실천가의 조화를 꾀하는데 주의를 기울였다. 물론 그들이 동일한 문제에 대해 동시에 언급하는 때도 있었다. 하지만 그들의 관점은 서로 다르기도 했는데 이는 일관된 체계 내에서도 존재할 수 있는 복잡한 현실이 있다는 메시지를 전달하기도 하고 특별한 관점상의 차이도 전달하였다. 훈련지도자간의 차이를 받아들이는 것은 훈련지도자들 입장에서 훈련의 수용성을 촉진하기도 하였고, 참가자들이 새로운 경험을 시도하고 자신의 스타일을 넓혀보려는 시도에 용기를 북돋아주는 역할을 하였다.

제기된 문제들 (The emergent issues)

많은 문제들이 자문과정이 진행될수록 나타났다. 그 문제들은 이전에 언급된 가정중심 프로그램들에서 제기된 것들과 유사하기도 하다. 기관들이 정신보건에 초점을 두면서, 이 훈련 프로젝트에 따른 특별한 지시가 주어지면서, 관심의 영역은 클라이언트의 가족과 사회복지사들 사이의 접촉과 면접이 되었다. 여기서 제기된 문제들은 4개의 범주로 나누어졌다. 가족이라는 맥락 속에서 아동이 중심이 되는 사례들을 다루는 것, 확대가족과 일하는 것, 가족기능강화와 가족치료 사이의 관계를 이해하는 것, 한 가족에게 여러 기관이 관여될 때 효과적으로 관리하는 것이 그 4개의 범주에 해당된다.

이후의 부분에서 우리는 체계론적 관점으로부터 나온 치료적 기술과 생각들에 관한 짧은 사례들을 소개할 것이다. 이 사례들은 위에서 언급한대로 4개의 범주에 따라 각 특성에 맞도록 구성되어 있다. 하지만 명백한 것은 이런 구분이 인위적인 것이라는 점이다. 대부분의 사례에서 충분히 깊게 상황을 기술하고 필요한 개입을 논한다면 대부분의 문제들이 전부 드러나게 될 것이다.

가족내 아이에게 초점이 되는 상황

가족의 특성과는 관계없이, 가족의 역동과 아이들 증상간의 관련이 뚜렷할 때라도 사회복지사들은 아이들의 특별한 문제에 초점을 맞추는 경향이 있다. 그렇다고 가족들이 완전히 배제되는 것은 아니다. 사실은 사회복지사들에게 부모들은 보호자나 환자, 또는 증상의 제공자로서 관련되어 있기 때문이다. 그리고 그들은 보통 세션을 위해 초대되기는 하였다. 훈련지도자들이 변화를 가져오게 하기 위해 필요로 했던 것은 가족 구성원들이 서로 분리된 심리학적 영역에 살고 있다는 가정 그리고 아이들이 핵심인 반면 가족을 단지 배경처럼 생각하는 가정이었다. 가정중심 서비스에서 치료의 초점이 바뀌었다고 하면서도 가족은 개입의 초점이 되지 못하는 경우도 많았다.

이러한 사고방식이 서서히 변화되어 갔다는 것은 전혀 놀랄만한 일은 아니다. 우리가 반복해서 주목한 바에 따르면, 전통적인 훈련 방식은 대부분의 스탭 구성원이 개개인에게 초점을 맞추도록 하는 것이었고, 관료적인 절차는 변화를 어렵도록 만들었다. 환자들은 공인된 DSM진단을 따라야만 하고, 기관은 환자가 개선될 때까지 이 진단 하에서 서비스를 제공하도록 계약했다. 대부분의 기관에서 사회복지사들이 가족을 돕기 위한 판단력은 살아 있다고 할 수 있겠지만, 훈련지도자들이 보았던 것은 가족 세션기간에 개별적인 초점이 혼합되어 있고, 상이한 면들이 어떻게 관련을 맺고 있는가에 대한 명백한 생각 없이 혼란스런 개입이 진행되고 있는 모습이었다.

다음의 두 가지 사례에서 환자의 문제점은 치료를 위해 특화되고, 목표가 설정되었다. 스탭은 아이들이 서로 다른 가족 환경에서 살고 또 살았었다는 것을 이해해야 했다. 하지만 스탭들은 가족 패턴을 인지하는 방법, 가족의 구성속에 아이의 증상이 숨어있다는 사실을 파악하면서 일하는 것에 어려움을 느끼고 있었다.

문제: 불안발작(Anxiety Attack)을 가진 입양 소년

이 사례의 한 식구들은 세 명으로 구성되어 있다. 9살된 루터는 2살 때 입양된 이후로 그의 양어머니와 친구인 다른 여성과 살았다. 루터는 악몽을 자주 꾸고, 어떤 날에는 두려움이 강해지고 가슴 두근거림과 메스꺼움이 격해져 학교를 일찍 나올 수밖에 없었다. 루터가 2살이었을 때, 그의 아버지가 어머니를 죽이고 자살했다. 그 무렵 루터는 지금의 어머니에게 입양된 것이다.

어머니는 우체국 직원이었고, 루터의 '숙모'는 아르바이트를 했었기 때문에 엄마보다 집에 더 자주 있었다. 그래서 숙모가 루터를 도맡아 돌보게 되었다. 루터의 가족은 루터의 증상 때문에 5개월간 가정중심 치료를 받았다. 가족들이 가지고 있는 스트레스와 학교에서의 스트레스, 어린 시절의 정신적인 충격 등 치료의 초점은 이리 저리로 이동되었다. 엄마와 숙모는 어른들을 위한 세션에 참여했다. 치료자가 가족과 만나는 것에 따라 훈련지도자들과 프로젝트 참가자들은 일방경 뒤에 남아있게 된다. 훈련지도자들은 이 가족의 특별한 상태에 관해 논평을 하게 된다. 한 여성은 양모이다. 그러나 다른 여성은 집을 지키는 사람이었다. 세션이 진행되는 동안 두 여성 중에 누가 '진짜' 엄마인가에 대한 경쟁관계가 명백해지게 된다. 그들이 루터의 행동에 관한 논쟁을 시작하면서 과도하게 흥분하였다. 양모는 입원의 필요성에 대해 이야기하고, 숙모는 아이가 집에 남아있어야 한다고 주장한다.

훈련지도자 중 한 사람이 세션에 참여하여 두 어머니의 서로 다른 방식에 초점을 맞춘다. 그는 두 사람의 중요성과 통찰력을 도우려고, 또한 루터가 그들을 원하고, 그들의 불일치에 반응하도록 제안한다. 이 대화가 진행되면서 아이의 증후는 가라앉게 된다.

두 번째 훈련지도자의 논평과 세션 후의 토론에서 확실한 중요점이 강조된다. 때때로 의견이 대립하는 두 엄마가 존재하는 이 가족 그룹의 두드러지는 특성은 소년을 혼란에 빠뜨리고 자신을 버릴 것에 대한 두려움을 갖게 했다. 두 여자의 관계는 서로 법률상이나 성적인 관계가 아니었으나, 가족 구성은 스탭의 주의나 치료의 초점이 아니었다. 스탭은 우선적으로 과거의―현재의 가족 내에서 압박을 덜 받은―정신적 충격 사건을 이끌어냈다. 이것이 명확해지면 토론은 가족 구성원들 사이의 상호작용 양식은 루터의 증후를 지켜보도록 하는 것과 치료 세션에 대한 대안적인 접근을 하는데 중심을 두게 된다.

문제: 학교에 가기 싫어하는 소녀

학교에서는 13세 소녀 욜란다에 대해 고민이 많다. 그녀는 무단결석을 반복하지만 똑똑한 면이 많은 소녀였다. 가족은 기관에 가정중심 치료를 의뢰했다. 욜란다의 부모님은 두분 다 50대였다. 그녀의 아버지는 공장 노동자로 최근에 일자리를 잃었다. 그리고 그녀의 어머니는 뇌졸중으로 인해 왼쪽이 부분적으로 마비되었다. 어머니는 사람들이 말하는 것을 이해하고, 목구멍에서 나는 소리로 가족 회의에 참여할지라도 말을 하거나 스스로 글을 써서 의사표현을 할 수 없어서 그녀의 남편과 딸은 의사소통법에 대해 배웠다.

사회복지사들은 세션의 비디오테입을 소개한다. 그녀는 소녀의 무단 결석을 포상과 처벌 시스템의 실시나 아버지가 아침에 욜란다를 깨우도록 지도하고, 그가 한 주일의 대부분을 학교까지 그의 딸과 동반하도록 하는 일 등으로 지도하기를 시도했다. 여러 종류의 전략이 실패하면서 사회복지사는 새로운 가능성을 구상했다. 영리하고 겸손한 아이인 욜란다는 사회복지사와 친해졌고, 다시는 무례한 행동을 드러내 놓고 하지 않게 되었다. 하지만 어떤 날 그녀는 여전히 학교에 가지 않았다. 아버지, 어머니 그리고 욜란다와의 세션은 학교문제와 아동기 행동상의 문제로 초점이 맞추어졌다.

그들이 세션을 지켜보는 동안 명백한 사실은 치료자는 그 공간에서 가장 어려운 일을 하는 사람이라는 것이다. 그녀는 문제 해결사로서 엄마의 위치를 대신하고, 가족의 보호자로서 그녀의 역할을 고정시켰다. 처음의 토론은 치료자의 방식과 그녀의 개입, 가족들의 요구 사이에서 대화가 얼마나 적합한지에 중점을 두었다. 훈련지도자는 그녀가 그녀의 역할에 덜 집중하고, 관리할 것을 제안한다. 그녀는 개입기간 동안 질문 사용을 증가시킬 수도 있고, 해결책을 가족들에게 제시하기 전에 기다릴 수도 있다.

그리고 나서 훈련지도자는 그룹에게 증후와 가족들에 대하여 생각해 볼 것을 요구했다. 어떻게 그들은 서로 다르게 그것을 볼 수 있을까? 학교 가는 것에 대한 소녀의 거부는 그녀의 엄마 목구멍에서 나오는 소리를 이해하고 옮기는 그녀의 기술과 관계되어 있다. 따라서 그것은 보호행동인 것이다. 욜란다는 그녀 어머니의 원조자가 되었고, 그녀의 어머니를 보호하는 문제에 있어서는 치료자뿐 아니라 그녀의 아버지도 믿지 않았다. 그룹은 가족 구성원들의 인식이 서로 다른 것을 적절히 이용한다. 사회복지사들은 엄마가 불가사의한 여성이라고 생각했다. 그녀의 생각에 대해 가족 구성원들은 항상 해석을 해야 했었는데 가족 구성원들은 그녀의 소망을 알아내기가 어려웠다.

이 가족과 관련하여 토론과 교육의 초점은 세 부분으로 나뉘어졌다. 첫째로 그룹은 가족의 상황 속에서 이 아이에 초점이 맞춰진 상태의 의미를 숙고했는데, 스텝들은 욜란다의 행동을 가족의 역동과 가족 현실에 대한 반응으로 이해했을 때 무단결석의 의미를 어떻게 이해할 것인가를 고려해보기로 했다.

두 번째로 그룹은 치료적 은유(therapetic mataphors)를 개발하기 위해 상상력을 사용하는 경험을 갖게 되었다. 불가사이한 여성과 상상적 대모(代母)로서의 욜란다의 관계에 대해 생각해보는 것을 통해 사회복지사와 가족이 이 어려운 상황 속에서 무엇이 필수불가결한 것이고 무엇이 역기능을 일으키는지를 탐색해보게 되었다.

마지막으로 치료자의 방식이 토론의 주요 핵심이었다. 치료자는 언제나 환자의 특이성에 따른 영향을 받기 때문에 훈련은 개입에서의 대안을 탐색하는 문제이고 사회복지사의 레퍼토리가 확장되어야 하는 문제이다. 이 사례에서 사회복지사는 그녀의 직접적인 스타일을 바꾸었고 중심적 위치에서 벗어나 개입하는 위치를 취했다. 추후관리에 대한 보고에서 세션동안 아버지가 아프고, 어머니는 무기력하고 욜란다는 위기를 다룰 수 없는 상태에 빠지자 딜레마에 빠졌다. 사회복지사는 책임감을 갖고 빠른 결정을 내려 그 상황이 빠르게 해결되도록 하였다. 사회복지사와 그룹에게 이 경험은 변화라고 하는 것이 얼마나 복잡한 것인가를 경험하게 해주었다. 한 치료자의 스타일이 확장되는 것은 지난 습관에 대해 정신을 바짝 차리게 하는 것이며 새로운 기술을 발달하도록 하는 것이지 옛 기술을 위축시키게 하거나 판단을 미루도록 하는 것이 아니다.

확대가족과의 활동

개인적 차원을 넘어 살펴볼 수 있는 기술을 배우기 위해 사회복지사들은 부모와 아동에 의해 형성되는 패턴에 일차적으로 관심을 기울이게 된다. 그러나 문제를 만들어내는 패턴은 종종 가족의 범위가 확대되어야 하는 경우가 있다. 조부모, 삼촌과 사촌들이 치료의 초점이 되는 경우가 흔하지 않지만 때로는 이웃이나 동거인들까지도 빈번히 만나야할 때가 있다. 이런 문제와 관련하여 두 가지 사례를 여기서 소개를 한다. 첫 번째 사례는 조부모들이 연관되어 있다. 조부모들의 지나친 간섭이 지속적인 문제가 된 사례이다. 핵가족이라 하더라도 조부모와의 관계가 가족의 현실을 탐색하는데 중요한 내적 문제로 대두되는 경우가 있다는 것을 명심해야 한다. 두 번째 사례는 전형적이지 않지만 가문의 문제가 관여된 것이다. 각 사례에서 직원들의 훈련을 위한 초점은 이런 가족들의 중요성에 대해 알게 되는 것이며, 치료과정에서 그들을 포함시킬 줄 알도록 하는 것이다. 확대가족은 문제의 한 부분일 때도 있지만 문제해결을 위한 한 자원이 된다는 것 또한 알아야 한다.

문제: 엄마와 충돌하는 17살의 반항아

이 가족은 40대의 홀어머니, 17세, 13세의 아들로 되어있다. 이 가족은 엄마의 남자친구 집에서 살고 있다가 그 남자의 마약습관과 그것이 큰아들인 조시에게 강한 영향을 미칠 것 같아 그의 집에서 나왔다. 최근 그 가족은 엄마의 부모와 함께 살고 있다. 이사한 이후로 엄마 편을 드는 작은 아들과 함께 엄마와 열일곱 살 조시 사이에서는 끊임없는 논쟁이 있었다. 엄마와 아이들은 조부모의 집에서 5개월 째 치료를 받는데 조부모는 이 세션에 참여하지 않고 있다. 그러나 훈련지도자와 함께 이 세션을 하는 동안 사회복지사가 조부모들도 참석하도록 초청했다.

세션은 엄마와 조시 사이의 논쟁적 방법을 취하게 되는데 그런 패턴이 계속된다. 훈련지도자가 들어오면서 할머니에게 어떻게 딸을 도울 수 있는지 물었다. 그녀는 자신의 딸을 어머니로서 부적격하다며 마구 비난을 퍼부었다. 자신의 딸이 남자친구로부터 아이들을 보호하는 것을 실패한 것에 대해 죄의식을 느끼고 있기 때문에 별 간섭을 하지 않고 있다고 말했다. 할머니가 딸의 결점을 부연 설명함으로써 딸은 눈에 띄게 움츠러들고 눈물을 보이기 시작했다. 하지만 할머니는 멈추지 않고 계속 큰 목소리로 비난을 했다. 이 때 그 흐름을 놓치지 않고 조시도 할머니의 비난에 뒤를 이었다. 그 또한 비판적이었고 공격의 강도도 셌다. 그러나 엄마의 비판 앞에서는 꼼짝 못하고 조용하던 그녀가 조시의 공격에 거세게 대응하였다. 엄마 편을 드는 작은아이까지 연관된 그들 사이의 싸움패턴은 이렇게 반복된다.

이 때 사회복지사가 대립의 격렬함을 진정시키기 위해 개입하지만 훈련지도자는 다른 접근을 시도한다. 그는 조시에게 그의 태도가 얼마나 많이 할머니를 닮았는지, 그의 엄마를 판단하고 개선시키는 할머니의 일을 얼마나 흉내내는지 알고 있는가를 물어보며 충고한다. 그 소년의 행동을 다시 구성함으로써 훈련지도자는 할머니를 포함한 엄마와 아들 사이의 대립구도를 바꾸려고 했다.

이러한 종류의 개입은 뜻하지 않은 위험이 있다. 훈련지도자는 할머니를 멀리하는 것이 유익하지 않다는 것을 알고 있어서, 이 이야기 과정에서 할머니를 지지하면서도 아이와의 관계를 분리해낼 수 있는 명쾌한 방법을 찾으려고 애쓴다. 일단 새로운 구조가 받아들여지도록 하기 위해 그는 세션의 나머지 동안 치료자와 가족에게 유용할 수 있는 은유적인 그림을 소개한다. 소년이 복화술자의 꼭두각시가 되고, 그가 엄마의 부모가 되는 것이 얼마나 이상한지를 지적한다. 이 때 엄마는 용기를 낸다. 그녀는 자신이 어린애처럼 취급당하는 것을 느끼고 집안에서 할머니에 의해 부과된 매우 엄격한 규칙에 대응하는 것이 필요하다고 느낀다.

이 세션 후에 그룹은 치료에 참가한 다른 가족 구성원들이 어떻게 패턴이 반복되는지를 명확히 하고 증상의 의미를 연구했다. 확대가족의 동원은 변화를 위한 진전을 꾀하기 위해 더 많은 방법을 가져다 준다. 이 세션이 끝난 후 사회복지사는 할아버지가 초대되는 것에 구성원들로부터 동의를 얻는다.

문제: 유령을 보는 환각에 빠진 12세 소녀

열두살 소피아는 환시 때문에 입원되었다. 그녀는 지금 퇴원하여 조부모댁에서 머물고 있다. 소피아는 매우 친밀한 그리스인 사회 속에서 살고 있는 대가족의 한 성원이다. 가족 구성원들은 서로 지속적인 연락을 해왔다. 조부모와 두 딸의 가족들과 아들이 한 건물에서 살고 있었는데 사회복지사는 이 세션에 참여하기 위해 이 확대가족 모든 구성원들을 초청하였다. 세션은 조부모집에서 행해졌고 가족 동의하에 비디오가 녹화되었다.

그룹은 녹화된 가족세션의 시작부분을 관찰하였는데 소피아와 그녀의 엄마로 시작된 토론이 가족 누구나가 참여하는 것으로 확대되었다. 할머니, 두 이모가 한쪽에 그리고 엄마, 오빠 그리고 할아버지가 다른 한쪽에 있었다. 논쟁이 격렬해졌고 어떤 장면에서는 소피아가 방을 뛰쳐나가기도 했다. 그 가족은 소녀가 나간 것을 모르는지 논쟁을 계속하였다. 완전히 무력해짐을 느낀 치료자는 소녀의 문제점을 숙고하는 쪽으로 가족들을 되돌리려고 노력하였지만 실패했고 논쟁은 고조에 달했다.

치료자는 그 가족을 관리하고 문제들을 진전시키기 위한 어려움을 설명하고자 하여 세션의 이 부분을 모두에게 보여주었다. 먼저 그룹은 치료자가 온 가족을 소집한 것에 대해서는 축하하는 반응을 보였다. 확실히 그들의 참석은 연관이 있었다. 그리고 나서 치료자가 지닌 딜레마의 핵심에 대해 생각해 보았다. 가족들을 모두 소집했는데도 왜 그녀는 이 세션에서 가족의 역동성에 대한 그녀의 지식을 활용할 수 없었을까? 무엇이 방해가 되었을까? 어떻게 그녀가 복잡하고 감정적인 가족들이 그들의 대립을 조절하고 서로 도울 수 있게 할 수 있을까?

치료자를 포함한 그룹 성원의 대부분은 이 가족의 결탁(coalition)의 문제를 다루어야 한다고 이해했다. 가족 구성원들은 파벌을 만들려 하였고 주제가 뭐든 간에 패권을 위해 싸우려 하였다. 그럼에도 불구하고 치료자는 소녀에게 초점을 맞추었고 가족들이 소피아에 대해 생각하고 얘기하게 하려고 노력하였다. 치료자가 세션동안 가족내 패턴에 많은 문제가 있음을 깨달았음에도 불구하고 왜 그 문제를 잘 다루지 못했을까, 그 순간에 치료자는 무엇을 해야 했을까, 하는 문제가 다루어져야 했다.

그녀가 무기력해 있었던 이유는 명백하다. 치료자가 강도 있게 다룰 수 있을 만큼 편안하지가 않았으며 치료자가 가족갈등의 직면을 위해 무엇을 해야할지 몰랐던 것이다. 실제로 이 문제는 가족들과 함께 일하는 많은 치료자들이 지니는 일반적인 문제였다. 개인적 세션에서 화가 나는 것보다 상담실 방에서 가족과 함께 앉아 있다는 것이 감정적 반응을 더 불러일으킬 수 있다. 하지만 이 가족에서 소동은 이미 가족 생활의 일부분이 된 것이었고 소피아가 겪는 일상적인 것이었다. 서로 적대시하며 싸움이 고조될 때, 특히 어떤 날은 싸움의 시작이 경미해도 소피아는 권위에 대한 의문을 던지며 많은 노력을 기울인다.

이 가족에게 유대감과 에너지는 하나의 자극이자 자원이다. 그룹은 어떻게 하면 사회복지사들이 보다 편하게 공개된 갈등을 다룰 수 있을까, 사회복지사가 논쟁을 중단시키고 소피아가 그들의 싸움에 어떻게 영향을 받는지를 전할 수 있을까, 그리고 변화를 위한 탐색에 관심과 에너지를 보이도록 움직여낼 것인가 하는 부분에 초점을 두어 토론을 하였다.

가족 기능강화와 가족 치료

기관의 조직상 차이점이 있음에도 불구하고 모두가 가족의 강화(family empowerment)라는 생각은 지지하였는데, 이것은 가정중심 서비스 이념의 기본 개념이며 중요한 목표로서 존재하기 때문이다. 하지만 그 개념은 함정이 될 수가 있다. 만일 가족 강화가 치료상의 목표가 아닌 정치적 의도가 된다면 이는 오히려 사회복지사 개입의 유용성을 방해한다. 어떤 기관에서는 가족을 중요시하는 사회복지사들의 관심이 가족패턴을 객관적으로 바라보고 어려운 부분을 탐구하고 가족들이 상호작용의 새로운 방식으로 나아가도록 돕는 그들의 능력을 더 축소시킨다. 이런 사례에서 비록 치료가 존중받기는 하지만 비생산적이게 된다.

치료자들은 종종 체계이론을 실천하는 것이 어렵다는 것을 발견한다. 예를 들어 이 이론의 기본 전제 중 하나는 친밀한 관계 속에 사람들의 행동이 서로 얽혀 있다고 보는 것이다. 이는 불가피하게 환자에 의해 생겨난 증상의 유지에 참여하도록 되어 있다. 그 개념은 치료자가 상호작용의 패턴을 탐구하고, 각 가족 구성원에게 다른 시간대에 개입하도록 하는 것으로 체계적 치료의 실천과 힘을 필요로 한다. 능숙한 치료자는 존경을 나누고 가족과 거리를 두고서도 강화시킬 수 있으며 가족 구성원의 행동에 대한 가족의 책임감을 효과적으로 탐구할 수 있다.

그러나 때때로 가족중심의 실천은 비난의 대상이 되지않으려고 할 때가 있다. 기관의 서비스에 대한 계약을 맺는 행정부서는 정치적 뉘앙스에 민감하고, 사회복지사들이 가족의 관여를 탐구하는 동안에 탈선하여 가족을 비난할 수 있는 위험성은 전혀 감수하려 하지 않는다. 그래서 가정중심 서비스에 대한 지시는 가족지지만을 강조하고 사회복지사들이 탐구하여 다방면으로 개입하는 것을 피하려 한다. 그러나 가정중심 서비스의 중요한 목적이 문제를 가진 가족을 돕는 것이기에 사회복지사들이 가족치료와 가족 기능강화에 대한 넓은 이해를 개발시키는 것이 중요하다. 이러한 문제를 설명하기 위해 문제의 핵심에 있는 폭력을 조사하는 것에 저항이 있는 복잡한 가족의 문제를 소개하고자 한다.

문제: 재혼가족의 분노에 찬 청소년 사례

이르마와 제레미는 3년 전에 결혼했다. 이르마는 초혼이었지만 12세, 14세의 두 딸을 집에서 키우고 있는 제레미에게는 재혼이었다. 큰 딸 게일은 새어머니에게 폭력을 가하였고, 너무 맹렬하고 또 너무 자주 일어나서 그녀의 아버지는 그녀를 말리기 위해 경찰에 연락하는 것이 필요했다. 그리고 그 가족은 가족치료를 받기 위해 지방기관으로 불려 나갔다. 위험에 빠졌던 폭력사건 뒤 아버지는 이르마와 게일 사이를 중재하는 일을 수행하였고 공공연한 폭력은 사라졌다. 그 가족은 사무국 직원에게 다음 모임에서 또 다시 이번 사건을 언급하는 것을 원하지 않으며 이러한 문제는 자기들 스스로 해결하기를 희망했다. 하지만 이러한 명백한 폭력 문제 뒤에는 또 다른 문제가 있었다. 게일은 이르마의 아버지가 술을 많이 먹고 찾아와서 그녀를 여러 번 때렸다고 학교 상담원에게 말하였다. 게일은 이르마가 이에 대해 가만히 있는 것을 이해할 수 없다고 화가 나서 말했다. 그 가족은 지속적으로 그 조부모댁을 방문하여 왔고 제레미는 그의 아내에게 특별한 이야기를 하고 싶어하지 않았다. 확실히 밖으로 보이는 게일과 이르마의 휴전상태는 위태롭게 불안정했고 말썽 많고 불안한 사춘기 소녀로서의 게일의 정체성은 그러한 상황을 잘 이해하지 못하고 있었다.

치료자가 가족과 세션을 시작하려하는 동안 훈련지도자들과 그룹이 일방경 뒤에서 관찰을 하였다. 먼저 치료자는 부모에게 그들이 생각하는 모임의 형식과 방향에 대해 묻는다. 이는 가족이 개입을 조정할 수 있고, 그들의 표현대로 치료자는 가족의 요구를 지지할 것이라는 의미를 띠는 관습적인 시작이다. 원래 이것이 세션 개시의 방법으로써 틀린 것은 아니지만 약속을 정하는 작업은 큰 압력이 된다. 치료자를 돕는 사람으로서 훈련지도자가 소개된 20분 정도 후에 이르마가 이의를 제기했다. 그녀는 배신감을 느끼고 있다고 말하면서 자신이 가족을 보호할 수 있다고 말했다. 치료자는 놀란 상태에서 자문치료자에게 의뢰한 이유에 대해 명백하게 밝혔다. 하지만 훈련지도자는 방을 나갔고 치료자는 그들이 떠나기 전에 달래고 안심시키는데 시간을 더 들여야했다.

훈련지도자는 두 가지 질문에 초점을 맞추었다. 이 사례에서 가족의 기능 강화는 어떤 의미를 갖는가? 치료의 목적이 무엇인가? 가족과의 상호작용은 지배적 발언권을 갖고 있는 이르마의 방어하에서 전개되었다. 그러나 중요한 대립의 몇 가지 부분은 건드리지 못했다. 제레미의 의견과 노력들은 사소한 것이 되었고 게일의 폭력은 탐색되지도 못했다. 가족을 강화하는 문제는 제한적으로 다루어졌고 치료자는 차라리 이런 평온상태를 유지하는 것이 낫겠다는 판단하에 심각한 갈등을 피했다.

이는 복잡한 사례이고 관련된 가족이 세 가족이나 되는 문제였다. 새로 형성된 재혼가족, 아버지와 그의 두 딸, 어머니와 그녀의 원래 가족, 어떤 가족을 강화할 것인가? 모든 가족이 강화되기 위한 효과적 개입을 위해서는 각 가족의 요구와 그들 사이의 대립을 고려할 필요가 있다.

이 사례를 토의하면서 훈련지도자들은 이렇게 복잡한 가족의 기능을 강화하기 위해서는 다양한 방법으로 접근해야 하고, 전체와 부분들 사이의 관계를 보면서도 넓은 시야를 유지하는 동시에 가족체계의 부분들에 개입하는 것이 중요하다고 지적하였다. 재혼가족과 확대가족 사이의 명백한 경계선을 만들어 줌으로써 재혼가족을 강화시키는 방법에 대해 치료자들은 토의를 하였다. 또 가정을 다른 가족들과 하위체계들간의 회합을 하는 장소로 활용하도록 하였다. 즉 게일과의 개인적 만남, 두 자매를 포함한 만남, 이르마와 제레미와의 세션, 특히 이르마가 새로운 가족안에서 좌절을 느낄 때 또 제레미가 이르마의 아버지로부터 그녀를 보호해야할 일이 생길 때, 이런 문제를 이야기하는 장소로 가정을 이용하도록 하였다.

특수한 기술이 여기서 중요한 것은 아니다. 더 중요한 것은 스탭들이 가족 내의 역동적인 문제들을 볼 수 있고 치료적 세션으로 이런 문제를 꺼내올 수 있는 능력을 갖는 것이다. 물론 고통스러운 문제들을 다루면서 치료자는 가족 구성원을 지지하기도 하고 존중해주기도 하는 균형을 이루고자 할 것이다. 그러나 치료자가 가족들이 어려운 문제들을 스스로 끌어낼 때까지 기다리기만 한다면 그는 진전을 만들지 못하고 결국에 가족들에게 많은 도움을 주지 못할 것이다.

사회복지사들이 정기적으로 그 가정을 방문한다는 사실은 잇점을 제공한다. 그들은 아이들을 보호할 수 있고, 파괴적인 가족의 패턴을 직면하면서 가족에 대한 치유력을 가져올 수 있다. 가족의 회복력을 존중하고 장기간 지속되는 힘을 가졌다고 믿는 가족들의 기능강화는 이런 균형을 요구하고 이런 태도 없이 치료적 호전은 이루어지지 않는다.

한 가족을 위한 다중적 서비스 제공자들

가정중심 서비스 팀은 확대가족과 지역사회의 자원을 사용하는 동시에 가정으로 서비스를 집중시킬 책임이 있다. 그러나 다중적 서비스의 효과적 사용에 대한 열쇠는 판단력(judgement), 경제적 관점(parsimony), 조정능력(coordination)에 있다. 이상적으로 말하면 가정중심팀이 중심적으로 기능을 해서, 사례의 악화를 더디게 하고, 가족을 압도하는 서비스의 중복이나 분절을 예방할 수 있어야 한다.

경제적 관점을 동반한 균형적 시각은 매우 어려운 일이다. 그리고 사회복지사들이 너무 작게 서비스를 주어서 생기는 문제보다 너무 많은 것을 주어 생기는 문제가 더 많다는 것을 깨달았다. 가족과 일하는 그들의 관심은 가끔 다수의 서비스 제공자들과 다양한 연결을 유지하는 것에 있다. 그래서 가정 중심 프로그램은 이전의 서비스 조직들을 그대로 지속시키면서 위기 상황동안 가족을 지원하기 위한 유지세션이 된다. 그것은 아이러니하고 유감스러운 패턴인데 왜냐하면 가정중심 개념이 대부분 서비스의 분할에 관한 관심에서부터 생겨났기 때문이다. 사회복지사들은 어려운 위치에 서서 가정에서 서비스를 수행하는 책임을 지고 있지만 다른 기관들에 의해 제공되는 보조적 서비스를 다시 바꿀 수도 없다.

다음의 세 가지 사례에서 우리는 작업의 이러한 패턴을 볼 것이고 아마 더 생산적인 것으로 판명된 대안적 형태를 제시할 것이다. 첫 번째 경우는 서비스의 다중성에 의해 생겨난 문제를 다루었던 부분에서 거의 다 기술하였다. 하지만 나머지 두 개는 더 복잡한 문제들을 담고 있다. 그것들은 임상적 문제와 개입—특히 직원의 개인적 초점을 확대한 것과 관련지어—을 기술할 뿐만 아니라 다중적 서비스의 환경과도 관련되어 있다. 아래의 사례들은 다음과 같은 사실을 강조한다. 만일 새로운 관점과 기법들이 효과적이라면, 사고와 치료과정의 변화는 반드시 체계의 변화를 수반해야만 한다.

문제 : 9살의 신경성 식욕부진증 소녀

비디오테입에 나타난 첫 번째 사례는 할머니와 함께 살고 있는 아홉 살 거식증 소녀에 중심을 두고 있다. 환자인 자넷은 모든 곳—병원, 학교, 정신과 의사, 소아과의사, 할머니 그리고 가정중심 사회복지사들—으로부터 집중관심을 받는 인물이었다.

그녀는 아동병동에서 5개월 동안 입원해 있었다. 6개월 전 집으로 돌아오면서부터 그녀는 특수학교에 다니고 있다. 이곳의 교사는 영양사의 처방에 따른 음식물을 그녀가 섭취하는지 감시한다. 자넷은 아동치료자와 개인치료를 하고 있는데 이 치료자는 치료에 방해된다는 이유로 가정중심 사회복지사들이 그 아이를 따로 보지 못하게 하였고 그들의 부름에도 응답하지 않았다.

사회복지사들은 학교와 계속 연락을 하고 저녁식사 때 빈번히 그 집을 방문하는데 자넷의 음식물 섭취를 감시하고 비쩍 마른 아이에게 적은 음식물이라도 주려고 노력하는 할머니의 노력을 도왔다.

그룹과 이 비디오테이프를 다시 보면서 훈련감독자는 다중 서비스 제공에 의해 제기되는 문제—이러한 경우 누가 치료상의 중점적 문제와 치료과정을 결정하는가의 질문과 가정중심 사회복지사들이 상대적으로 힘이 없는 입장이라는 문제—들을 강조하였다. 개인치료를 통한 신경성 식욕부진증 처방과 음식섭취의 강력한 외부조절은 일반적으로 최선의 접근이라고 받아들여지지는 않지만 그것이 이 토론의 중점은 아니다. 이 아이의 주위에 사람이 너무 많고 다른 팀들에 의해 만들어져할 수 없이 지켜야 하는 규칙과 장벽들로 인해 팀의 작업이 축소되었다. 팀은 개인치료자와 어떠한 접촉도 없고 자넷의 어머니, 즉 할머니의 딸이 집에 들어오는 것을 할머니가 거부한 것에서 생긴 긴장감을 아무도 다루지 않았다. 할머니와 어머니 사이에 걸려 있는 9살 소녀가 느낄지도 모르는 충성심의 대립은 결코 조사되지 않았다.

그룹 토론에서 위계질서(hierarchy), 조정능력, 의사결정이 변화해야 한다는 문제들이 제기되었다. 우선 첫째로 다중적인 서비스 전달의 복잡한 분야를 가정중심 사회복지사들이 체계적으로 개입하려면 이들에게 더 큰 권한이 부여되어야 한다. 기관에 의해 지지를 받고 있으므로 사회복지사는 여러 문제들을 조사하기 위하여 서비스 제공자들의 모임을 소집해도 된다. 목표는 새롭게 권한을 부여받은 가정중심 직원들과 효과적인 조직적 상담을 위한 공개토론회를 만들기 위한 것이다. 아동의 의존성이 증가하고 가족내에 긴장이 높아 가는 동안 다중적 서비스 제공자들은 각각의 노력을 중복하고 있었다. 모임과 상황의 재조사를 통해서, 문제를 접근할 때 무엇이 더해져야 하고 또 빠져야하는가를 고려함으로써 자넷과 그녀의 가족을 돕기 위한 더 명확하고 더 통합적인 계획을 세우고자 하였다.

문제: 8세, 6세의 두 "불가능한" 아동, 8세 아이를 주거시설로 보내고 싶어하는 엄마

이 가족은 이혼녀와 6살, 8살 14살의 세 아들로 되어있다. 부모는 막내아들이 두 살 때 헤어졌고 아버지는 그 동네를 떠났다. 엄마는 능력 있는 판매 여사원이지만 집에서는 두 아들에게 패배당했음을 자인했다.

가정중심 사회복지사 외에도 큰아들이 치료자를 두고 있으며, 8살 난 아들이 또 다른 치료자를 두었으며 6살, 8살 아들들은 리탈린(ritalin)으로 치료를 하는 정신과 의사의 돌봄을 받았다. 모든 치료자들이 치료세션에 초대받았고 정신과 의사를 제외한 모두가 참석하였다. 세션이 시작되자마자 평소의 패턴이 시작되었다. 8살 아이가 온 방안을 뛰어다녔고 6살 아들이 따라 했으며 큰아들이 그들 뒤를 쫓았고 엄마는 하지 말라고 소리쳤다. 8살 아이의 치료자가 그에게 자리에 앉을 것을 요구했고 엄마가 일어나 그를 잡으려고 뛰었다. 그녀가 붙잡아 더 이상 못하도록 그를 안았다. 그 모든 소동이 세션을 시작한지 15분만에 일어났다.

일방경 뒤에서 훈련지도자 중 한 명이 그룹에게 엄마도 애들처럼 지나치게 활동적이라고 충고하였다. 그녀는 아이들의 모든 움직임에 반응하였다. 그 세션에 들어가는 것을 준비하면서 그는 그들에게 어린아이들에게 종종 사용하던 개입의 한 방법을 적용하라고 말했다. 훈련지도자가 그 세션에 들어가면서 8살 아들에게 너무 잘 뛰고 있는 것을 보았고 정말 그렇게 힘이 센지 궁금하다고 말했다. 그는 가능한 한 세게 그의 손을 치라고 8살 아이에게 부탁했다. 소년이 그를 쳤을 때 전혀 아프지 않아 놀라는 것을 표현하였다. 아마 첫 번째 타격이기 때문이라고 그는 말했다. 그가 더 세게 할 수 있을까? 네 번의 펀치 후에 그 아이는 지쳤고, 훈련지도자는 막내에게도 같은 일을 반복하였고 어리고 아직은 그리 힘이 세지 않다는 말도 하였다. 아이들은 이 놀이가 재미있다는 것을 알았고 훈련지도자가 엄마에게 세 아들 중 누가 제일 큰 지 재어볼 수 있도록 일어나 달라고 요청했을 때 아이들은 웃었다. 그는 그녀에게 가장 큰 아이를 들어올려 공중에서 높이 안고 있으라고 부탁했고 그것에 따라 아이들도 똑같은 방법으로 엄마를 들어올려 보도록 하였다. 그리고 나서 훈련지도자는 엄마와 얘기하는 것으로 화제를 돌렸다. 아이들은 조용히 방구석으로 가서 그곳에서 장난감을 가지고 놀기 시작했다.

일방경 뒤에서 두 번째 훈련지도자가 이번 개입의 특징을 얘기했다. 그것은 파괴적이고 힘있는 아이들의 인지력을 표준화하였고, 규제 속에서 엄마와의 위계질서를 만들었다. 치료자의 메시지는 어린 아이들에게 적당하게끔 직접적인 토론 없이 전달되었지만 이것은 모든 가족들에게 이해되었다.

세션이 진행되면서 엄마는 두 명의 개인 치료자와의 관계를 기술하였다. 특히 그녀가 화가 나고 아이들을 때리는 것이 무서울 때 자주 그들에게 전화를 거는 것이 필요했기 때문에 그녀는 그들이 도움이 된다고 말했다. 그녀가 그 이야기를 하는 바로 그 때, 아이들이 싸우기 시작했고 그러한 패턴이 다시 나타났다. 엄마는 소리치고, 큰아들은 모두를 진정시키려 노력하고, 막내아들이 뛰어다니기 시작하고, 엄마가 그들을 뒤쫓았다. 훈련지도자는 엄마에게 그와 얘기를 하게 자리에 앉아줄 것을 부탁했다. 그는 그녀가 너무 힘들어 하는 것처럼 보이지만 조금만 참아줄 수 있겠느냐고 물었다. 그녀는 전남편이 그들과 함께 살았을 때의 가족생활을 설명하는 것으로 대답을 하였는데

그의 폭력성과 그녀를 보호하기 위해 아이들이 어떻게 행동하였는지에 관해
서 였다. 그녀는 8살 아이가 아빠처럼 폭력적이 되지 않을까 걱정하였고 그
의 공격적인 행동들을 규제함으로써 끔찍한 결과로부터 아이를 보호할 필요
가 있음을 느꼈다.

세션 후에 그룹과 개인치료자들과의 토론에서 훈련지도자들은 8살 아이
와 엄마가 서로 어떻게 화나게 하는지를 지적하였다. 만일 사회복지사들이
그 아이를 엄마와 자식의 상호작용의 중요성을 고려하지 않은 채 단순히 과
잉활동적인 아이로 간주하여 지나치게 개인치료, 처방 그리고 가능한 가정
외부 배경에 집중했다면 그들의 작업은 효과가 없을 것이다. 그것은 이 가족
이 함께 사는 것을 도와주지도 않고 그녀의 어린 아들들과 엄마와의 관계에
있는 잠재적 어려움도 막지 못한다. 8살 아이의 치료자는 그 가족과 함께 작
업하고 어머니가 덜 반응하도록 돕는 가정중심 치료의 시간과 공간을 위해
다음 두 달 동안 그의 치료를 잠시 중단해줄 수 있는지를 부탁 받았다. 또한
사춘기 소년의 치료자는 가정중심 사회복지사와 함께 정보를 교환하고, 함
께 계획을 짜고, 진전을 평가하면서 공동으로 치료를 계속할 것을 제안 받았
다. 주거치료에 대한 엄마의 요구는 더 통합된 이 접근법을 위한 시간을 두기
위해 보류되었다. 이러한 제안 외에도 그룹과의 토론은 세 가지 부분에 초점
을 맞추었다. 하나는 어린 아이들과 작업하기 위한 기술들에 관심을 갖는다.
또 다른 것은 환자들로부터 자유로워지기가 어렵다는 것에 초점을 맞춘다.
이것을 알지 못하면 치료자들은 환자들에 의해서 '필요에 의한 필요'의 지
경까지 갈 수 있고, 환자로부터 자유로워지지 못하는 이유를 발견할지도 모
른다.

이 토론에 남은 주제는 어려운 문제인데 정신건강부서로부터 그들이 받은
위임명령에 관한 사회복지사들의 권리에 관심을 둔다. 그들이 실제로 다른
기관의 치료자들이 치료를 연기하도록 제안하는 권리를 가지고 있는가? 중

앙기관의 사례관리자가 가족의 치료권리를 다루고 그 가족의 구성원들이 개인치료를 원할지도 모른다는 가정 하에서 가정중심 사회복지사들이 이런 명령에 대항할 특권을 가지고 있는가? 이 질문은 가정중심의 사례와 서비스 전달의 조정과 연관되어 의사결정의 초점, 임상적 판단의 역할과 관련된 보다 큰 주제의 실제적인 부분이다.

문제: 학교공포증을 가진 13살 소녀

학교에 가지 않고 무단결석하거나 학교공포증으로 진단된 아이들의 여러 가지 사례들은 이번 단원이나 이 책의 다른 곳의 사례에서 나타났기에 그리 놀라운 일은 아니다. 아동들의 문제는 종종 이러한 방법으로 나타나고, 교육적·사회적 체계들이 그런 현상들을 발견하여 아이들이나 청소년들을 돕도록 한다. 이러한 사례들의 많은 부분에는 일반적인 흐름이 있는데 확실히 그들은 개인적 특성이 있고 가족력이나 가족구성에 존재하는 특성이 있다. 사회복지사가 이러한 증상을 생기게 하고 유지시키는 실행가능한 패턴들에 관한 지식을 조금 가지고 시작할 수 있다면 유용하지만 치료는 특정 아이나 가족과 연관되어 진행된다. 이런 경우, 가정중심 치료의 문의는 홀어머니의 13살 딸에 중심을 둔다. 라이안은 1년 동안 학교에 가지 않았다. 집에서 그녀의 행동은 별문제가 없었지만 엄마와 떨어질 때, 그녀는 불안하고 겁이 많으며 초조해 했다. 어머니 규연은 한국 출생이다. 그녀는 미국인 군인과 결혼하여 미국에서 살기 위해 그와 함께 왔다. 10년 후 그들은 헤어졌고 라이안의 학교 공포증은 이혼 후 1년 만에 시작되었다. 라이안은 정신과 의사에게 진찰을 받고 있었는데, 그 의사는 개인적으로 그녀를 보고 있으며 그녀의 증상에 대해 약물을 처방하였다. 규연은 좌절하였고 그녀 또한 약물치료중이다. 가정중심 서비스팀은 엄마와 딸 양쪽 모두 다 좋은 관계를 가졌다. 정신과 의사처럼 그들도 내부갈등의 산물로서 라이안의 증상을 진단하고 가족과의 작업은

라이안이 좋아질 때까지 다른 지원을 제공하려 했다. 사회복지사들은 규연이 영어수업을 받고, 한국인 사회의 다른 구성원들과 자진하여 연락하도록 격려하였다. 일방경 뒤에서 그 세션을 지켜보면서 훈련지도자들은 엄마와 라이안의 독립성에 대해 평하였다. 그들은 서로 매우 가까이 앉아 있고 서로의 몸짓에 반응하며, 같이 묶여 있는 것처럼 보인다. 훈련지도자 중 한 명이 그 세션에 들어가면서 그는 그들이 정말 친밀한지 아닌지를 물어본다. 그들은 둘 다 웃으며 그렇다고 대답한다. 그는 소녀에게 방의 다른 쪽에 앉아 있도록 요청하고, 짓궂게도 그들에게 그런 분리의 정도를 견디어낼 수 있는지를 묻는다. 이 게임에 참가하면서 규연은 바퀴 달린 의자에 앉고서 그녀의 딸에게 의자를 더 가까이 갖다댄다. 훈련지도자는 그들을 샴 쌍둥이(허리가 붙어 있음)라 부르고, 그들이 서로의 생각을 읽어낼 수 있는지를 물었다. 그들은 엄마가 딸보다 더 마음을 읽는 것을 잘한다고 주장하였지만, 훈련지도자는 동의하지 않고 라이안이 엄마의 외로움을 덜어주어야만 한다고 느껴서 그렇게 자주 학교에 가지 않는다고 지적하였다. 이 증상은 이제 엄마와 딸 사이의 상호작용에 그 원인이 있을지도 모른다고 가정된다.

치료자 그룹은 여러 가지 복합적 문제들에 대한 반응으로 아이의 증상을 바라보고 조사를 한다. 규연의 새로운 문화로의 이민, 자포자기로 겪은 이혼 뒤에 따른 그녀의 긴 이탈감, 좌절, 혼란감과 엄마와 딸의 강력한 결속. 그들은 라이안의 증상을 그녀 어머니의 고민과 그 둘 모두 필요로 하는 근접성을 유지시키는데 이바지하는 그녀의 불안감으로 본다. 이 증상은 그녀가 집에 있도록 하는 근본적 이유를 제공한다. 이 작은 가족과의 다음 작업을 위한 계획에서 그룹은 치료자가 규연과 그 딸이 어떻게 서로의 증상을 지속시키고 있는지 알아볼 것을 제안한다. 중요한 목적은 서로의 자발성을 증가시키는 것이다.

그러한 노력의 부분들이 분리되어 관리될 수 있지만, 규연이 한국인 사회

와 접촉하도록 격려하고(이미 사회복지사들이 취한 접근법), 많은 부분 서로
가 점점 비의존적이 되어가기 위해 노력하고, 분노뿐 아니라 그들의 필요와
두려움을 조사하면서 라이안, 규연이 함께 치료를 받도록 변화되어야 한다.
토론은 체계적 이해와 임상적 기술과 관련되어 있지만 다른 경우들에서처럼
그 계획은 잠재적 어려움들에 직면한다. 각각의 가족 구성에 대한 약물치료
와 약물 투여량과 그 효과를 감시하는 것의 강조는 의뢰인들의 마음속과 정
신건강체계 내부 모두에서 그 문제와 해결을 향한 개인적 지향을 영속시킨
다. 하지만 가정중심 서비스의 스탭 활동은 복잡한 조직 구조 속에서 파묻혀
버리고, 치료의 변화를 제안하기 위한 어떠한 편리한 경로도 가지지 못했다.
그들은 그 가족에 대해 책임을 맡고 있는 사례관리자와 거의 또는 아무런 접
촉도 하지 못했고, 약물치료를 처방하고 감시하는 정신과 의사와의 관계도
없었다. 이것은 많은 다른 경우들처럼 계획과 변화가 협동적 의사결정의 결
과로 될 수 있는 서비스 공급자들 사이의 다른 종류의 의사소통을 요청하는
상황이다. 만일 가정중심 사회복지사들이 그들의 임상적 판단을 전달하고
수행하지 못한다면 새로운 이해에 기반하여 작업이 나아갈 것 같지 않아 보
인다.

프로젝트의 실행

훈련 프로젝트는 현재 진행중인 상태이다. 가정중심 서비스가 적정하게
효과적이 되기 위해서 심각한 고려가 필요하다는 것을 우리는 알게 되었다.
그리고 또한 우리는 사회복지사들이 새로운 길을 모색하고 기술을 배우기
위해 자극하고 지지하는 훈련 프로그램의 방향에 대해 알게 되었다. 가장 중
요한 관심은 스탭들의 방향성과 기술, 가정중심 서비스의 지시에 대한 해석,

보다 큰 체계의 기능에 있다.

스텝들의 방향성과 기술

만일 가정중심 서비스가 단지 하나의 서비스 종류로 간주되는 것이 아니라 가족을 위한 효과적인 치료의 수단이 되려면 가족역동과 가족치료에 대해 훈련하는 것은 필수적인 일이다. 가족과의 첫 번째 접촉에서부터 가정중심 서비스의 스텝들은 가족 조직을 평가하는 것으로 방향을 잡아야 하고, 그들 관계의 역동성을 이해하기 위한 기술들을 가져야 한다. 각각의 사례들은 아동환자의 파일로 정리되어 이동될 수 있다. 그러나 잘 훈련된 사회복지사들은 증상을 지속시키는 패턴과 치유를 위한 가족의 잠재력에 대한 정보에 민감할 것이다. 초기 면접의 형식과 과정들은 이러한 접근법을 더 촉진시키는 계기가 된다.

가족치료 세션동안 사회복지사는 다양한 기술과 그 기술을 현명하게 사용할 수 있는 채비가 되어 있어야 한다. 의뢰한 가족들의 요구에 부응하고 가족들을 강화시키고자 하는 소망은 단지 가족들이 바라는 서비스를 제공하는 것에 그치는 것이 아니다. 가족이 강화되는 것은 그들의 요구에 대한 지원, 그들의 병리를 유지하는 반복적 패턴에 대한 도전, 외부 제공자에 대한 의존에의 도전, 가족들의 회복력과 변화에 대한 수용능력에 대한 존중 등 복잡한 과정이라는 것을 이해해야만 한다.

가정중심 서비스의 명령

가정중심 서비스의 공급은 융통성이 있어야 하는데, 이것은 기본적으로 임상적 판단에 의해 결정된다. 특히 치료 장소가 반드시 가정에서만 이루어져야 한다고 배타적으로 해석할 필요는 없다. 가족을 접촉하는 초기에 가정은 유용한 배경이 될 수 있다. 그러나 가족의 자율성과 책임감을 격려하기 위해 다른 곳에서 세션을 이끄는 것이 필요하다고 생각되면 사회복지사들은 책임 있게 상황을 주도할 수 있는 힘과 자유가 있어야 한다.

더 큰 체계의 역할

가정중심 서비스의 계약을 정하는 후원 부서들은 보통 그 기준이 모호하였다. 확실히 그들은 가족들과 일하기 위한 직원들의 준비정도에 특별한 주의를 기울여야하고, 가정중심 서비스를 하는 직원의 자격, 지도감독에 대한 절차들에 관심을 가져야 한다. 중앙부처의 직원들은 조정과 자율성 사이의 균형을 잘 감독해야 한다. 또 기관의 스탭들이 의뢰인 가족의 능력을 발전시키도록 돕는지 아니면 방해를 하는지를 평가할 수 있어야 한다. 다른 영역에서와 마찬가지로 이 영역에서도 더 큰 체계의 서비스 제공자들은 서비스의 확산정도, 분절정도, 그리고 이탈을 보호할 수 있는 능력 등의 문제를 직면해야 한다. 우리는 다른 많은 관찰자들과 함께 가정중심 사회복지사들이 그들의 접근방법을 변화시킬 수 없다면 비효과적으로 사업을 수행할 것이며, 그 와중에서 가족들이 미해결의 갈등으로 인해 1차적 피해자가 될 것이라는 것을 알았다. 가족이 현재 치료 중인 상태일 때도 가정중심 사회복지사들은 다른 서비스들을 요청할 수도 있고, 필요하다고 생각되면 다른 제공자들의 서비스 중지를 요구할 수도 있으며, 치료가 연장되어야 하는지, 종결되어야 하는지를 결정할 수 있는 권위 있는 사례관리자처럼 보여야 한다.

훈련구조

마침내 우리는 가정중심 사회복지사들이 가족치료에 관해 훈련받아야 한다는 생각에 도달했다. 우리는 우리의 프로젝트가 특히 효과적인 구조를 갖고 있다고 깨닫게 되었다. 광범위한 기관들을 연결하기 위한 시도로서 단순히 시작되었지만, 긍정적인 분위기를 만들 수 있는 구조이며 또 새로운 생각과 기술을 배우고 확산하는 가능성이 강화되는 구조라는 것이 증명되었다. 이 프로그램은 사실 매우 정교하다. 이런 구조가 쉽게 재현될 수 있다고 생각하지 않지만 몇 가지 원리는 변형되거나 보다 단순한 상황에서도 적용될 수 있을 것이다.

예를 들어 슈퍼비전 과정을 공개한 것은 모든 기관들에게 새롭고 아주 생산적인 경험이었다. 슈퍼비전은 주로 사례를 구두로 발표하는 것을 통해 수행되었고 많은 수는 아니지만 자신의 치료과정을 다른 동료들에게 관찰할 수 있도록 하였다. 공개적 슈퍼비전은 처음엔 좀 불편했지만 이는 빨리 사라졌다. 공개적 슈퍼비전을 지속해온 결과 직원들 사이에서는 동료들간의 책임감을 자극했고, 토론과 상호지원의 증가, 그리고 기관을 통한 새로운 생각과 기술들의 보급이 이루어졌다.

이 프로젝트에서 기관들이 혼합되어 있었는데 이는 중요한 차원에서 도움을 주었다. 하지만 전개과정의 일반적 원리를 확산하기 위하여 한 기관을 넘어서도록 하는 것은 불필요한 일이었다. 가정 서비스를 비디오로 녹화해서 생생한 자료를 가지고 슈퍼비전하거나 훈련하는 것은 정말 도움이 많이 되었다. 일방경을 설치하기 위해 벽 하나를 트는 것은 큰 공사이지만 실행가능한 방법으로 자신의 실천과정을 기록하는 것은 새로운 학습의 가능성을 만들어내는 것이다. 이 책 전체를 통해 소개되고 있는 훈련프로그램처럼 이 프로젝트에서 새로운 사고와 실천의 소개는 저항과 어려움을 가져왔지만, 우리의 경험상 이런 과정은 진화를 해나가고 있는 것이었다. 새로운 사고들이 실제 상황과 연관되었을 때, 직원들이 더 많은 자신감과 기술을 획득했을 때, 분위기는 밝아지고, 사회복지사들은 더 자극이 되었으며 어떤 업무들에서는 변화가 일어났다. 중요한 문제는 훈련자가 떠나는 경우에도 이런 과정이 어떻게 유지되는냐 하는 것이다. 이 문제를 해결하기 위해서는 새로운 변화들이 잘 통합되어 기관의 구조가 변하고, 새로운 기술을 획득한 실무자들이 잘 유지되고 새로운 길을 지속적으로 모색하고 새로운 스탭을 훈련하는 것에 대한 책임감을 갖도록 하는 것이다.

만일 중요한 도전이 이 새로운 접근법을 진척시키는 방법이라면 이번 단원에서 기술되는 가정중심 훈련 프로그램은 이러한 조건에서 아마 최적일 것이다. 각 기관에서는 팀 구성원 한 명 이상이 작업을 유지하기 위해 필요하고, 직원의 다른 구성원들은 훈련기간 동안 이 접근법을 익히게 되고, 공개적 슈퍼비전과 집단 토론의 과정이 만들어야 할 것이다. 조금 덜 세심한 환경에서라면 체계적 가족중심 치료에 대한 훈련 효과가 지속되도록 하기 위해 슈퍼바이저의 의지와 스탭들의 확신이 필요하다. 가족과 함께 일하는 것을 통해 그들은 아동들을 도울 수 있고 문제를 다루는 가족을 도울 수 있으며, 보다 효과적으로 미래에 있을지도 모르는 많은 문제들에 적응할 수 있게 될 것이다.

제10장 에필로그

　우리는 미국에서 빈곤가족과 일하거나 그들을 관찰했던 사람이라면 누구에게나 익숙한 위탁보호, 아동기 성적 · 신체적 학대, 약물중독, 십대임신, 노숙, 아이와의 분리 등의 경험을 가진 Angie의 이야기로 이 책을 시작했다. 그녀는 인생을 별로 좋지 않게 시작한, 그런 삶을 변화시키는데 자원이 부족한 대부분의 다른 사람들을 대표한다. 그녀가 싸울 기회를 가졌었던 것은 뿔뿔이 흩어진 그녀 가족과 그들의 욕구를 차츰 다루어주려 했던 원조자들과 개입 프로그램에 접촉하려 했기 때문이다. 우리는 마지막 의견을 말하기 위해 특정한 선택을 해야 한다. 우리가 제공한 전문적 서비스 양상 혹은 빈민을 위한 서비스를 형성하는 사회 · 정치적 태도 중 하나를 강조할 수 있다. 그러나 우리는 이 둘 모두를 강조해야 한다는 것을 깨달았다.

　이 책에 소개된 전문적 서비스의 양상은 보다 넓은 사고와 작은 세부사항들의 혼재 속에 발견될 수 있다. 사고를 보다 폭넓게 하여 그동안 사용된적 없는 가족 자원과 강점을 움직이고자 했다. 이는 하나의 신념이며 낙관적 태도를 갖게하는 요소이다. 또한 개인과 상위체계에 대한 영향을 조사하여 체계가 개인의 내적인 삶을 규정한다는 것과 그 맥락이 중요함을 강조하였다.

이런 생태적 견해는 빈민과 그들의 문제를 다루는데 도움이 필요한 사람들을 다르게 고찰하는 방법을 가진다. 지난 반세기 이상 체계적 사고의 성장을 통해 우리는 가족을 그 성원을 형성하고 자신의 원조를 위해 분별력 있는 지지와 잠재력을 모두 가진 체계로서 이해해왔다.

위탁보호, 약물의존, 거주시설, 정신치료와 가정방문 서비스에 대한 이런 시각을 적용하는데 있어, 우리는 성장에 장애가 되는 태도들 뿐 아니라 전문 사회복지사와 정책가들이 서비스 진행을 얼마나 불확실하게 했는가를 알게 되었다.

가족과 일하고자 하는 좋은 의지와 동기만으로는 충분치 않고 변화는 그 세부적인 부분에 기반한다. 이 책을 통한 비판은 그런 점에 초점을 두었다. 우리는 잘 변화하지 않는 어려운 상황에서 사고하는 방식, 사례를 다루는 법, 예들, 이미지, 사회복지사가 문제 가진 가족을 만날 때의 특별한 개입에 대한 설명 등을 제공하려 했다. 우리의 이런 접근들이 실천에 유용한 지침이 되길 바란다.

또한 이 책을 통해 사회적 · 정책적 주의점에 대한 입장도 피력하고자 한다. 빈민에 대한 태도는 너무 비판적이며 때로 인종차별적이다. 심각한 문제들에 맞서 아이들을 기르고자 노력하는 별 능력이 없는 여자들의 곤경을 돕기에는 불충분한 것이 너무 많다. 그러한 욕구를 위한 지지를 포함하는 긍정적 가치에 대한 민주적 신념에도 불구하고, 이들의 가난에 대한 책임이 게으름이나 의지부족에 있는 것으로 간주된다. 국민적 정서는 마치 참을 수 없다는 식이다. 사람들은 미래를 위한 가시적 계획이나 빈민들을 지지하기 위한 확고한 수단없이 과거의 실망스런 결과들에 비판적인 입장을 견지하고 있다.

이런 분위기에서라면 이들 가족에게 권한을 부여하지 않고 가족을 분산시키는 서비스 절차들은 변하지 않을 것이다. 그런 까닭에 우리가 강조하고자 하는 마지막 말은 피할 수 없이 정치적인 발언이 되고 만다.

"빈민가족의 삶에 비효율적이고 파괴적인 개입, 그리고 전문사회복지사의 힘든 업무를 복잡하게 만드는 관성적이고 형벌적인 태도를 교정하는 것은 불가피한 일이다".

| 참고문헌 |

As courts remove children, lawyers for parents stumble.(1996,June 10). *New York Times*, pp. 1, B8.

Berg, I. k. (1994). *Family based services: A solution-focused approach*. New york: Norton.

Berry, M. (1994). *Keeping families together*. New York: Garland Bryce, M. E., & Lloyd, J. C. (Eds.). (1980). *Treating families in the home: An alternative to placement*. Springfield, IL: Thomas.

Coontz, S. (1992). *The way we never were: American families and the nostalgia trap*. New York: Basic Books.

Egelko, S., Galanter, M., Dermatis, H., & DeMaio, C. (1998). Evaluation of a multi-systems model for treating perinatal cocaine addiction. *Journal of Substance Abuse Treatment*, 15(3) 251-259.

Fahl, M., & Morrissey, D. (1979). The Mendota Model: Home-community treatment. In S. Maybanks & M. Bryce (Eds.), *Home-based services for children and families*. Springfield, IL: Thomas.

Falicov, C. (1998). *Latino families in therapy: A guide to multicultural practice*. New York: Guilford Press

Fein, E., Maluccio, A., & Kluger, M (1990). *No more partings: An examination of long-term foster family care*. Washington, DC: Child Welfare League of America.

Foster Care Committee of the Mayor' s Commission for the Foster Care of Children. (1993). *Moving toward a spectrum of care: Foster care services in the child welfare system*. New York: Mayor' s Commission for the Foster Care of Children.

Foucault, M (1965). *Madness and civilization*. New York: Pantheon Books.

Haapala, D., & Kinney, J. (1979). Homebuilders' approach to the training of in-home therapists. In S. Maybanks & M. Bryce (Eds.), *Home-Based services for children and families*. Springfield, IL: Thomas.

Kinney, J. (1991). *Keeping families together: The Homebuilders model*. New York: Aldine de Gruyter.

Lindblad-Goldberg, M., Dore, M., & Stern, L. (1998). *Creating competence from chaos: A comprehensive guide to home-based service.* New York: Norton.

Makarenko, A. (1973). *The road to life: An epic in education.* New York: Oriole.

Maybanks, S., & Beryce, M. (Eds.) (1997). *Home-based services for children and families.* Springfield, IL: Thomas.

McDaniel, S., Campbell, T., & Seaburn, D (1995). Principles for collaboration between health and mental health providers in primary care. *Family Systems Medicine,* 13, 283-298.

Minuchin, P. (1995). Foster and natural families: Forming a cooperative network. In L. Combrinck-Graham (Ed.), *Children in families at risk.* New York: Guilford Press.

Minuchin, P., with Brooks, A., Colapinto, J., Genijovich, E., Minuchin, D. & Minuchin, S.(1990). *Training manual for foster parents.* New York: Family Studies, Inc. (Available from National Resource Center for Family Centered Practice, School of Social Work, 112 North Hall, Iowa City, IA 52242-1223)

Minuchin, S. (1984). *Family kaleidoscope.* Cambridge, MA: Harvard University Press.

Minichin, S., Montalvo, B., Guerney, B., Rosman, B., & Schumer, F. (1967). *Families of the slums: An exploration of their structure and treatment.* New York: Basic Books.

Nelson, K., Landsman, M., & Deutelbaum, W. (1990). Three models of family-centered placement prevention services. *Child Welfare,* LXIX(1), 3-21.

The Prevention Report. (1992, Fall). *New approaches to foster care and permanency planning* (Special Issue). Iowa City, IA: National Resource Center on Family Based Services.

Sharkey, M. (1997). *Family to family: Bridging families, communities and child welfare.* Baltimore: Annie E. Casey Foundation.

Stephen, D.(1979). In-home family support services: An ecological systems approach. In S. Maybanks & M. Bryce (Eds.), *Home-based services for children and families.* Springfield, IL: Thomas.

Tavantzis, T., Tavantzis, M., Brown, L., & Rohrbaugh, M.(1985). Home-based therapy for deliquents at risk of placement. In M. P. Mirkin & S. L. Koman(Eds.), *Handbook of adolescents and family therapy.* New York: Gardner Press.

■ 저자

Patricia Minuchin(PhD)
메사추세츠주 보스톤에 위치한 Family Studies의 공동소장이며 Temple대학의 명예교수이다.

Jorge Colapinto(Lic.)
현재 뉴욕에 있는 Ackermann Insititute의 Foster Care Project를 감독하고 있다.

Salvador Minuchin(MD)
현재 Family Studies의 소장이고 필라델피아 아동상담소장을 역임했다.

■ 역자

김 현 수
중앙대 의대 졸업, 아주대 정신과 전문의 과정 수료
강서 정신보건센터장
현재 빵과 영혼 가족상담센터 소장, 사는 기쁨 신경정신과 원장
· 저서 및 역서 : 인터넷 중독증(나눔의집, 2000, 역서), 나를 미치게 하는 당신은 뱀파이어(좋은책 만들기, 2001, 역서), 페니스 파시즘(개마고원, 2001, 공저)

박 혜 영
이화여대 사회복지학과 졸업 및 동대학 석사
현재 서울대학교 어린이 병원 사회사업실 근무
· 번역서 : 빵과 영혼(하나의학사, 1995), 왜 우리 아이는 집중을 못하나요(하나의학사, 1997), 성학대 피해아동과 청소년 어떻게 도울 것인가(하나의학사, 1998)

김 선 옥
성공회대학교 사회복지학과 졸업
현재 대한성공회 신림동 청소년 쉼터 실장

빈곤가족과 일하기

초판 1쇄 인쇄 2001년 7월 16일
초판 1쇄 발행 2001년 7월 20일

지은이 / Patricia Minuchin · Jorge Colapinto ·
　　　　Salvador Minuchin
옮긴이 / 김현수 · 박혜영 · 김선옥
펴낸곳 / 사회복지 전문출판 나눔의집
펴낸이 / 박정희
주　소 / 151-868 서울특별시 관악구 신림1동 1631-19
전　화 / 02-839-7845
팩　스 / 02-839-7846
www. Nanumpress.co.kr
Nanum@Mynanum.com

값 13,000원
ISBN 89-88662-44-X

● 잘못된 책은 바꿔 드립니다.